TERESIO BOSCO

DON BOSCO

UNA BIOGRAFIA NUOVA

edizione per ragazzi

EDITRICE ELLE DI CI
10096 LEUMANN (TORINO)

Di questa biografia di don Bosco è stata pubblicata dalla Elle Di Ci l'edizione maggiore: TERESIO BOSCO, *Don Bosco - Una biografia nuova*, pp. 448.

ILLUSTRAZIONI

In copertina;

Rielaborazione grafica della più antica fotografia che raffigura don Bosco tra i suoi ragazzi (1861).

Prima edizione: 1979
Ristampa: febbraio 1997
Proprietà riservata alla Elle Di Ci
ISBN 88-01-11604-7

Stampa: Istituto Grafico Bertello - Borgo S. Dalmazzo (CN)

Presentazione

Perché, in questo libro, la « biografia nuova » di don Bosco esce in *edizione per ragazzi?*

Per mettere in mano ai preadolescenti una *vera vita di don Bosco,* al posto delle solite « raccolte di episodi ». Una vita affascinante, avventurosa, ma anche dignitosa, seria e « organica » (pur sfrondata di quelle parti culturali che superano gli interessi dei giovanissimi). Un libro, inoltre, che per il prezzo contenuto sia alla portata di tutti i ragazzi.

Le strade per realizzare questa « edizione per ragazzi » erano due:

— riscrivere tutto in maniera abbreviata e molto condensata;

— dare un risalto maggiore agli anni « più carichi di interesse » per i ragazzi, condensando al massimo i periodi più lontani dalla loro sensibilità.

Dopo aver consultato molte persone, ho scelto questa seconda strada. Vengono presentate quasi al completo le due « età più belle » di don Bosco: la sua fanciullezza-giovinezza, e la storia dell'Oratorio (fino al 1856). Sono invece condensati al massimo il periodo seminaristico e la « storia della Congregazione » (gli anni dopo il 1856).

Auguro a tutti i ragazzi d'Italia di incontrare attraverso queste pagine uno dei loro più grandi amici.

T. B.

CAPITOLO PRIMO

Emigrante di dodici anni

Quella sera, in cucina, insieme con il pane si masticarono parole amare. Parole che fanno male. Antonio vide Giovanni con il solito libro accanto al piatto, e alzò la voce:

— Io quel libro lo butto nel fuoco.

Margherita, la mamma, cercò il solito compromesso:

— Giovanni lavora come gli altri. Se poi vuole leggere, cosa te ne importa?

— Me ne importa perché questa baracca sono io a tenerla in piedi. Mi rompo la schiena sulla terra, io. E non voglio mantenere nessun signorino. Non andrà a stare comodo lasciando noi a mangiare polenta.

Giovanni reagì con violenza. Le parole non gli mancavano, e non era nato per porgere l'altra guancia. Antonio alzò le mani.

Giuseppe guardava spaventato. Margherita cercò di mettersi in mezzo, ma probabilmente Giovanni fu pestato, come e più di altre volte. I suoi dodici anni non potevano far fronte ai diciannove di Antonio.

A letto Giovanni pianse, più di rabbia che di dolore. E poco lontano da lui pianse anche sua madre, che quella notte forse non dormì.

Al mattino Margherita aveva deciso. Disse a Giovanni le parole più tristi della sua vita:

— È meglio che tu vada via di casa. Antonio non può proprio vederti. Un giorno o l'altro potrebbe farti del male.

— E dove vado?

Giovanni aveva la morte nel cuore, e anche Margherita. Gli indicò alcune fattorie nella zona di Moriondo e di Moncucco.

— Mi conoscono. Qualcuno ti darà da lavorare, almeno per un po'. Poi si vedrà.

Un fagotto e la nebbia

In quella giornata gli preparò un piccolo fagotto con alcune camicie, i suoi due libri, una pagnotta di pane. Era febbraio. C'era neve e ghiaccio sulla strada e sulle colline intorno.

Giovanni partì il mattino dopo. Mamma Margherita rimase a guardarlo sulla porta, ad agitare la mano, finché la nebbia non inghiottì il suo piccolo emigrante.

Tentò presso le « cascine » indicate dalla madre. Gli dissero che lavoro per un ragazzo non ne avevano. Nel pomeriggio aveva terminato la pagnotta e la speranza. Ormai poteva tentare soltanto dai Moglia. « Chiedi del signor Luigi », gli aveva detto la madre.

Si fermò sul portone che dava nell'aia. Un vecchio lo stava chiudendo. Lo guardò:

— Che cerchi, ragazzo?

— Da lavorare.

— Bravo. Lavora. Addio —. E continuò a tirare il pesante portone per sprangarlo. Giovanni radunò gli ultimi brandelli di coraggio:

— Ma io devo vedere il signor Luigi.

Entrò. La famiglia Moglia era vicino al portico a mondare i vimini per le vigne. Luigi Moglia, un giovane contadino di 28 anni, lo guardò meravigliato.

— Cerco il signor Luigi Moglia.

— Sono io.

— Mi manda mia madre. Mi ha detto di venire da voi a fare il garzone di stalla.

— Ma perché ti manda fuori casa così piccolo? Chi è tua madre?

— Margherita Bosco. Mio fratello Antonio mi maltratta, e allora lei mi ha detto di venire a cercare un posto come garzone.

— Ma povero ragazzo, siamo d'inverno, e i ragazzi di stalla noi li prendiamo solo alla fine di marzo. Abbi pazienza, torna a casa.

Giovanni si sentì avvilito e stanco. Scoppiò in un pianto disperato.

— Accettatemi, per carità. Non datemi nessuna paga, ma non rimandatemi a casa. Ecco — disse con la forza della disperazione —, io mi siedo qui per terra e non vado più via. Fate ciò che volete di me, ma io non vado più via —. E piangendo si mise a raccogliere i vimini sparsi e a mondarli.

La signora Dorotea, una fiorente donna di 25 anni, si intenerì davanti a quel ragazzo:

— Prendilo, Luigi. Proviamo almeno per qualche giorno.

Anche Teresa, una ragazza di 15 anni, provò pena per lui. Era la sorella minore del padrone, incaricata di badare alle mucche. Disse:

— Io sono abbastanza grande per venire in campagna con voi. Per la stalla questo ragazzo andrebbe benissimo.

Giovanni Bosco cominciò così, nel febbraio 1827, la vita del ragazzo di stalla. I Moglia erano una famiglia di contadini benestanti, anche se lavoravano tutti da sole a sole. Lavoravano la terra, cioè vigneti e campi. Accudivano buoi e mucche. Pregavano insieme. Alla sera, attorno al focolare, la famiglia si riuniva per la recita del Rosario. Alla domenica, il signor Luigi guidava tutti alla « Messa grande », celebrata a Moncucco dal prevosto don Francesco Cottino.

Il mestiere di Giovanni, ragazzo di stalla, non era una cosa umiliante, né eccezionale. Nelle « cascine » intorno, alla fine di marzo, si sarebbero trovati decine di « garzoni » come lui. Era la strada normale per tanti ragazzi di famiglie povere. Alla festa dell'Annunziata (25 marzo), i padroni passavano nelle borgate o andavano sui mercati ad assoldare i ragazzi-lavoratori per l'annata. Lavoratori stagionali e « alla pari »: otto mesi di lavoro sodo (aprile-novembre) e in cambio cibo, alloggio e 15 lire per i vestiti.

Il garzone Giovanni Bosco, però, era diverso dagli altri. Era eccezionalmente giovane (gli mancavano 6 mesi a compiere 12 anni), e specialmente portava in sé un sogno. Un sogno vero, fatto di notte a occhi chiusi. Lo raccontò lui stesso.

Un sogno che marchia il futuro

« A 9 anni ho fatto un sogno, che mi rimase profondamente impresso nella mente tutta la vita. Nel sogno mi parve di essere vicino a casa, in un cortile assai spazioso, dove stava raccolta una moltitudine di fanciulli che giocavano. Alcuni ridevano, non pochi bestemmiavano. All'udire quelle bestemmie mi sono subito lanciato in mezzo a loro, adoperando pugni e parole per farli tacere.

In quel momento apparve un Uomo venerando, nobilmente vestito. Il volto era così luminoso che non potevo fissarlo. Mi chiamò per nome e mi disse:

— Non con le percosse, ma con la mansuetudine e con la carità dovrai acquistare questi tuoi amici. Mettiti dunque immediatamente a parlare loro sulla bruttezza del peccato e sulla preziosità della virtù.

Confuso e spaventato risposi che io ero un ragazzo povero e ignorante. In quel momento i ragazzi, cessando le risse e gli schiamazzi, si raccolsero tutti intorno a Colui che parlava. Quasi senza sapere cosa dicessi:

— Chi siete voi — domandai — che mi comandate cose impossibili?

— Proprio perché queste cose ti sembrano impossibili, dovrai renderle possibili con l'obbedienza e acquistando la scienza.

— Come potrò acquistare la scienza?

— Io ti darò la Maestra. Sotto la sua guida potrai diventare sapiente.

— Ma chi siete voi?

— Io sono il Figlio di Colei che tua madre ti insegnò a salutare tre volte al giorno. Il mio nome domandalo a mia Madre.

In quel momento vidi accanto a lui una Donna di maestoso aspetto, vestita di un manto che splendeva come il sole. Scorgendomi confuso, mi fece cenno di avvicinarmi, mi prese con bontà per mano:

— Guarda! — mi disse. Guardando mi accorsi che quei fanciulli erano tutti scomparsi, al loro posto vidi una moltitudine di capretti, di cani, di gatti, di orsi e di parecchi altri animali.

— Ecco il tuo campo, ecco dove dovrai lavorare. Renditi umile, forte e robusto: e ciò che in questo momento vedi succedere di questi animali tu lo farai per i miei figli.

Volsi allora lo sguardo, ed ecco: invece di animali feroci apparvero altrettanti mansueti agnelli, che saltellando correvano e belavano, come per far festa intorno a quell'Uomo e a quella Signora.

A quel punto, sempre nel sogno, mi misi a piangere, e pregai quella Donna a voler parlare in modo chiaro, perché io non sapevo cosa volesse significare.

Allora Essa mi pose la mano sul capo e mi disse:

— A suo tempo tutto comprenderai.

Aveva appena dette queste parole che un rumore mi svegliò, e ogni cosa disparve. Io rimasi sbalordito. Mi sembrava di avere le mani che facevano male per i pugni che avevo dato, che la faccia mi bruciasse per gli schiaffi ricevuti da quei monelli.

Al mattino ho raccontato il sogno prima ai miei fratelli, che si misero a ridere, poi a mia madre e alla nonna. Ognuno dava la sua interpretazione: " Diventerai un pecoraio ", disse Giuseppe. " Un capo di briganti ", malignò Antonio. Mia madre: " Chissà che non abbia a diventare prete ". Ma la nonna diede la sentenza definitiva: " Non bisogna badare ai sogni ".

Io ero del parere della nonna. Tuttavia non riuscii mai a togliermelo dalla mente ».

Tutti gli anni che seguirono furono segnati profondamente da quel sogno. Mamma Margherita aveva capito (e presto lo capì anche Giovanni) che esso indicava una strada.

180 pagine per ricordare

A 58 anni, quasi nessuno ricorda ciò che gli è capitato cinque anni prima. Ma quasi tutti ricordano, come si trattasse dell'altro ieri, i loro nove, undici, quindici anni. Si sente ancora sui ginocchi la corteccia ruvida degli alberi su cui ci si arrampicava. Sembra di aver toccato ieri il pelo caldo del cane che ci caracollava accanto in corse frenetiche.

A 58 anni, per ordine del Papa, don Bosco scrisse la storia dei suoi primi decenni. Con quella sua memoria così simile a una cinepresa (poco « logica » e molto « visiva ») riempì tre grossi quaderni (180 pagine). Con le date fece un po' di pasticcio, ma episodi, ricordi, particolari hanno una freschezza vivissima.

Per questo, oggi, su quei quaderni di *Memorie* possiamo seguire le vicende del ragazzo-contadino Giovanni Bosco anche nei particolari più minuti.

CAPITOLO SECONDO

La piccola e la grande tragedia

« Il nome di mia madre era Margherita Occhiena di Capriglio; Francesco quello di mio padre. Erano contadini, che con il lavoro e con la parsimonia si guadagnavano onestamente il pane della vita ».[1]

Giovanni Bosco vide la luce il 16 agosto 1815. Sua madre lo chiamò *Giuanìn,* un diminutivo familiare in ogni parte del Piemonte.

Il suo primo ricordo è la morte del padre. Francesco Bosco aveva comprato una casetta e qualche fazzoletto di terreno. Ma per mantenere le cinque persone che gli erano in casa doveva anche prestare la sua opera presso un vicino, proprietario benestante.

Una sera di maggio, ritornando dal lavoro bagnato di sudore, commise l'imprudenza di entrare nella cantina del padrone. Qualche ora dopo gli venne addosso una febbre violenta, probabilmente una polmonite doppia. In quattro giorni fu stroncato. Aveva 33 anni.

« Non avevo ancora due anni — racconta don Bosco — quando mi morì il padre e non ne ricordo nemmeno il volto. Ricordo solo le parole di mia madre: " Eccoti senza padre, Giuanìn ". Tutti uscivano dalla camera del defunto, ma io mi ostinavo a rimanere. " Vieni, Giuanìn ", insisteva mia madre dolcemente. " Se non viene papà, non voglio venire neppure io ", rispondevo. " Su vieni, piccolo, il padre non ce l'hai più ". E con queste parole la santa donna, scoppiando in singhiozzi, mi portava via. Io piangevo perché lei piangeva. A quell'età, che cosa può capire un bambino? Ma quella frase " Eccoti sensa padre ", mi è rimasta sempre in mente. È il primo fatto della mia vita di cui tengo memoria ».

[1] Dalle pagine ancora fresche delle *Memorie* di don Bosco riportiamo qui e nei capitoli seguenti alcuni brani, ritoccando appena lo stile ottocentesco dove appare necessario.

Una stagione stregata

Il secondo ricordo di Giovanni è quello della fame sofferta in quello stesso anno.

I Becchi, la piccola località dov'era la casa della famiglia Bosco, erano dieci case sparse su un'altura, immerse in una campagna ondulata e vastissima. Vigne e boschi. Facevano parte della frazione di Morialdo, a cinque chilometri dal capoluogo comunale, Castelnuovo d'Asti.

Nel 1817 le colline del Monferrato (Castelnuovo è nella fascia settentrionale della regione monferrina) furono colpite insieme a tutto il Piemonte da una carestia dura. Brinate in primavera, poi una lunghissima siccità. I raccolti andarono perduti.

Nei paesi ci fu la fame, la fame vera, quella che faceva trovare i mendicanti morti nei fossi, con la bocca piena d'erba.

Un documento del tempo descrive Torino, la capitale del Piemonte, invasa da una migrazione biblica: file di gente smunta e cenciosa abbandonavano le campagne; dalle valli e dalle colline calavano verso la città gruppi di famiglie, che si accampavano davanti alle chiese e ai palazzi a stendere la mano.

Margherita si trovò sulle braccia la famiglia proprio in quella stagione stregata. In casa aveva la suocera (anziana madre di Francesco) inchiodata dalla paralisi su una poltrona, Antonio (9 anni) figlio di un matrimonio precedente di Francesco, e i suoi due bambini Giuseppe e Giovanni (4 e 2 anni). Contadina analfabeta, manifestò in quei mesi la sua dote migliore, l'energia del carattere.

« Mia madre diede nutrimento alla famiglia finché ne ebbe — racconta don Bosco —. Poi diede una somma di denaro a un vicino, Bernardo Cavallo, perché andasse in cerca di cibo. Andò su vari mercati, ma anche a prezzi esorbitanti non poté provvedere nulla. Giunse dopo due giorni, di sera, aspettatissimo. Quando restituì il denaro dicendo che non aveva trovato niente, il terrore ci invase. Già quel giorno non avevamo mangiato. Mia madre, senza sgomentarsi, prese a parlare: " Francesco, morendo, mi disse di avere confidenza in Dio. Inginocchiamoci e preghiamo ".

Dopo una breve preghiera si alzò e disse: " Nei casi estremi si devono usare mezzi estremi ". Con l'aiuto di Bernardo Cavallo andò nella stalla, uccise un vitellino, ne fece cuocere un parte e ci sfamò. Eravamo sfiniti. Nei giorni seguenti fece venire da paesi lontani dei cereali, a carissimo prezzo ».

Nelle famiglie piemontesi di campagna, fino a non molte decine di anni fa, uccidere il vitello era un atto di disperazione. Il vitellino che ingrossava nella stalla era l'investimento che poteva permettere, con la sua vendita al mercato, il superamento di una congiuntura difficile, per esempio di una malattia. Ucciderlo, voleva dire privarsi dell'estrema riserva della famiglia.

Un avvenimento che avrebbe cambiato la faccia al mondo

Morte, fame, precarietà. Primi ricordi di un bambino che diventerà padre di tanti orfani, e darà pane nelle sue case a moltissimi ragazzi poveri.

La piccola tragedia della famiglia Bosco, su una collina sperduta, si aggiungeva alla grande tragedia che come una bufera aveva sconvolto l'Europa e l'Italia in quegli ultimi decenni.

Ventott'anni prima (1789) a Parigi era scoppiata la rivoluzione francese, un avvenimento che avrebbe cambiato la faccia al mondo. Non intendiamo evidentemente tracciarne la storia, ma ci pare di dover accennare ad alcuni aspetti degli avvenimenti, che ebbero profonda incidenza anche sulla vita di Giovanni Bosco.

L'aria, in tutta l'Europa, era diventata di colpo satura di novità e di aspettativa. Anche in Italia rimbalzavano gli echi di formidabili cambiamenti. Dopo secoli di società pietrificata nel dominio assoluto del re e dei nobili, crollavano i privilegi feudali. Le parole « libertà, uguaglianza, fraternità » non erano più sussurrate, ma gridate alla luce del sole. I « diritti dell'uomo » e la « sovranità del popolo » venivano proclamati, e per essi (non più per i diritti di un re) si combatteva.

Come in ogni epoca di cambiamenti radicali, però, si mescolavano decisioni formidabili e giustissime a violenze ingiustificate. La ghigliottina risolveva molti problemi che, stando ai princìpi, avrebbero dovuto essere risolti dalle discussioni del Parlamento. I più fanatici « rappresentanti del popolo » (= giacobini) nel 1793 trasformarono la Rivoluzione in un tragico fiume di sangue. Solo nel luglio di quell'anno i ghigliottinati furono 1285. Questo periodo fu chiamato « il terrore ».

Nello stesso tempo si procedeva a una massiccia « scristianizzazione »: proibizione del culto cristiano, persecuzione dei preti, sostituzione del « culto della ragione » a quello di Dio (con avvilenti mascherate nella stessa cattedrale di Parigi).

L'Europa guardava allibita. I fatti di Parigi, in quei mesi, sembravano manifestazioni di una pazzia collettiva. Anche le persone più progressiste, che all'inizio avevano simpatizzato con la Rivoluzione, erano sconvolte.

Nel luglio del 1794 la dittatura dei giacobini finì con la loro condanna a morte, e il « terrore » cessò. La Rivoluzione tornò in mano ai « borghesi », che riconobbero il diritto di voto soltanto a 30 mila francesi (solo Parigi aveva 600 mila abitanti).

Un generale di 27 anni: Napoleone

1796. Un'armata della rivoluzione giunge in Italia guidata da un generale di 27 anni, Napoleone Bonaparte. Nella Valle Padana batte in battaglie sanguinose gli Austriaci. I soldati francesi parlano di fraternità, uguaglianza, libertà. Nonostante le ombre del « terrore », queste parole accendono entusiasmi enormi tra le giovani generazioni. Il regno di Sardegna (Piemonte-Savoia-Sardegna) è sconvolto. Il re parte per l'esilio.

Ma Napoleone è un genio inquieto. Più che il trionfo della Rivoluzione insegue luminosi e sanguigni traguardi di gloria militare.

Le tragiche vicende dell'Italia di quegli anni, oggi si studiano in terza media. Nel 1799 Napoleone è in Egitto, e gli Austro-Russi invadono nuovamente l'Italia del nord: sui piccoli cavalli della steppa, i cosacchi (barbe lunghe e folte, picche minacciose) rientrano nelle città. Napoleone ritorna, ed è di nuovo guerra, che semina miseria anche nelle ricche campagne della Valle Padana.

Poi Napoleone torchia denari e soldati da ogni regione d'Italia: gli servono per la guerriglia della Spagna e la spedizione in Russia. Egli invade questo lontano e misterioso Paese alla testa del più grande esercito di tutti i tempi. Nel rigido inverno di Mosca, il grande crollo e la disastrosa ritirata. Napoleone si vede morire accanto 600.000 uomini. Tra essi 25.000 italiani. 20.000 sono stati uccisi in Spagna.

Dal 16 al 19 ottobre 1813, nella piana di Lipsia, la gigantesca « battaglia delle nazioni » segna la fine del grande Impero francese, e (nella mente di molti) il seppellimento degli ideali della Rivoluzione.

Ancora una volta, giù dalle Alpi e attraverso l'Isonzo, calano verso la pianura padana Austriaci, Tedeschi e Croati. Tutti proclamano di venire a « liberare l'Italia », ma come tutti i « liberatori » nessuno li ha chiamati, e si autopagano depredando campagne e città. Dopo l'ultimo sussulto dei « cento giorni » e la battaglia di

Waterloo, Napoleone finisce i suoi giorni in un isolotto dell'Atlantico.

L'Europa e l'Italia sono stanche, seminate di rovine e di orfani. Le campagne sono state spogliate dalla guerra, spopolate dalle « leve » che requisivano a forza i giovani per portarli a morire su lontani campi di battaglia.

La gente, che ha gridato per anni « libertà », cerca ora soltanto la pace.

È nel contesto di questa grande tragedia di popoli che la famiglia Bosco vive, nel 1817, la sua piccola ma intensa tragedia.

Il re rimette indietro di 15 anni l'orologio

Giovanni Bosco saprà dai libri di storia di essere nato all'inizio di una nuova epoca, chiamata « restaurazione ». Era iniziata il 1° novembre 1814, con l'apertura a Vienna del Congresso delle nazioni vincitrici, e nella maggior parte dell'Italia sarebbe durata fino al 1847, cioè fino all'inizio del Risorgimento.

La restaurazione è un'epoca di grossi equivoci. I re detronizzati dalla rivoluzione e da Napoleone tornano, per volontà del Congresso, alle loro regge, e pretendono, con alcuni tratti di penna, di cancellare venticinque anni di storia.

L'Italia, alla festa di Vienna, è stata divisa come una torta in otto fette: il Regno di Sardegna (comprende Piemonte, Sardegna, Savoia, Nizza, e gli è stata assegnata come « giunta » la repubblica di Genova), il Regno Lombardo-Veneto (strettamente sottoposto all' Austria), il Ducato di Modena, quello di Parma e Piacenza, il Granducato di Toscana, il Principato di Lucca, gli Stati Pontifici, il Regno delle Due Sicilie.

Vittorio Emanuele I rientra a Torino. È a bordo del carrozzone di gala, circondato dai nobili vestiti all'uso antico, con parrucca incipriata e codino.

La gente per le strade acclama il re. Specialmente la gente che vive nelle campagne vuole la pace più di ogni altra cosa. Ma le parrucche incipriate dei nobili la vogliono garantire ricostruendo « tutto come prima ». Ignorano le realtà nuove, positive, che pur tra le sanguinose campagne di Napoleone sono nate e si sono irrobustite in Italia.

La storia ha camminato, e niente può farla tornare indietro. La borghesia si è affermata come la classe nuova. Il commercio e gli uomini viaggiano sulla solida rete stradale costruita dagli ingegneri napoleonici.

Per centinaia d'anni la grande massa della popolazione italiana è nata, vissuta, morta nello stesso podere, nel medesimo villaggio, pietrificata nelle sue piccole autarchie, nelle sue usanze secolari. Le armate napoleoniche hanno rotto questa inerzia. L'emigrazione interna, anche se provocata spesso da cause tragiche, è diventata un fenomeno di massa.

Sulle diligenze viaggiano anche giornali e libri. Pochi sanno leggere, ma la curiosità è ormai una qualità diffusa. I pochi lettori comunicano notizie, gli orizzonti si allargano.

In Piemonte l'agricoltura prenderà presto uno sviluppo nuovo, rigoglioso. Si sono distrutte le ultime foreste nelle zone piane e sulle colline. Nuove vaste zone sono diventate coltivabili. Si stanno piantando migliaia di gelsi, che permetteranno un rapido sviluppo alla coltura del baco da seta.

Presto sorgeranno ovunque manifatture, opifici, officine. L'industria si articolerà, i prezzi si stabilizzeranno.

Vittorio Emanuele I, il giorno dopo il suo ritorno, abolisce le leggi degli ultimi quindici anni e rimette in vigore quelle pre-napoleoniche. Nobili e alto clero riacquistano tutti i loro privilegi. La borghesia perde di colpo molti dei suoi sudati diritti.

Conseguenze: mentre il re rimette indietro di 15 anni il suo orologio, gli intellettuali borghesi (come Silvio Pellico) emigrano a Milano; la gioventù delle migliori famiglie fa la fronda, entra nelle società segrete, e punta le sue speranze su un giovanissimo principe di casa Savoia-Carignano, Carlo Alberto, che pare sensibile ai tempi nuovi.

Gli echi di queste vicende arrivano molto smorzati sulle colline del Monferrato, dove Giovanni Bosco vive gli anni poveri e sereni della sua infanzia.

CAPITOLO TERZO

Gli anni del focolare

Margherita, quando suo marito morì, aveva 29 anni. Piuttosto giovane per il peso da portare. Ma non spese molti giorni nel compiangere se stessa. Si rimboccò le maniche e cominciò a lavorare.

In casa c'erano i piatti da lavare, la cucina da rigovernare, l'acqua da andare ad attingere, le camere da riassettare. Questo nei momenti « liberi », perché nelle ore « buone » c'erano campagna e stalla da mandare avanti.

Come altre sode contadine dei suoi paesi, falciava l'erba, arava, seminava, mieteva il grano, ne faceva covoni, trebbiava. Rincalzava le viti con la zappa, pensava alla vendemmia e alla svinatura.

Aveva le mani sciupate dal lavoro, ma sapeva accarezzare dolcemente i suoi bambini. Perché era una lavoratrice, ma soprattutto era mamma dei suoi figli.

Li tirò su con dolcezza e fermezza. Cent'anni dopo, gli psicologi scriveranno che il bambino, per crescere bene alla vita, ha bisogno dell'amore *esigente* del padre, e di quello *sereno e gioioso* della madre. E diranno che essere orfani significa correre il rischio di squilibrarsi affettivamente su un versante solo: nella mollezza senza nerbo per i figli di mamma, nella aridità ansiosa per i figli di papà.

Mamma Margherita trovò in se stessa un istintivo equilibrio, che le fece unire e alternare la fermezza calma e la gioia rasserenante. Don Bosco, come educatore, copierà molto sua madre.

Una persona grande

Dio ti vede era una delle parole più frequenti di Margherita. Lasciava andare i bambini a scorazzare nei prati vicini, e mentre partivano diceva: « Ricordatevi che Dio vi vede ». Se li vedeva in preda a piccoli rancori, o sul punto di inventare una bugia per cavarsi d'impiccio: « Ricordatevi che Dio vede anche i vostri pensieri ».

Ma non era un Dio-carabiniere quello che lei scolpiva nella mente dei suoi piccoli. Se la notte era bella e il cielo stellato, mentre stavano a prendere il fresco sulla soglia diceva: « È Dio che ha creato il mondo e ha messo lassù tante stelle ». Quando i prati erano pieni di fiori, mormorava: « Quante cose belle ha fatto il Signore per noi ». Dopo la mietitura, dopo la vendemmia, mentre tiravano il fiato dopo la fatica del raccolto, diceva: « Ringraziamo il Signore. È stato buono con noi. Ci ha dato il pane quotidiano ».

Anche dopo il temporale e la grandine che aveva rovinato tutto, la mamma invitava a riflettere: « Il Signore ha dato, il Signore ha tolto. Lui sa il perché. Se siamo stati cattivi, ricordiamoci che con Dio non si burla ».

Accanto alla mamma, ai fratelli, ai vicini, Giovanni imparò così a vedere un'altra persona, Dio. Una persona grande. Invisibile ma presente dappertutto. Nel cielo, nelle campagne, nella faccia dei poveri, nella voce della coscienza che diceva: « Hai fatto bene, hai fatto male ». Una persona in cui sua madre aveva una confidenza illimitata e indiscutibile. Era padre buono e provvidente, dava il pane quotidiano, a volte permetteva certe cose (la morte del papà, la grandine sulla vigna) difficili da capire: ma « Lui » sapeva il perché, e questo doveva bastare.

La lippa e il sangue

Giovanni aveva quattro anni, quando sua madre gli assegnò le prime tre o quattro verghe di canapa macerata da sfilacciare. Un lavoro da poco, ma un lavoro. Cominciò in questa maniera a dare il suo piccolo contributo alla famiglia, che viveva per il lavoro di tutti.

Più tardi si unì ai fratelli nel fare i servizi di casa: andare a far legna, accendere il fuoco soffiando delicatamente sulle braci custodite sotto la cenere (per risparmiare le cannucce intinte nello zolfo), attingere acqua, sbucciare legumi, pulire la stalla, portare al pascolo le mucche, sorvegliare la cottura del pane al forno...

Ma subito dopo i piccoli lavori (controllati dalla mamma), via a giocare. Lo spazio non occorre cercarlo: attorno ci sono prati a vista d'occhio. Gli amici aspettano: ragazzetti forti, vivaci, a volte rozzi e sboccati. Vanno a scovare tane di talpe, nidi di uccelli, a disputare partite interminabili.

Uno dei giochi più animati è la « lippa », un *base-ball* primitivo.

Un pomeriggio Giovannino rientra a casa innanzitempo, con la faccia che gronda sangue. Il cilindro di legno della « lippa » lo ha colpito violentemente su una guancia. Margherita è preoccupata, e mentre lo medica:

— Un giorno o l'altro mi torni con un occhio rovinato. Perché vai con quei ragazzi? Lo sai che qualcuno è un poco di buono.

— Se è per farvi piacere, non ci andrò più. Ma vedete, mamma, quando ci sono io stanno più buoni. Certe parole non le dicono.[1]

Margherita lo lascia andare.

Il coraggio cresce più in fretta della statura.

Giovanni ha cinque anni, Giuseppe sette. Margherita li ha mandati a pascolare un piccolo branco di tacchini. Mentre gli animali danno la caccia ai grilli, i fratelli giocano. A un tratto, contando sulle dita, Giuseppe grida che manca un tacchino.

Cercano affannati. Niente. Un tacchino è un affare grosso, non può sparire così. Girando attorno a una siepe, Giovanni scopre un uomo. Pensa di colpo: « L'ha rubato lui ». Chiama Giuseppe e si avvicina risoluto:

— Restituiteci il tacchino.

Il forestiero li guarda meravigliato:

— Un tacchino? E chi l'ha visto?

— L'avete rubato voi. Tiratelo fuori. Altrimenti grideremo « al ladro » e vi prenderanno a bastonate.

Due bambini si possono far correre con quattro sculaccioni. Ma la risolutezza di questi due lo mette a disagio. Ci sono contadini che lavorano poco lontano, e se si mettono a urlare, può capitare di tutto. Va a tirare fuori dalla siepe un sacco, e cava il tacchino.

— Volevo soltanto farvi uno scherzo.

— Non è uno scherzo da galantuomo — rimbeccano i piccoli.

Alla sera, come sempre, rendiconto alla madre.

— Avete corso un bel rischio.

— E perché?

— Prima di tutto non eravate sicuri che fosse lui. E poi voi siete piccoli, e lui un uomo. Se vi avesse fatto del male?

— Allora dovevamo lasciarci prendere il tacchino?

— Avere coraggio non è male. Ma meglio perdere un tacchino che venire conciati per le feste.

— Uhm — mormora Giovannino pensoso —. Sarà come dite voi, mamma. Ma era un tacchino bello grosso...

[1] L'usanza di dare del « voi » ai genitori, in Piemonte, durò quasi fino al 1930.

Una verga nell'angolo

Margherita era una mamma dolcissima, ma energica e forte. I figli sapevano che quando diceva no era no. Non c'erano capricci che le facessero cambiar parere.

In un angolo della cucina c'era « la verga »: un bastoncino flessibile. Non l'usò mai, ma non la tolse mai da quell'angolo.

Un giorno Giovanni ne combinò una grossa. Forse, preso dalla fretta di andare a giocare, lasciò aperta la conigliera e tutti i conigli scapparono per i prati. Una fatica nera riprenderli tutti.

Rientrati stanchi in cucina, Margherita indicò l'angolo:

— Giovanni, vammi a prendere quella verga.

Il bambino si ritrasse verso la porta:

— Che cosa volete farne?

— Portamela e vedrai.

Il tono era deciso. Giovanni la prese, e porgendogliela da lontano:

— Voi volete adoperarla sulle mie spalle...

— E perché no, se me ne combini di così grosse?

— Mamma, non lo farò più.

La madre sorride, e anche lui.

In una giornata di sole rovente, Giovanni e Giuseppe tornano dalla vigna con una sete da svenire. Margherita va al pozzo, tira su un secchio d'acqua fresca, e con la mestola di rame dà da bere prima a Giuseppe.

Giovanni allunga il musetto. È offeso di quella preferenza. Quando la mamma porge da bere anche a lui, fa segno che non ne vuole più. Margherita non dice niente. Porta il secchio in cucina e chiude la porta. Un istante, e dentro arriva Giovanni:

— Mamma...

— Cosa c'è?

— Date da bere anche a me?

— Credevo non avessi più sete.

— Perdono, mamma.

— Così va bene —, e porge anche a lui la mestola sgocciolante.

Otto anni. Giovannino è un fanciullo fiorente, dalla risata squillante. Piccolotto e solido, occhi neri, capelli ricciuti e folti come la lana di un agnello. Ha il gusto dell'avventura e del rischio. Non si lamenta mai delle sbucciature alle ginocchia.

È già riuscito ad arrampicarsi su qualche albero, a caccia di nidi di uccelli. Una volta gli è andata male. Un nido di cinciallegre era molto profondo dentro una fessura del tronco. Ha ficcato giù il braccio fin oltre il gomito, ma poi non è più riuscito a tirarlo indietro. Ha provato e riprovato, ma in quella specie di morsa il braccio gli si è gonfiato. Giuseppe, che lo guardava di sotto, ha dovuto correre a chiamare la mamma. Margherita è andata con una scaletta, ma non c'è riuscita nemmeno lei. Ha dovuto andare a cercare un contadino con uno scalpello. Giovanni, intanto, aveva i goccioloni alla fronte, e Giuseppe gli gridava di sotto (con più paura di lui): « Tieniti forte che adesso arrivano! ».

Il contadino ha avvolto il braccio del ragazzino nel grembiule di Margherita, poi ha cominciato a scalpellare. Sono bastati sette o otto colpi, e il braccio è scivolato fuori.

Margherita non ha avuto il coraggio di sgridarlo. Era mortificato come un cagnolino sotto la pioggia. Gli ha soltanto detto:

— Non combinarmene sempre una nuova.

Il diavolo in soffitta

Una sera d'autunno, Giovannino si trova con la mamma presso i nonni a Capriglio. Durante la cena la numerosa famiglia è attorno alla tavola, avvolta nel buio appena rotto dal lume a olio. Ed ecco un rumore sospetto sulle teste. Si ripete una, due, tre volte. Tutti guardano in su, trattenendo il fiato. Una pausa di silenzio, poi di nuovo, dal soffitto, il rumore misterioso, seguito da uno strascico lungo e sordo. Le donne si fanno il segno della croce, i bambini si stringono alle mamme.

Una vecchia comincia a raccontare con parole circospette come, in tempi passati, sul solaio si sentivano rumori prolungati, gemiti, urli spaventosi. « Era il diavolo. E adesso è tornato », mormora segnandosi.

Giovanni rompe il silenzio dicendo tranquillo:

— Io credo che sia la faina, non il diavolo.

È zittito come un impertinente. Ed ecco ancora il tonfo, lo strascichio lungo, lamentoso. Il soffitto di legno, dove tutti guardano impauriti, fa da pavimento a un lungo sottotetto, usato come granaio.

Giovannino rompe ancora il silenzio balzando su dalla sedia e dicendo:

— Andiamo a vedere.

— Sei matto! Margherita fermalo! Col diavolo non si scherza!

Ma il ragazzo è già in piedi, prende una lanterna, l'accende, afferra un bastone. Margherita gli dice:

— Non sarebbe meglio aspettare domani?

— Mamma, non avrete mica paura anche voi?

— No. Andiamo a vedere insieme.

Salgono la scala di legno. Anche gli altri si uniscono, reggendo lanterne e stringendo bastoni. Giovanni spinge la porta, alza la lanterna per vederci meglio. Ecco il grido soffocato di una donna:

— Là, in quell'angolo, guardate!

Tutti guardano: un cesto da grano capovolto ondeggia, si muove, avanza. Giovanni fa un passo avanti.

— No, attento! È un cesto stregato!

Giovanni lo afferra con una mano e lo tira su. Una gallina grossa e arruffata, prigioniera lì sotto da chissà quante ore, schizza via come una palla da fucile, schiamazzando.

Attorno a Giovanni, ora, ridono tutti come matti. Il diavolo era una gallina. Il cesto, leggero, era appoggiato al muro in equilibrio instabile. Siccome, imprigionati tra i vimini, rimanevano dei chicchi di frumento, la gallina era andata a beccarli, ma il cesto le si era rovesciato sopra, prendendola prigioniera. Stanca di star là sotto e affamata, la povera bestia cercava di uscire spingendo in qua e in là il cesto, che andava a sbattere contro gli altri oggetti del solaio provocando tonfi e lunghi strascichi sul pavimento.

La macchia d'olio si allargava

Il giovedì di ogni settimana, Margherita va al mercato di Castelnuovo. Porta con sé due fagotti con i formaggi, i polli, le verdure da vendere. Torna con la tela, le candele, il sale, e qualche piccolo regalo per i figli, che quando il sole comincia a tramontare le vanno incontro, al galoppo giù per il sentiero.

Un giovedì, durante una tiratissima partita alla « lippa », il piccolo cilindro di legno finisce sul tetto.

— Sull'armadio della cucina ce n'è un altro — dice Giovanni —. Vado a prenderlo.

Parte di corsa. L'armadio però è alto per lui, e deve montare su una sedia. Si alza sulla punta dei piedi, tende bene il braccio, e patatrac. Il vaso dell'olio che stava sull'armadio cade sul pavimento, si rompe, l'olio si allarga sulle mattonelle rosse.

Giuseppe, non vedendo tornare il fratello, arriva lui pure al galoppo. Vede il disastro, si porta la mano alla bocca:

— Chissà la mamma, stasera...

Tentano di rimediare. Prendono la scopa. I cocci si fa in fretta a raccoglierli. Ma la macchia d'olio è sempre lì, e si allarga come la paura.

Giovanni passa una mezz'ora in silenzio. Poi tira fuori di tasca il suo coltelluccio, va alla siepe, taglia un bel ramo flessibile e si mette in un canto a lavorarlo. Intanto lavora anche con la mente: studia le parole che dovrà dire alla mamma.

Alla fine la corteccia del ramo è tutta lavorata a fregi e disegnini.

Al tramonto, vanno incontro alla mamma. Giuseppe, incerto, rimane un po' indietro. Giovanni invece corre:

— Buona sera, mamma. Come state?

— Bene. E tu, sei stato buono?

— Uhm mamma, guardate — e le porge il ramo tutto fregiato.

— Cos'hai combinato?

— Questa volta merito proprio che mi picchiate. Per disgrazia, ho rotto il vaso dell'olio.

Le racconta tutto d'un fiato, e conclude:

— Vi ho portato una verga perché le merito proprio. Prendetela, mamma.

E le porge il ramo guardandola di sotto in su, con quegli occhi mezzo pentiti e mezzo furbi.

Margherita lo guarda qualche istante, poi scoppia in una risata. E ride anche Giovanni. La mamma lo prende per mano e vanno verso casa.

— Lo sai che mi stai diventando un furbone, Giovanni? Mi dispiace per il vaso dell'olio, ma sono contenta che non sei venuto a contarmi bugie. Però stai attento un'altra volta, perché l'olio costa caro.

Ora si avvicina anche Giuseppe, che ha visto svanire la bufera di cui aveva paura. Giuseppe, 10 anni, sta crescendo mite e tranquillo. Non ha la vivacità e la turbolenza di Giovanni. È paziente, tenace, ingegnoso. Vuole un bene dell'anima alla mamma e al fratellino, e ha un po' paura di Antonio.

Antonio ha sette anni più di Giovanni, e si sta rivelando un adolescente chiuso in se stesso, con manifestazioni di violenza e di grossolanità.

A volte picchia selvaggiamente i fratellini, e Margherita deve correre a toglierglieli dalle mani. Probabilmente è soltanto un ragazzo ipersensibile che le morti successive della madre e del padre hanno traumatizzato.

CAPITOLO QUARTO

Tempo di marzo

La vita della famiglia Bosco è povera. Tra le poche case dei Becchi, quella dei Bosco è la più povera di tutte. Una costruzione a un piano, che fa da abitazione, fienile e stalla.

In cucina ci sono i sacchi di granturco, e al di là di una sottile parete ruminano due mucche. Al piano, le stanze da dormire, piccole e scure, proprio sotto il tetto.

Povertà vera, ma non miseria, perché si lavora da parte di tutti, e il lavoro del contadino rende poco ma rende. I muri sono nudi, però bianchi di calce. I sacchi di granturco sono pochi, ma vengono svuotati lentamente, e finiscono per bastare. Le mucche devono tirare il carro e l'aratro. Di latte ne danno quindi poco e magro. Quel poco però basta.

Per questo, i bambini di casa Bosco non sono sfiorati dalla tristezza, e nemmeno dall'aggressività. Anche nella povertà si può essere felici, con pazienza.

Tra gli otto e i nove anni, Giovanni comincia a partecipare più attivamente al lavoro della famiglia, a condividerne la vita dura e austera.

Si lavora da sole a sole, e il sole d'estate si alza presto. « Uomo che dorme non piglia pesci », diceva Margherita ai ragazzi destandoli all'alba.

La colazione del mattino è puro e semplice nutrimento: una fetta di pane asciutto e acqua fresca. Giovanni impara a zappare, a falciare l'erba, a maneggiare la roncola, a mungere le mucche. Un vero contadino. I viaggi si fanno a piedi. La diligenza passa lontano, sullo stradale di Castelnuovo, e costa. Alla sera si va a dormire sul pagliericcio gonfio di foglie di granturco.

I piedi del povero

Se c'era un malato grave nelle case vicine, venivano a svegliare Margherita. Sapevano che non si rifiutava di dare una mano. E lei destava uno dei figli, perché l'accompagnasse. Diceva:

— Andiamo. C'è da fare un'opera di carità.

« Fare un'opera di carità ». Con questa semplice espressione, a quei tempi, si mettevano insieme molti « valori » che oggi chiamiamo generosità, servizio, impegno per gli altri, amore concreto, altruismo.

« D'inverno — ricordava don Bosco — veniva spesso a bussare alla nostra porta un mendicante. Attorno c'era neve, e domandava di dormire sul fienile ». Margherita, prima di lasciarlo andare su, gli dava un piatto di brodo caldo. Poi gli guardava i piedi. Il più delle volte erano ridotti male. Gli zoccoli consumati lasciavano passare acqua e tutto. Lei non ne aveva un altro paio da regalare, ma gli avvolgeva i piedi in pezzi di panno, e li legava come poteva.

In una casa dei Becchi abitava Cecco. Era stato ricco, ma aveva sprecato tutto. I ragazzi gli davano la baia. Forse lo chiamavano « cicala ». Le mamme infatti lo indicavano ai bambini e contavano la storia della formica e della cicala: « Mentre noi lavoravamo come formiche, lui cantava, faceva baldoria. Era allegro come una cicala. E adesso vedi come è ridotto. Impara ».

Quel vecchio si vergognava a chiedere l'elemosina, e sovente pativa la fame. Margherita, quando era notte, lasciava sul davanzale un pentolino di minestra calda. Cecco veniva a prendersela camminando nel buio.

Giovanni imparava. Più la carità che il risparmio. C'era un ragazzo che faceva il garzone in una cascina poco lontana. Si chiamava Secondo Matta. Al mattino il padrone gli dava una fetta di pane nero e gli metteva in mano la cavezza di due mucche. Doveva condurle al pascolo fino a mezzogiorno. Scendendo nella valle incontrava Giovanni che portava anche lui le mucche al pascolo, e aveva in mano una fetta di pane bianco. A quei tempi un pane così era una raffinatezza. Un giorno Giovanni gli disse:

— Mi fai un favore?

— Volentieri.

— Vorrei che ci scambiassimo il pane. Il tuo dev'essere più buono del mio.

Secondo Matta ci credette, e per tre stagioni di seguito — è lui che lo racconta — tutte le volte che s'incontravano, scambiavano il pane. Soltanto quando fu un uomo, il signor Matta ci pensò su, e capì che Giovanni Bosco era una brava persona.

Nel bosco i banditi

Vicino alla casa c'era un bosco. Più di una volta, quando veniva la notte, alla porta di Margherita bussavano piccoli gruppi di « banditi », braccati dalle guardie. Venivano a chiedere una scodella di minestra e un po' di paglia per dormire.

Margherita non si spaventava certo di queste visite. Era abituata. Durante il tempo di Napoleone, i giovani che scappavano alla « leva » erano numerosissimi. Negli ultimi anni raggiungevano il 70%, dicono gli storici. Vivevano nei boschi o sulle montagne, a gruppi.

Ciò che dava apprensione era il fatto che dietro i banditi sovente spuntavano i carabinieri (istituiti proprio in quegli anni da Vittorio Emanuele I). Ma in casa Bosco vigeva una specie di tacito armistizio. Le guardie, stanche della salita, chiedevano a Margherita un bicchier d'acqua, e magari un dito di vino. I banditi, dal fienile, sentivano le voci e se ne andavano in silenzio. « Benché molte volte sapessero chi stava in quel momento nascosto in casa — scrive Giovanni B. Lemoyne, il principale biografo di don Bosco, che ebbe con lui lunghissimi colloqui negli anni di Torino — dissimulavano, e non tentarono mai un imprigionamento ».

Giovannino guarda tutto, e cerca di capire. Dalla mamma ha saputo che « prima » erano i soldati del *regime democratico* che inseguivano le persone rimaste *fedeli al re.* Ora gli inseguitori sono diventati inseguiti: i carabinieri del re danno la caccia ai democratici. Presto le cose cambieranno ancora: i democratici diventeranno ministri, capi della polizia, padroni della cosa pubblica. Gli inseguiti saranno altri.

Mamma Margherita, abituata a questi cambiamenti di fronte, offre una scodella di brodo e una fetta di pane a chiunque bussi alla sua porta, senza domandargli da che parte stia. Forse possiamo pensare che proprio questi avvenimenti fanno nascere in Giovanni Bosco la diffidenza verso la politica e verso i partiti. Nella sua vita egli punterà a ideali ben più solidi: le anime da salvare, i giovani poveri da nutrire e educare. Ciò che lui chiamerà « la politica del Padre Nostro ».

« Mia madre mi insegnò a pregare »

La carità, ai Becchi, non si faceva per sentimento, ma per amor di Dio. Il Signore era di casa nella famiglia Bosco. Margherita era analfabeta, ma sapeva a memoria lunghi tratti della *Storia Sacra* e del *Vangelo*. E credeva nella necessità di pregare, cioè di parlare con Dio, per avere la forza di vivere e di fare del bene.

« Finché ero piccolino — scrive don Bosco — mi insegnò lei stessa le preghiere. Mi faceva mettere con i miei fratelli in ginocchio mattina e sera, e tutti insieme recitavamo le preghiere in comune ».

Il prete era lontano, e lei non aspettò che trovasse il tempo per venire a insegnare il catechismo ai suoi bambini. Ecco alcune domande e risposte del *Compendio della dottrina cristiana* che Margherita aveva imparato da piccola, e che insegnò a Giovanni, Giuseppe e Antonio:

« D. Che cosa deve fare un buon cristiano la mattina subito svegliato?

R. Il segno della Santa Croce.

D. Levato poi e vestito, che cosa deve fare un buon cristiano?

R. Mettersi in ginocchioni se può, avanti qualche divota immagine, e rinnovando col cuore l'Atto di fede nella presenza di Dio dire con divozione: Vi adoro, mio Dio...

D. Che cosa si deve fare prima del lavoro?

R. Offrire il travaglio a Dio ».

Una delle prime « pratiche religiose » a cui Giovannino partecipò fu la recita del Rosario. In quel tempo era la preghiera serale di tutti i cristiani. Ripetendo cinquanta volte l'*Ave Maria,* anche i contadini dei Becchi parlavano con la Madonna, più madre che regina. Sgranando la corona, il pensiero andava ai figli, ai campi, alla vita, alla morte. Giovanni cominciò così a parlare alla Madonna, e sapeva che lei lo guardava, lo ascoltava.

Nelle sue *Memorie,* don Bosco ricorda anche la sua prima confessione: « Fu mia madre a prepararmi. Mi accompagnò in chiesa, si confessò lei per prima, mi raccomandò al confessore. Dopo mi aiutò a fare il ringraziamento ».

Scuola nella stagione morta

La prima classe elementare, Giovannino la frequentò probabilmente a 9 anni, nell'inverno 1824-25. Allora le lezioni cominciavano il 3 novembre, e al 25 marzo erano già finite. Era la « stagione morta » della campagna. Prima e dopo, anche le deboli braccia dei ragazzini erano necessarie in casa e nei campi.[1]

[1] L'istruzione elementare era stata imposta per legge nel 1822. Era obbligatoria e gratuita. Si doveva insegnare lettura, scrittura, religione e aritmetica. Ma non tutti i comuni furono in grado di applicare la legge.

Siccome la scuola comunale di Castelnuovo era lontana cinque chilometri, suo primo maestro fu un contadino che sapeva leggere. Poi la zia Marianna Occhiena, sorella di Margherita e donna di servizio del prete-maestro di Capriglio, pregò quel sacerdote di trovare un posto nella sua scuola per il nipotino.

Don Lacqua l'accontentò, e Giovanni rimase probabilmente ospite della zia per alcuni mesi. Lo stesso avvenne nell'inverno 1825-26. In quella stagione, però, Antonio (diciassettenne) cominciò a fare la faccia dura.

— Perché mandarlo ancora a scuola? Una volta che si sa leggere e fare la firma, ce n'è d'avanzo. Prenda la zappa come l'ho presa io.

Margherita cercava di ragionarlo:

— Più gli anni passano, più l'istruzione diventa necessaria. Non vedi che persino i calzolai e i sarti vanno a scuola? Avere in casa uno che sa fare di conto, non sarà inutile.

Appena imparò a leggere, i libri divennero la sua passione. Ne chiedeva qualcuno in prestito a don Lacqua, e molti pomeriggi dell' estate li passava all'ombra delle piante a divorare le pagine. Andando al pascolo, era disposto a badare anche alle mucche degli amici, purché lo lasciassero leggere in pace.

Ma non divenne un secchione. Gli piaceva leggere, ma gli piaceva sempre giocare e arrampicarsi sugli alberi.

Un pomeriggio insieme con gli amici avvistò su un ramo di una grossa quercia un nido di cardellini. Salì lungo il tronco, e vide che c'erano già i piccoli, pronti da mettere in gabbia. Il nido era proprio all'estremità di un ramo grosso e lungo, quasi parallelo al suolo.

Giovanni ci pensò un poco sopra, poi dall'alto disse agli amici: « Vado ». Adagio adagio scivolò sul ramo, che diventava sempre più sottile e flessibile. Allungò la mano, prese i quattro piccoli e se li pose in seno, tra pelle e camicia.

Adesso si trattava di tornare indietro, lungo il ramo che si era piegato in avanti sotto il suo peso. Strisciò adagio, ma di colpo gli scivolarono i piedi. Si trovò appeso solo per le mani, ad un'altezza paurosa. Con un colpo di reni riagganciò il ramo anche con i piedi, ma poi non riuscì a fare più niente. Ogni sforzo per stendersi di nuovo sul ramo a faccia in giù, fu inutile. Aveva i goccioloni sulla fronte. Sotto, gli amici gridavano e saltavano, ma non combinavano niente.

Quando le braccia non lo ressero più, si lasciò cadere nel vuoto.

Batté un colpo tremendo. Rimase tramortito per alcuni minuti. Poi riuscì a tirarsi seduto.

— Ti sei fatto male?

— Speriamo di no — riuscì a sussurrare.

— E gli uccellini?

— Sono qui, vivi —. Aprì la camicia e li tirò fuori. — Ma mi sono costati cari...

Cercò di incamminarsi verso casa, ma tremava in tutta la persona e dovette sedersi di nuovo. Quando riuscì a rientrare disse a Giuseppe:

— Sto male, ma non dire niente alla mamma.

La notte a letto gli fece bene, ma gli effetti di quel salto tremendo li sentì per molti giorni.

Un merlo piccolo piccolo

Gli uccelli erano la sua passione. Aveva preso dal nido un merlo piccolo piccolo e l'aveva allevato. Nella gabbia intrecciata con rami di salice gli insegnò a zufolare. L'uccello imparò. Quando vedeva Giovanni lo salutava con il fischio modulato, saltava allegro tra le sbarre, lo fissava con l'occhietto nero-brillante. Un merlo simpatico.

Ma una mattina il merlo non gli mandò il suo fischio. Un gatto aveva sfondato la gabbia e l'aveva divorato. Rimaneva un ciuffo di piume insanguinate. Giovanni si mise a piangere. Sua madre cercò di calmarlo, dicendogli che di merli nei nidi ne avrebbe trovati ancora. Ma Giovanni continuò a singhiozzare. Non gli importava niente degli altri merli. Era « quello lì », il suo piccolo amico, che era stato ucciso, che non avrebbe mai più visto.

Rimase triste alcuni giorni, e nessuno riusciva a farlo ritornare allegro. « Finalmente — racconta il Lemoyne — si fermò a riflettere sulla nullità delle cose mondane, e pigliò una risoluzione superiore all'età sua: propose di non attaccare mai più il cuore a cosa terrena ». Le stesse parole le ripeté alcuni anni dopo, alla morte del suo più caro amico, e molte altre volte.

Fa piacere costatare che questo fu il proposito che Giovanni Bosco non riuscì mai a osservare. Anche lui come noi, con il cuore di carne, che ha bisogno di amare le cose piccole e grandi. Piangerà con il cuore in pezzi alla morte di don Calosso, di Luigi Comollo, alla vista dei primi ragazzi dietro le sbarre di una prigione. Dirà di chi faceva del male ai suoi ragazzi: « Se non fosse peccato, li strozzerei con le mie mani ». I suoi ragazzi testimonieranno di lui con un'insistenza quasi monotona: « Mi voleva bene ». Uno di loro, Luigi Orione, scriverà: « Camminerei sui carboni ardenti per vederlo ancora una volta, e dirgli grazie ».

I « maestri spirituali » di quel tempo insegnavano che « attaccare il cuore alle creature » era male. Meglio non rischiare, amare poco. Gli insegnamenti del Concilio Vaticano II (1962-65) diranno che, certo, non bisogna trasformare le creature in idoli, bisogna purificare il nostro amore, ma che Dio ci ha dato il cuore perché amiamo senza paura. Il dio dei filosofi è impassibile. Ma il Dio della Bibbia no: egli ama e si adira, soffre e piange, ha fremiti di gioia e sorrisi di tenerezza.

La sua terra

A nove anni, il fanciullo comincia a uscire dal guscio caldo della sua famiglia, a guardarsi intorno. Anche Giovannino guardava, e scopriva la sua terra. Bella, ondulata, calma. Vi crescevano i gelsi, le viti, il granturco, la canapa. Vi pascolavano armenti e greggi. I boschi estesi e fitti erano macchie di verde intenso. I contadini che zappavano adagio sotto il sole erano uomini pazienti, tenaci. Gente fedele alla propria terra, in cui aveva piantato radici come gli alberi. Non avevano vergogna a cavarsi il cappello davanti al prete e a Dio, e quando chiudevano l'uscio della loro casa, in famiglia si sentivano dei re.

Giovanni Bosco fu un grande figlio di Dio, ma anche di questa terra. La vocazione gliela mandò il Cielo, ma questo clima, quest'aria, il carattere di queste persone, l'hanno modellata e nutrita. Nella voce porterà sempre la cadenza dialettale delle sue colline, e nell'anima l'impronta della sua gente.

CAPITOLO QUINTO

Piccolo saltimbanco

I nove anni di Giovannino sono marchiati dal « grande sogno » che abbiamo narrato nelle prime pagine: la moltitudine dei fanciulli, l'Uomo che lo ammonisce: « Non con le percosse ma con la mansuetudine », la Donna che gli predice: « A suo tempo tutto comprenderai ».

Nonostante le prudenti parole della nonna, quella notte ha gettato una luce sul futuro. Il sogno dei nove anni condiziona tutto il modo di vivere e di pensare di Giovanni Bosco. E condiziona anche la condotta della madre nei mesi e negli anni che seguono. Anche per lei è la manifestazione di una volontà superiore, un chiaro segno della vocazione sacerdotale del figlio. Solo così si può spiegare la sua tenacia nel condurre Giovannino per la via che lo avrebbe fatto salire all'altare.

Nel sogno, Giovanni ha visto un esercito di ragazzi, e gli è stato ordinato di far loro del bene. Perché non cominciare subito? Di ragazzi ne conosce già parecchi: i compagni di gioco, i piccoli garzoni che vivono nelle cascine sparse per la campagna. Molti sono bravi ragazzotti, ma altri sono volgari, bestemmiatori.

D'inverno, molte famiglie trascorrevano insieme la serata in una stalla grande, dove i buoi e le mucche funzionavano da termosifone. Mentre le donne filavano e gli uomini fumavano la pipa, Giovanni cominciò a leggere ai suoi amici i libri che gli prestava don Lacqua: *Guerin Meschino, La storia di Bertoldo, I Reali di Francia.* Ebbe un successo fulmineo. « Tutti mi volevano nella stalla — racconta —. Ai miei compagni si aggiungeva gente di ogni età e condizione. Tutti godevano di poter passare la serata ascoltando immobili il povero lettore ritto sopra una panca perché tutti potessero vederlo ».

Il libro più richiesto di quelle serate era *I Reali di Francia.* Narrava le avventure meravigliose e un po' macchinose di Carlomagno e dei suoi paladini: Orlando, Oliviero, il traditore Gano, il vescovo

Turpino, le stragi della spada magica Durlindana. Scrive don Bosco: « Prima e dopo i miei racconti facevamo tutti il segno della Santa Croce con la recita dell'*Ave Maria* ».

Le trombe sulla collina

Nella bella stagione le cose cambiano. Le storie non fanno più presa. Per radunare i suoi amici, Giovanni capisce che deve fare qualcosa di « meraviglioso ». Ma cosa?

Le trombe dei saltimbanchi squillano sulla collina vicina. È giorno di fiera. Giovanni ci va con la madre. Si compra, si vende, si discute, si imbroglia. E ci si diverte. La gente fa mucchio attorno ai prestigiatori e agli acrobati. Giochi di prestigio, esercizi di destrezza fanno rimanere a bocca aperta i contadini. Ecco ciò che potrebbe fare anche lui. Bisogna che si metta a studiare i segreti degli equilibristi e i trucchi dei prestigiatori.

I grandi spettacoli però si vedono solo alle feste patronali: gli equilibristi ballano sulla corda, i prestigiatori fanno il « gioco dei bussolotti » cioè i giochi di prestigio più spettacolari: cavare colombi e conigli dai cappelli, far sparire una persona, tagliarla in due e poi farla riapparire integra. Molto ammirati sono anche i « cavadenti senza dolore ».

Ma per vedere questi spettacoli si paga il biglietto, due soldi. Dove prenderli? Margherita, consultata, risponde:

— Aggiustati come vuoi, ma non chiedermi denaro. Non ne ho.

Giovanni si aggiusta. Cattura uccelli e li vende, fabbrica cesti e gabbie e li contratta con gli ambulanti, raccoglie erbe medicinali e le porta allo speziale di Castelnuovo.

Riesce così ad arrivare nelle prime file degli spettacoli. Osservando attentamente capisce l'equilibrio che sulla corda dà quell'asta lunga e sottile che viene chiamata il « bilanciere », nota il rapido movimento delle dita che nascondono il trucco dei prestigiatori. Riesce anche a scoprire imbrogli grossolani.

Togliere un dente cariato, a quel tempo, è per tutti una tortura. Il primo anestetico sarà sperimentato in America solo nel 1846. Giovanni, durante una fiera del 1825, assiste alla « cavata di un dente senza dolore » attribuita a una polvere magica. Il contadino che si presta ha un molare che gli fa veramente male. Il prestigiatore, dopo aver intinto le dita nella polvere, tra il fragore di trombe e tamburi glielo estrae con un colpo secco di una chiave inglese che si è fatto scivolare giù dalla manica. Il contadino balza in piedi urlando di dolore, ma le trombe fanno fracasso, e il prestigiatore lo abbraccia fino a soffocarlo gridando: « Grazie! Grazie! L'esperimento è riuscitissimo! ». Giovanni è uno dei pochi che ha visto scivolare la chiave inglese, e se ne va ridendo.

A casa prova i primi giochi. « Mi esercitavo giorni e giorni finché non avessi imparato ». Per far uscire i conigli dal cappello, per camminare sulla corda, ci vogliono mesi di esercizio, di costanza, di capitomboli. « Può darsi che non mi crediate — scrive don Bosco — ma a undici anni io facevo il gioco dei bussolotti, il salto mortale, camminavo sulle mani, marciavo e danzavo sulla corda ».

Spettacolo sul prato

Una sera di domenica, in piena estate, Giovanni annuncia agli amici il suo primo spettacolo. Su un tappeto di sacchi distesi sull'erba, fa miracoli di equilibrio con barattoli e casseruole sospese sulla punta del naso. Fa spalancare la bocca a un piccolo spettatore, e ne tira fuori decine di pallottole colorate. Lavora con la bacchetta magica. E alla fine balza sulla corda e vi cammina tra gli applausi degli amici.

La voce passa di casa in casa. Il pubblico si ingrossa: piccoli e grandi, ragazze e ragazzi, persino persone anziane. Sono gli stessi che nelle stalle lo ascoltavano leggere *I Reali di Francia.* Ora lo vedono far scendere dal nasone di un contadino ingenuo una fontanella di monete, cambiare l'acqua in vino, moltiplicare le uova, aprire la borsa di una signora e farne volar via un colombo vivo. Ridono, gli battono le mani.

Anche il fratello Antonio andava a vedere i giochi — scrive il Lemoyne —, ma non si metteva mai nelle prime file. Si nascondeva dietro un albero, compariva e scompariva. A volte scherniva il piccolo saltimbanco:

— Ecco il pagliaccio, il poltrone! Io mi rompo le ossa nel campo, e lui fa il ciarlatano!

Giovanni soffriva. Qualche volta sospendeva lo spettacolo, per ricominciare duecento metri più in là, dove Antonio finiva per lasciarlo in pace. Era un ciarlatano « speciale » quel ragazzo. Prima del numero finale, tirava fuori di tasca il Rosario, s'inginocchiava e invitava tutti a pregare. Oppure ripeteva la predica sentita al mattino in parrocchia. Era l'offerta che domandava al suo pubblico, il biglietto che faceva pagare a piccoli e grandi. Nella vita, Giovanni Bosco sarà generosissimo nel dare la sua fatica, ma da buon piemontese chiederà sempre un prezzo: non in denaro ma in impegno per Dio e per i ragazzi poveri.

Poi il brillante finale. Legava una fune a due alberi, vi saliva, camminava reggendo un rudimentale bilanciere, tra improvvisi silenzi e ovazioni frenetiche.

« Dopo alcune ore di queste ricreazioni — scrive —, quando io ero ben stanco, cessava ogni trastullo, facevasi breve preghiera, e ognuno se ne andava a casa ».

Prima Comunione

La Pasqua, nel 1826, cadeva il 26 marzo. In quel giorno Giovanni fece la sua prima Comunione, nella chiesa parrocchiale di Castelnuovo. Ecco come la ricorda:

« Mia madre mi stette vicino. Durante la quaresima mi aveva condotto a confessarmi. " Giovanni mio, mi disse, Dio ti prepara un gran dono; preparati bene. Confessa tutto, sii pentito, e prometti a Dio di farti più buono in avvenire ". Tutto promisi; se poi sia stato fedele, Dio lo sa.

Quel mattino mi accompagnò alla sacra mensa, fece con me la preparazione e il ringraziamento. In quella giornata non volle che mi occupassi di alcun lavoro materiale, ma che m'impegnassi a leggere e a pregare. Mi ripeté più volte:

" Per te è stato un gran giorno. Dio ha preso possesso del tuo cuore. Ora promettigli di fare quanto puoi per conservarti buono sino alla fine della vita. In avvenire va' sovente a comunicarti; di' sempre tutto in confessione; sii sempre ubbidiente; va' volentieri al catechismo e alle prediche; ma per amore del Signore fuggi come la peste coloro che fanno discorsi cattivi ".

Procurai di mettere in pratica gli avvisi di mia madre: e mi pare che da quel giorno vi sia stato qualche miglioramento nella mia vita, specialmente nell'ubbidienza e nella sottomissione agli altri, al che provavo grande ripugnanza ».

L'inverno più nero della vita

L'inverno che seguì fu per Giovannino il più nero della vita.

Era morta la nonna (madre di Francesco), e Antonio, 18 anni, era sempre più « lontano » dalla famiglia. I suoi quarti d'ora di violenza divennero più frequenti.

Negli ultimi giorni di ottobre, Margherita accennò alla possibilità di mandare ancora per un anno Giovanni alla scuola di don Lacqua.

Avrebbe potuto imparare i primi elementi del latino. Antonio reagì bruscamente:

— Che latino? Che bisogno di latino abbiamo in casa? Lavorare, lavorare!

Con ogni probabilità, Margherita gli accennò alla possibilità che Giovanni diventasse prete, ma Antonio dovette giudicarlo un progetto irrealizzabile. « Per fare un prete — si sentirà dire tante volte Giovanni — ci vogliono diecimila lire ». Una somma spropositata, per una famiglia contadina di quei tempi.

Con la scusa di commissioni da fare alla zia Marianna e al nonno che vivevano a Capriglio, Giovanni riuscì ad andare qualche volta da don Lacqua anche in quell'inverno 1826-27. Antonio però masticava amaro. E un giorno le cose precipitarono in guerra aperta. Lo racconta don Bosco stesso:

« Prima con mia madre, poi con mio fratello Giuseppe, Antonio disse in tono imperativo:

— Adesso basta. Voglio finirla con questa grammatica. Io sono venuto su grande e grosso e non ho mai veduto questi libri.

Dominato in quel momento dall'afflizione e dalla rabbia risposi quello che non avrei dovuto:

— Anche il nostro asino non è mai andato a scuola, ed è più grosso di te.

A quelle parole saltò sulle furie, e a stento potei scappare a una pioggia di busse e di schiaffi. Mia madre era afflittissima, io piangevo ».

Le cose andarono avanti ancora qualche giorno, tra tensioni sempre più astiose. Antonio era un testone, Giovanni non voleva lasciarsi mettere i piedi sul collo e reagiva vivacemente. Poi, per un libro che Giovanni aveva messo sulla tavola accanto al suo piatto, scoppiò la scenata che abbiamo raccontato all'inizio di queste pagine. Giovanni non riuscì a scappare e fu pestato dal fratello.

La mattina dopo, Margherita gli disse quelle parole tristissime: « È meglio che tu vada via di casa ».

In una giornata nebbiosa di febbraio, Giovanni arrivò alla cascina Moglia, e fu accettato come garzone per il suo pianto sconsolato.

CAPITOLO SESTO

Tre anni in cascina e uno in canonica

Erano passati alcuni giorni. Luigi Moglia disse a Dorotea:

— Non abbiamo fatto un affare cattivo a prendere quel ragazzo.

Giovanni Bosco si era messo a lavorare con impegno, e si dimostrava volenteroso e obbediente. La sua incombenza era quella di badare alla stalla. Il lavoro più pesante consisteva nel rifare ogni mattina il « letto » di paglia fresca alle mucche, portando via il letame con il tridente e la carriola. Poi strigliare gli animali, portarli all'abbeveratoio, salire sul fienile e gettare nelle mangiatoie il fieno per la giornata, mungere il latte.

Evidentemente, Giovanni non doveva eseguire da solo tutto questo lavoro: era alle dipendenze del « vaccaro » che gli affidava i lavori più adatti a un ragazzo.

Anche nel pregare, alla sera, Giovanni si dimostrò un bravo ragazzo, e la signora Dorotea lo invitò qualche volta a guidare la recita del Rosario.

Per dormire, i Moglia gli avevano assegnato una stanzucchia chiara e un buon letto. Più di quanto aveva ai Becchi, dove doveva dividere la stanza con Giuseppe, e forse anche con Antonio. Dopo le prime sere, Giovanni si azzardò ad accendere un mozzicone di candela, e a leggere per un'oretta uno dei libri che don Lacqua gli aveva imprestato. Nessuno gli disse niente, e lui continuò.

Alla sera del sabato, domandò al padrone il permesso di andare la mattina dopo per tempo a Moncucco. Tornò per la colazione, e alle dieci accompagnò il signor Luigi e tutta la famiglia alla « Messa grande ».

Siccome anche nei sabati seguenti chiese quello strano permesso, Dorotea volle vedere dove andava il ragazzo: davanti a sua madre era lei la responsabile. Si recò a Moncucco prima dell'alba, e dalla casa di una sua amica vide Giovanni arrivare ed entrare in chiesa. Lì lo vide accostarsi al confessionale del parroco, ascoltare la prima Messa e fare la Comunione.

In quel tempo la Comunione si faceva molto di rado. Durante la « Messa grande » (alla quale partecipava tutta la gente del paese) non si distribuiva nemmeno. Chi voleva comunicarsi doveva partecipare alla « Messa bassa » che il parroco celebrava molto presto.

Dorotea, riaccompagnandolo a casa, gli disse: « D'ora innanzi, quando vuoi venire alla Messa bassa, fai pure. Non star nemmeno a domandare il permesso ».

Confessandosi dal parroco don Cottino, Giovanni gli confidò il suo desiderio di diventare sacerdote, e anche le sue difficoltà. Don Cottino lo incoraggiò a confessarsi e a ricevere l'Eucaristia tutte le settimane, a pregare lungo la giornata, e a confidare nel Signore: se Lui voleva, le difficoltà si sarebbero risolte. Lo esortò anche a non interrompere del tutto lo studio: se in seguito fosse stato compatibile con il suo lavoro, gli avrebbe dato volentieri qualche lezione di latino. Intanto poteva imprestargli qualche libro.

Due grani e quattro spighe

Il vecchio Giuseppe, zio del padrone, tornava un giorno dalla campagna tutto sudato e con la zappa in spalla. Era mezzogiorno, e sul campanile di Moncucco suonava la campana. Il vecchio, stanco, si sedette sul fieno a tirare il fiato. Poco lontano, vide Giovanni anche lui sul fieno, ma inginocchiato: recitava l'*Angelus,* come mamma Margherita l'aveva abituato mattino mezzogiorno e sera.

Mezzo per ridere e mezzo sul serio, Giuseppe brontolò:

— Ma bravo! Noi padroni ci logoriamo la vita dal mattino alla sera e non ne possiamo più. E il garzone se la prende calma e prega in santa pace.

Giovanni, anche lui mezzo serio e mezzo per burla, rispose:

— Quando c'è da lavorare, *barba* Giuseppe, sapete che non mi tiro indietro. Ma mia madre mi ha insegnato che quando si prega, da due grani nascono quattro spighe; se invece non si prega, da quattro grani nascono due spighe sole. È meglio quindi che preghiate un poco anche voi.

— Salute! — concluse il vecchio —. Adesso abbiamo anche il parroco in casa.

Con l'arrivo della bella stagione, al garzone toccava portare le mucche al pascolo: badare che non sbandassero nei prati degli altri, che non mangiassero erba troppo bagnata, che non si scornassero.

Seduto all'ombra degli alberi, mentre gli animali brucavano l'erba intorno, Giovanni trovò un po' di tempo per i suoi libri. Luigi Moglia non si lamentava, ma scuoteva la testa:

— Perché leggi tanto?

Voglio diventare prete.

— E non sai che per studiare, oggi, ci vogliono nove-diecimila lire? Dove le trovi?

— Se Dio vuole, qualcuno ci penserà.

Nei prati, a giocare, a volte viene anche Anna, la prima figlia dei Moglia. Ha 8 anni. Vede Giovanni che legge il libro, invece di guardare i suoi giochi, e s'indispettisce:

— Piantala di leggere, Giovanni.

— Ma io diventerò prete, e dovrò predicare e confessare.

— Sì, prete — lo canzona la bimba —. Tu diventerai un vaccaro.

Giovanni un giorno le risponde:

— Tu Anna adesso mi prendi in giro, ma un giorno verrai a confessarti da me.

(La signora Anna si sposò e abitò a lungo a Moriondo. Raccontò molte volte questo episodio ai propri figli. Quattro o cinque volte all'anno si recava a Valdocco, a confessarsi da don Bosco. E lui l'accoglieva con gioia, come una sorella).

Quando tornò l'inverno, i padroni gli permisero di andare qualche volta a scuola da don Cottino. Ma furono poche lezioni, e così distanti l'una dall'altra che si dimostrarono inconcludenti.

L'amicizia del parroco, invece, gli facilitò l'amicizia con i ragazzi di Moncucco. La sala d'ingresso della canonica, che nei giorni feriali funzionava da scuola, alla domenica si trasformava in un piccolo oratorio. Giovanni Bosco faceva i giochi di prestigio, leggeva le pagine più avventurose della Storia Sacra, faceva pregare i suoi piccoli amici.

Quando il tempo era brutto e non si poteva andare fino a Moncucco, alcuni delle cascine lo raggiungevano nella casa dei Moglia. Giovanni li portava sul fienile, li faceva divertire, spiegava loro il catechismo.

Alla cascina Moglia, Giovanni trascorse tre anni quasi completi: dal febbraio 1827 al novembre 1829. Anni perduti per i suoi studi. Furono anche inutili per la missione a cui Dio lo chiamava?

Pietro Stella ricorda un episodio a prima vista insignificante: « La signora Dorotea e il cognato Giovanni, un giorno lo trovarono inginocchiato che teneva un libro fra le mani, gli occhi chiusi, la faccia rivolta al cielo, e dovettero scuoterlo, tanto era assorto nella sua riflessione ». E argomenta: « Furono dunque anni non inutili, nei quali si radicò più profondo in Giovanni il senso di Dio e della contemplazione. Poté introdursi nel colloquio con Dio durante il lavoro dei campi. Anni che si possono definire di attesa assorta e supplichevole, da Dio e dagli uomini ».

Nel 1827, a Milano, Alessandro Manzoni pubblicò la prima edizione dei *Promessi Sposi*. Nel 1828, a Recanati, Giacomo Leopardi iniziò a comporre i grandi *Idilli*. Nel 1829, a Parigi, Gioacchino Rossini mise in scena il suo capolavoro, *Guglielmo Tell*. In questi tre anni, Giovanni Bosco strigliò le mucche in una sperduta cascina del Monferrato. Ma cominciò a parlare con Dio.

Zio Michele

La permanenza di Giovanni alla cascina dei Moglia era una spina nel cuore di mamma Margherita. Si sfogò probabilmente con suo fratello Michele, che verso lo scadere dei contratti rurali (11 novembre) andò a parlare con il nipote. Lo trovò che faceva uscire le mucche dalla stalla.

— Allora, Giovanni, sei contento di stare qui o no?

— No. Mi trattano bene, ma io voglio studiare. Gli anni passano, ne ho già compiuti quattordici, e sono sempre allo stesso punto.

— Allora riporta le bestie nella stalla e torna ai Becchi. Io parlo con i tuoi padroni, poi devo andare al mercato di Chieri. Ma questa sera passo a casa tua e aggiustiamo tutto.

Giovanni rifece il suo fagotto, salutò la signora Dorotea, il signor Stefano, *barba* Giuseppe, Teresa, Anna. Erano diventati amici, lo sarebbero stati per tutta la vita.

Riprese la strada dei Becchi. Quando arrivò, mamma Margherita lo vide da lontano e gli andò frettolosamente incontro:

— In casa c'è Antonio. Abbi pazienza, nasconditi finché non arriva lo zio Michele. Se Antonio ti vede, sospetta un complotto, e Dio sa cosa potrebbe succedere.

Giovanni scantonò dietro una siepe e andò a sedersi vicino a un fosso. Dunque non era ancora finita. Bisognava prepararsi a combattere ancora.

Lo zio arrivò a notte fatta, raccolse il nipote intirizzito e lo condusse in casa. Ci fu tensione, ma non guerra. Antonio aveva compiuto 21 anni e si preparava a mettere su famiglia. Ricevute garanzie che il mantenimento e gli studi di Giovanni non sarebbero gravati su di lui, non ebbe obiezioni.

Michele si mise in contatto con i parroci di Castelnuovo e di Buttigliera, per vedere di collocare presso di loro il nipote studente, ma trovò grosse difficoltà. La soluzione arrivò del tutto impensata.

Quattro soldi per una predica

Nel settembre di quel 1829, a Morialdo era venuto a stabilirsi come cappellano don Giovanni Melchiorre Calosso, sacerdote sui 70 anni, che per la salute malferma aveva rinunciato anni prima alla parrocchia di Bruino. Era un prete venerando, carico di anni e di esperienza pastorale.

In novembre ci fu una « missione predicata » nel paese di Buttigliera. Ci andò anche Giovanni, e anche don Calosso. Tornando a casa, il vecchio prete notò tra la gente quel ragazzotto quattordicenne, che camminava tutto solo.

— Di dove sei, figlio mio?

— Dei Becchi. Sono stato alla predica dei missionari.

— Chissà cos'hai capito con tutte quelle citazioni in latino — e scosse la testa bianca sorridendo —. Forse tua mamma ti avrebbe potuto fare una predica più opportuna.

— È vero, mia madre mi fa sovente delle buone prediche. Ma mi pare di aver capito anche i missionari.

— Su, se mi dici quattro parole della predica di oggi, ti do quattro soldi.

Giovanni attaccò tranquillo e recitò al cappellano l'intera predica, come se leggesse un libro.

Don Calosso non lasciò trasparire l'emozione, e domandò:

— Come ti chiami?

— Giovanni Bosco. Mio padre è morto quando ero ancora bambino.

— Che scuola hai fatto?

— Ho imparato a leggere e a scrivere da don Lacqua, a Capriglio. Mi piacerebbe studiare ancora, ma il mio fratello più grande non ne vuole sapere, e i parroci di Castelnuovo e di Buttigliera non hanno tempo per aiutarmi.

— E perché vorresti studiare?

— Per diventare prete.

— Di' a tua mamma che venga a trovarmi a Morialdo. Forse potrò darti una mano io, anche se sono vecchio.

Margherita, seduta davanti al tavolo di don Calosso, si sentì dire:

— Vostro figlio è un prodigio di memoria. Bisogna che si metta a studiare subito, senza perdere altro tempo. Io sono vecchio, ma tutto quello che potrò ancora fare lo farò.

Si misero d'accordo che Giovanni avrebbe studiato presso il cappellano, non distante dai Becchi. A casa sarebbe andato solo a dormire. Nei momenti di punta del lavoro agricolo, tuttavia, avrebbe aiutato i suoi.

Giovanni raggiunse di colpo ciò che gli era mancato per tanto tempo: confidenza paterna, senso di sicurezza, fiducia.

« Mi misi subito nelle mani di don Calosso — scrisse —. Gli feci conoscere tutto me stesso, gli manifestai ogni parola, ogni pensiero. Conobbi allora che voglia dire avere una guida stabile, un amico fedele dell'anima, di cui fino a quel tempo ero stato privo. Fra le altre cose, mi proibì una penitenza che ero solito fare, non adatta alla mia età. Mi incoraggiò a frequentare la confessione e la comunione, e mi insegnò a fare ogni giorno una breve meditazione, o meglio un po' di lettura spirituale ».

« Con lui moriva ogni speranza »

Intorno al settembre 1830 (forse per annullare ogni residua tensione con Antonio) andò a stabilirsi presso don Calosso anche per la notte. Tornava solo una volta alla settimana per il cambio di biancheria.

Gli studi progredivano rapidamente e bene. Don Bosco ricordava questi giorni con parole di entusiasmo: « Nessuno può immaginare la mia contentezza. Amavo don Calosso come un padre, lo servivo volentieri in tutte le cose. Quell'uomo di Dio mi portava tanto affetto che più volte mi disse: " Non darti pena per l'avvenire. Finché vivrò non ti lascerò mancare niente. E se muoio, provvederò a te ugualmente ". Ero pienamente felice, quando un disastro troncò il corso di tutte le mie speranze ».

Una mattina del novembre 1830, mentre Giovanni è a casa a cambiare il fagotto della biancheria, arriva una persona ad avvertirlo che don Calosso si è sentito male.

« Non corsi, ma volai », ricorda don Bosco. Era stato colpito da infarto. Riconobbe Giovanni, ma non riuscì a parlargli. Gli indicò la chiave di un cassetto, facendo segno di non consegnarla a nessuno.

E fu tutto. Al ragazzo non rimase che piangere disperatamente sul cadavere del suo secondo padre. « Con lui moriva ogni mia speranza ».

Dai tetti in giù, di speranze ce n'era ancora una: la chiave. Nel cassetto c'erano seimila lire. Dai cenni di don Calosso risultava evidente che erano per lui, per il suo avvenire. Glielo confermavano alcuni che avevano assistito il morente. Qualche altro sosteneva, invece, che i gesti di un moribondo non vogliono dire niente: solo un regolare testamento dà o toglie diritti.

I nipoti di don Calosso, quando giunsero, si comportarono da persone oneste. Si informarono, poi dissero a Giovanni:

— Pare che lo zio volesse lasciare a te questo denaro. Prendi tutto quello che vuoi.

Giovanni ci pensò un poco sopra, poi concluse:

— Non voglio niente.

Nelle sue *Memorie,* don Bosco riassume queste vicende con una frase sola: « Vennero gli eredi di don Calosso, e loro consegnai la chiave e ogni altra cosa ». È un gesto sbrigativo che tronca ogni calcolo. Da prete, prenderà come sua parola d'ordine una frase della Bibbia ugualmente sbrigativa: *« Da mihi animas, coetera tolle ».* « Dammi le anime, il resto non mi interessa ».

Ora Giovanni era di nuovo solo. Aveva 15 anni, e si trovava senza maestro, senza denaro, senza disegni per il futuro. « Piangevo inconsolabile », scrive.

CAPITOLO SETTIMO

La strada verso Castelnuovo

Eppure bisognava continuare.

Per prevenire ogni nuova opposizione di Antonio, Margherita decise di dividere i beni lasciati dal papà Francesco con lui. C'era anche un buon motivo, che « copriva » la faccenda poco simpatica agli occhi degli estranei. Antonio stava per sposarsi: il 21 marzo 1831 avrebbe condotto all'altare la castelnuovese Anna Rosso.

I campi vennero divisi, la casa dei Becchi spartita: Antonio diventò proprietario della metà che guarda a levante (con la scaletta di legno che sale al primo piano); nell'altra metà continuarono ad abitare Margherita, Giuseppe e Giovanni.

In dicembre, Giovanni si mette in strada. Va a frequentare le scuole pubbliche di Castelnuovo. Accanto alle elementari, il comune ha aperto un corso di lingua latina articolato in cinque classi. I pochi alunni di ogni classe, però, si radunano in una saletta unica, e hanno un unico professore, don Emanuele Virano.

Il pranzo nel gavettino

I cinque chilometri che separano i Becchi da Castelnuovo, all'inizio, sembrano un ostacolo superabile ai quindici anni gagliardi di Giovanni. Siccome la scuola si divide in due tempi, tre ore e mezza al mattino e tre ore al pomeriggio, il ragazzo parte al mattino con un pezzo di pane in mano, torna per pranzo, si rimette in strada nel pomeriggio e rientra alla sera. Quasi venti chilometri al giorno. Un ritmo pazzesco, che dopo pochi giorni (magari alla prima nevicata) viene prontamente modificato.

Zio Michele gli trova una semi-pensione presso un brav'uomo, Giovanni Roberto, sarto e musicista del paese. Presso di lui Giovanni consuma il pranzo, che si porta dietro ogni giorno nel « gavettino ».

Cinque chilometri al mattino e cinque alla sera, però, non sono una cosa da ridere, specialmente d'inverno. Giovanni cammina con volontà, e quando il sentiero non è un pantano per la pioggia o una pista gelata per la neve, come tutti i contadini si toglie le scarpe e se le butta a tracolla. Pioggia e vento, sole e polvere, sono suoi compagni per molti giorni.

Ma in certe sere di gennaio non se la sente di riprendere la strada tra la bufera, e chiede al signor Roberto di poter dormire nel sottoscala, magari saltando la cena.

Mamma Margherita capisce che per strada, in quell'inverno, suo figlio potrebbe lasciarci la salute, e viene a trattare con il sarto. Per una cifra ragionevole (pagabile anche in cereali e vino) il signor Roberto accetta Giovanni a pensione completa. Gli darà una minestra calda a mezzogiorno e alla sera, e il sottoscala per dormire. Al pane penserà la madre.

Essa stessa l'accompagna a Castelnuovo portando nella borsa le poche suppellettili necessarie a un ragazzotto di quindici anni. Raccomanda al signor Roberto di « dargli un'occhiata e magari una tirata d'orecchie », e a Giovanni dice: « Sii devoto della Madonna, che ti faccia crescere bene ».

A scuola si trova con ragazzetti di dieci, undici anni. La sua preparazione culturale, fino ad oggi, è stata molto modesta. Se aggiungiamo la giubba sproporzionata e le scarpe rozze, è facile capire come diventi bersaglio di scherzi e canzonature da parte dei compagni. Lo chiamano « il vaccaro dei Becchi ».

Giovanni, che era l'idolo dei ragazzi a Morialdo e a Moncucco, ci soffre. Ma ci dà dentro a studiare più che può, aiutato e benvoluto dal maestro. Don Virano è un uomo capace e gentile. Vedendo la sua buona volontà lo prende da parte, e in poco tempo gli fa compiere rapidi progressi. Quando Giovanni scrive un componimento veramente buono sulla figura biblica di Eleazar, don Virano lo legge in classe, e conclude:

— Chi fa degli svolgimenti così, può anche permettersi di portare delle scarpe da vaccaro. Perché ciò che conta nella vita non sono le scarpe, ma la testa.

Don Bosco racconta: « Quell'anno corsi qualche pericolo per alcuni compagni. Volevano portarmi a giocare ai soldi in tempo di scuola. E siccome dicevo di non aver denaro, mi dicevano: " È tempo che ti svegli. Bisogna imparare a vivere. Ruba al tuo padrone, a tua madre ". Ricordo che risposi: " Mia madre mi vuole molto bene. Non voglio cominciare a darle dei dispiaceri " ».

« Ai Becchi crescono solo somari »

In aprile, Giovanni è a buon punto del suo ricupero scolastico, quando si verifica un avvenimento che avrà per lui conseguenze amare. Don Virano è nominato parroco di Mondonio, e deve lasciare la scuola nelle mani di don Nicola Moglia.

Questo prete è pio e caritatevole, ma ha 75 anni. Non riesce assolutamente a dominare le cinque classi che convivono nella sua scuola. Finisce che un giorno fa la sfuriata e mena la bacchetta, e nel resto della settimana tollera la baraonda.

Se la prende con i più grandi, come responsabili del continuo disordine. Dimostra un'antipatia particolare per il più grande di tutti, « il vaccaro dei Becchi », anche se Giovanni patisce moltissimo di quell'indisciplina collettiva. Non perde occasione per mortificarlo:

— Cosa vuoi capire tu di latino? Ai Becchi crescono solo dei grossi somari. Ottimi somari, se volete, ma sempre somari. Va' per funghi, va' per nidiate: è quello il tuo mestiere, non studiare latino.

I compagni, che per la stima di don Virano avevano cominciato a lasciarlo in pace, si scatenarono nuovamente. Giovanni passò giorni di sconforto.

Ma una volta volle prendersi la rivincita.

Don Moglia aveva assegnato un compito in classe di latino. Giovanni, che doveva fare la traduzione con quelli di prima, chiese al maestro di permettergli di tentare il lavoro di terza. Si offese:

— Cosa credi di essere? Torna subito al tuo compito, e cerca di non essere il solito somaro.

Ma Giovanni insistette, e don Moglia finì per cedere:

— Fai un po' ciò che ti pare. Ma non credere che poi legga le tue asinate.

Il ragazzo mandò giù l'amaro e attaccò la traduzione. Era difficilina, ma si sentiva di farcela. Consegnò tra i primi. Il maestro prese la pagina e la mise in disparte.

— La prego. Legga e mi dica gli errori che ho fatto.

— Vai al tuo posto e non seccarmi.

Giovanni, gentile e testardo, non mollò:

— Non le chiedo un grosso sacrificio, solo di leggerla.

Don Moglia lesse. La traduzione era buona, molto buona, tanto che gli fece perdere nuovamente la pazienza:

— L'ho detto che sei un buono a nulla. Questo lavoro l'hai copiato dalla *a* alla *zeta*.

— E da chi l'avrei copiato? —. I suoi vicini stavano ancora mordendo la penna in cerca delle ultime frasi.

— Questa è un'impertinenza! — sbottò il prete —. Fila al tuo posto, e ringrazia se non ti caccio di scuola.

L'arteriosclerosi era micidiale anche a quei tempi, e pure i pregiudizi.

Gli ultimi mesi di quell'anno scolastico furono per Giovanni di avvilimento. Nelle sue *Memorie,* don Bosco non fa il nome di don Moglia. Aveva rispetto per i vecchi. Accenna solo a « uno che, incapace di tenere la disciplina, mandò quasi al vento quanto nei precedenti mesi avevo imparato ».

La veste nera che « taglia fuori »

Un'altra spina faceva soffrire Giovanni in quei mesi. Aveva conosciuto due preti splendidi, don Calosso e don Virano. Non gli andava giù che tutti gli altri fossero diversi: « Mi capitava — scrive — di incontrare il mio curato sulla strada, accompagnato dal cappellano. Li salutavo da lontano; arrivato alla loro altezza, mi inchinavo dinanzi alla loro veste; ma essi tenevano le distanze e si contentavano di rendermi garbatamente il saluto senza interrompere la loro passeggiata ».

Quella veste nera pareva « tagliarli fuori » dagli altri. Nei seminari, a quei tempi, si insegnava che quello era il contegno più adatto alle « persone di Chiesa ». Riserbo e gravità. Distacco.

« Io ne provavo un gran dispiacere. E dicevo ai miei amici: " Se mai diventerò prete, farò tutto il contrario. Accosterò i ragazzi, e dirò loro buone parole e buoni consigli " ».

Non può immaginare, Giovanni, che questa sua decisione opererà nei prossimi 80 anni una rivoluzione silenziosa tra i preti. Nei seminari si accorgeranno che quel ragazzino aveva ragione, e educheranno le nuove leve dei preti non più alla gravità che « tiene le distanze », ma alla bontà sorridente che le abolisce.

A Morialdo, Giovanni aveva passato il tempo libero dagli studi in serene chiacchierate con don Calosso. Il vecchio prete ricordava il suo passato, il ragazzo fantasticava sul proprio avvenire. Poi andava a spazzare la chiesa, a rimettere ordine in cucina, a rovistare curioso nella piccola biblioteca.

Qui a Castelnuovo i preti non volevano parlare con lui. Come occupare il tempo libero?

Gli hobby di Giovanni

Il suo primo hobby fu la musica. Il signor Roberto era il capocantore della parrocchia, e aveva in casa una spinetta (antico strumento musicale che assomigliava vagamente al pianoforte). Giovanni lo accompagnò parecchie volte in cantoria, e con il suo aiuto si esercitò sulla tastiera della spinetta e poi su quella dell'organo.

Ma Roberto era prima di tutto il sarto del paese, e il secondo hobby di Giovanni fu di sedergli accanto e imparare ad attaccare bottoni, fare orli, cucire fazzoletti, tagliare gilè. Ci riuscì così bene che il signor Roberto gli propose di piantare lì la scuola e di diventare suo aiutante.

In aprile don Moglia cominciò a prenderlo di punta, e la baraonda della scuola lo persuase che stava perdendo il tempo. D'intesa con la madre, andò a lavorare per qualche ora al giorno da Evasio Savio, fabbro ferraio. Imparò così a maneggiare il martello e la lima, e a lavorare alla forgia.

Giovanni Bosco non pensava certo che quei mestieri gli sarebbero un giorno serviti per aprire laboratori al servizio dei ragazzi poveri della periferia torinese. In quel momento, l'unica sua preoccupazione era mettere da parte qualche soldo. Presto ne avrebbe avuto seriamente bisogno. Insieme a mamma Margherita aveva deciso di tentare, nell'anno seguente, un passo rischioso ma decisivo: le scuole di Chieri.

CAPITOLO OTTAVO

«Io devo studiare»

Quando fa fagotto e saluta il signor Roberto, Giovanni non ritorna ai Becchi. Va al Sussambrino, una cascina che suo fratello Giuseppe, insieme a Giuseppe Febraro, ha preso a mezzadria. Anche Margherita ha lasciato i Becchi insieme al figlio.

Giovanni dedica quei mesi estivi a studiare con intensità. A Chieri non vuole trovarsi svantaggiato.

Ma non vuole nemmeno essere di peso eccessivo al fratello. Per questo lo aiuta nei lavori della campagna, su una forgia rudimentale ripara gli strumenti agricoli, porta al pascolo le mucche. Quest'ultimo lavoro gli permette di leggere e di studiare.

Rosa Febraro, figlia di Giuseppe, ricordava che Giovanni era sovente così preso dai suoi libri, che le mucche se ne andavano per conto loro. Era lei, ragazzetta di dieci anni, a corrergli dietro nei campi, tra i solchi di granturco, e a riportarle allo studente prima che i padroni protestassero.

— Le tue mucche stavano mangiando la meliga.

— Grazie, Rosa —. Lei lo guardava a lungo, poi:

— Ma perché le porti al pascolo se poi non le guardi?

— Devo studiare, Rosa, e ogni tanto la mente mi scappa.

— È vero che diventerai prete?

— Sì.

— Allora, se vuoi, le mucche te le guardo io. Tanto devo già guardare le mie.

Giovanni la ringraziava, e si rituffava nelle pagine.

20 lire in vetta all'albero

Durante l'estate, il paese di Montafia celebrava la sua festa patronale. Non era lontano. Giovanni seppe che c'era l'albero della cuccagna, e che tra i premi avevano messo una borsa con venti lire.

— Mi farebbero proprio comodo — pensò. E andò alla festa. Il palo era altissimo, liscio e unto con olio e grasso. I giovanotti del paese guardavano il cerchio di ferro lassù in alto, che lasciava ondeggiare pacchetti, salumi, bottiglie di vino, e la borsa. Ogni tanto qualcuno, tra le urla della gente, si sputava sulle mani e tentava la scalata. Partivano in quarta, ma a metà erano spompati, e scivolavano giù tra fischi e berci.

A un tratto, studiata bene la situazione, si fece sotto Giovanni. Si sputò anche lui sulle mani e si avvinghiò al palo. Cominciò a salire lento e calmo. Ogni tanto si sedeva sui calcagni a prendere fiato. La gente gridava impaziente, aspettava che anche lui si arrendesse. Ma a Giovanni premevano troppo quei soldi. A Moncucco lavorava un anno per quindici lire, e lì, a pochi metri dalla sua testa, ce n'erano venti. Era disposto a passare la giornata intera su quel palo, se occorreva.

Procedendo sempre con calma arrivò dove l'albero si faceva sottile. Prese ancora fiato, poi le ultime bracciate. La gente, ora, guardava su in silenzio. Giovanni allungò la mano, staccò dal cerchio la borsa con le venti lire, se la pose tra i denti. Poi staccò ancora un salame e un fazzoletto, e scivolò giù.

La ripugnanza di stendere la mano

Le venti lire dell'albero della cuccagna non potevano certo bastare per il trapianto a Chieri. Bisognava comprare abiti, scarpe, libri. Occorreva soprattutto pagare una pensione mensile. E la mezzadria del Sussambrino non era una miniera d'oro. In ottobre, Giovanni disse alla madre:

— Se siete contenta, prendo due sacchi e vado a fare una colletta tra le famiglie della borgata.

Era un sacrificio duro per il suo amor proprio. Don Bosco diventerà il più grande « mendicante » del diciannovesimo secolo, ma gli costerà sempre chiedere l'elemosina. In quell'ottobre vinse per la prima volta la ripugnanza a stendere la mano.

La frazione di Morialdo è la somma di piccole borgate e di casolari sparsi. Giovanni girò di casa in casa. Bussava alla porta. Diceva:

— Sono il figlio di Margherita Bosco. Vado a Chieri a studiare da prete. Mia madre è povera. Se potete, aiutatemi.

Lo conoscevano tutti. Avevano assistito ai suoi giochi, l'avevano sentito recitare la predica, gli volevano bene. Ma pochi erano benestanti. Gli diedero delle uova, del granoturco, qualche misura di frumento.

Lucia Matta, una vedova, stava trasferendosi a Chieri per assistere suo figlio studente. Margherita le parlò, e si misero d'accordo che Giovanni, a Chieri, avrebbe abitato con lei e con suo figlio. La pensione doveva essere di ventun lire al mese. Margherita non poteva pagarla tutta in denaro, ma si obbligò a fornire farina e vino, e Giovanni si impegnò a fare da servitore in casa: portare l'acqua, preparare la legna per il fuoco e la stufa, stendere la biancheria...

La storia aveva camminato

Mentre Giovanni Bosco aveva vissuto la sua difficile fanciullezza tra le colline di Castelnuovo, la storia aveva camminato. Non intendiamo (come già nelle pagine precedenti) fare un quadro esauriente della storia italiana. Ma ci pare indispensabile tracciarne alcune linee essenziali, perché è su questo sfondo che si svolge la vicenda personalissima di Giovanni Bosco. È da questa storia che egli (come tutte le persone umane) si nutre di impressioni, idee, sensibilità.

Contro la restaurazione rigida e codina dei prìncipi, negli anni 1815-20 si erano diffuse in tutta l'Italia le « società segrete » che preparavano ribellioni e rivoluzioni.

Nel gennaio del 1820, una scintilla si era sprigionata in Spagna. A Cadice, una rivolta militare aveva costretto Ferdinando VII a mettere fine al suo assolutismo e a concedere una *Costituzione:* una legge cioè che garantiva a ogni persona le principali libertà e il diritto di voto. All'osservanza della Costituzione si obbligava anche il re mediante giuramento.

La scintilla fece scoppiare l'incendio in Italia sei mesi dopo. Un piccolo reparto di cavalleria, nel Regno delle due Sicilie, insorse al grido: « Viva la libertà e la Costituzione ». Entro otto giorni, per non perdere il regno, Ferdinando di Napoli concesse la Costituzione di Cadice, e giurò sul Vangelo di rispettarla.

Il 10 marzo 1821 (Giovanni Bosco aveva sei anni) la rivolta militare cominciò anche in Piemonte, agli ordini del conte Santorre di Santarosa. Alessandria ammainò la bandiera azzurra dei Savoia e issò sulla cittadella il tricolore (che ricordava la Rivoluzione Francese e i diritti dell'uomo da essa proclamati). Anche le guarnigioni di Pinerolo e Vercelli si sollevarono. Da Fossano un colonnello marciò su Torino alla testa di un reggimento.

Re Vittorio Emanuele si precipitò atterrito da Moncalieri a Torino, radunò il Consiglio della corona, e si sentì suggerire di concedere la Costituzione per non perdere tutto. Stava per farlo, quando giunse notizia che l'Austria aveva deciso di intervenire in Italia « per ristabilire l'ordine ».

Sopraffatto dagli avvenimenti, Vittorio Emanuele rinunciò al trono in favore del fratello Carlo Felice. E siccome in quel momento egli era a Modena da suo suocero, dichiarò « reggente » il giovane principe Carlo Alberto (ventitré anni).

« Riferite al Principe »

Carlo Alberto era stato parecchie volte in contatto con il conte Santarosa, ne apprezzava le idee, ma non aveva mai saputo decidersi per l'assolutismo o per i « liberali ». Si manifestava già in lui il carattere incerto che gli avrebbe meritato il titolo di « Re Tentenna ». Una cosa voleva a tutti i costi: conservare il suo diritto al trono, difendendolo sia dagli Austriaci sia dai liberali.

Davanti a una grande folla che sotto le finestre di palazzo Carignano reclamava la Costituzione (ma chissà quanti sapevano cos'era), Carlo Alberto cedette. La sera del 13 marzo firmò la Costituzione di Cadice, e due giorni dopo giurò di rispettarla. Costituì un nuovo governo, in cui Santarosa era ministro della guerra.

Quando Carlo Felice ricevette a Modena una lettera di Carlo Alberto che gli riferiva ogni cosa, andò sulle furie. Gridò al cavaliere Costa, che gli aveva portato la lettera: «Riferite al Principe che, se nelle sue vene c'è ancora una goccia del nostro sangue reale, parta subito per Novara, e attenda là i miei ordini».

Carlo Alberto, in un primo tempo, sembrò deciso a resistere, ma da Napoli giunsero notizie catastrofiche: un esercito austriaco aveva sconfitto le truppe liberali, il Parlamento era stato sciolto, il regime costituzionale abbattuto. Il giovane principe si ritirò a Novara. Di lì emanò un proclama in cui rinunciava alla « reggenza » e invitava tutti a sottomettersi al Re. Subito dopo partì per Firenze in esilio.

Il ritorno di Carlo Fellice in Piemonte fu preceduto da un esercito austriaco, che sbaragliò i volontari di Santarosa e « ristabilì l'ordine ». Settanta capi della rivolta furono condannati a morte (sessantotto però erano già fuggiti in Svizzera e in Francia), trecento ufficiali e trecento funzionari civili furono allontanati dalle loro cariche.

I « moti del 1821 », come vennero chiamati dai libri di storia, furono avvenimenti che coinvolsero unicamente la borghesia, i ceti medi della popolazione. Le masse dei contadini e degli operai rimasero del tutto indifferenti, qualche volta addirittura ostili. I ceti medi (commercianti, piccoli imprenditori, piccoli industriali, funzionari civili e militari) con la « rivoluzione liberale » miravano a trasformarsi in gruppo di potere al posto della vecchia aristocrazia. Le riforme invocate (e sancite dalla Costituzione di Cadice) non erano né popolari né democratiche. Il diritto di voto veniva concesso soltanto a quelli che avevano una certa fetta di ricchezza: essi soli potevano mandare i loro rappresentanti al Parlamento, a difendere, evidentemente, i loro interessi. Come già la rivoluzione francese, la rivoluzione liberale voleva abolire tutti i privilegi eccetto uno: la ricchezza.

« Re per grazia di Dio e di nessun altro »

Carlo Felice rientrò a Torino soltanto nell'ottobre del 1821. Ad accostarla oggi, questa figura è curiosa e singolare. Non aveva mai desiderato essere re. Amava la vita ritirata e modesta ed era religiosissimo. Accettò il trono unicamente come un « dovere di coscienza ».

Ma dal momento in cui l'accettò, fu conseguente fino in fondo alle sue idee di « rigido assolutismo ». Egli si sentiva re « per grazia di Dio e di nessun altro », e intendeva governare il suo popolo come un padre severo deve governare una famiglia di figli scapestrati.

Volle che ogni condanna a morte fosse una « salutare ammonizione » a tutte le teste calde, e conseguentemente approvò « l'applicazione delle tenaglie infuocate » al condannato che veniva portato al supplizio. Per questo particolare fu bollato con il soprannome di « Carlo Feroce ».

Massimo D'Azeglio definì i suoi dieci anni di regno con otto parole: un dispotismo pieno di rette e oneste intenzioni.

Morì nell'aprile del 1831, lasciando il trono a quel Carlo Alberto che aveva continuato a chiamare « pollone degenere della nostra famiglia ».

« Lungo e triste come una quaresima »

Sul trono di Torino gli succede Carlo Alberto, 33 anni. Si è rifatto un « nome pulito » davanti agli assolutisti e ai reazionari combattendo in Spagna contro i liberali, ed essi l'hanno ricambiato chiamandolo nei loro scritti « traditore » e « spergiuro ».

È un uomo pallido e altissimo (2 metri e 4 centimetri), e il popolino piemontese lo dice « lungo e triste come una quaresima ». Per dimostrare a tutti che non è più il principe che ha firmato la Costituzione, nel 1833 farà fucilare sette mazziniani ad Alessandria e dodici a Genova, e ne condannerà una settantina alla galera.

Ma il Piemonte e l'Italia, nonostante i tentativi di fermare la storia, sono cambiati. La borghesia è diventata una classe veramente importante, e se anche non capisce che cosa sia la « libertà democratica », ha bisogno della « libertà commerciale » per diffondere in tutta la penisola un maggior benessere.

In Piemonte si tracciano canali, si bonificano paludi, si disboscano le Langhe, si estende la coltura del gelso, della canapa, della vite. Si diffonde la coltivazione della patata, che finalmente metterà fine alle carestie ricorrenti e terribili negli anni di siccità.

Presto si avverte l'urgenza di sviluppare la rete stradale, di dare inizio alla costruzione delle ferrovie.

Pure la mentalità politica tende inesorabilmente a modificarsi.

Negli ultimi mesi del 1831, a Marsiglia, Mazzini fonda la « Giovane Italia ». Si diffonde l'idea di un'Italia « stato nazionale », dotato di sue tradizioni culturali e popolari.

A Torino, nel 1832, Silvio Pellico pubblica *Le mie prigioni,* un libretto che scuote l'Italia e la fa ragionare in maniera diversa. L'Austria, che fino a quel tempo è sembrata la custode dell'ordine e del buon vivere sociale, perde la faccia. Nelle pagine miti e meste dello scrittore saluzzese, che ha passato dieci anni nelle galere imperiali, il governo austriaco mostra il volto feroce della dittatura che reprime e tortura.

CAPITOLO NONO

Anni verdi a Chieri

4 novembre 1831. È una tersa giornata dell'« estate di San Martino », e Giovanni Bosco, insieme al suo coetaneo Giovanni Filippello, fa a piedi il viaggio fino a Chieri. Lungo la strada Giovanni si confida con l'amico: parla dei prossimi studi, racconta le vicende passate, i tentativi fatti. A un tratto Filippello, un ragazzo semplice, gli dice:

— Vai solo ora a studiare in collegio, e sai già tante cose? Presto diventerai parroco!

Giovanni diventa serio:

— Sai che cosa vuol dire essere parroco? Ha degli obblighi gravissimi. Quando si alza da pranzo o da cena, deve riflettere: io ho mangiato, ma i miei fedeli si sono sfamati? Ciò che ha deve dividerlo con i poveri. Caro Filippello, io non accetterò mai di essere parroco. Voglio consacrare tutta la mia vita ai giovani.

Mentre quei due ragazzi camminano parlando di fame e di poveri, a Lione, soltanto 250 chilometri in linea d'aria, sta iniziando la rivolta degli operai della seta. A migliaia scendono nelle strade contro la miseria dei salari e i disumani orari di lavoro, che raggiungono le 18 ore giornaliere. La rivolta si concluderà dopo giorni di combattimento nelle strade, soffocata dalle truppe mandate dal governo francese. Più di mille vittime.

L'anno seguente la rivolta scoppierà a Parigi, con il prezzo di ottocento morti. Nella primavera del 1834 gli operai lionesi e parigini si ribelleranno insieme al grido: « Vivere lavorando o morire combattendo ». Contro di loro si spareranno le cannonate.

Giovanni Bosco non può saperne nulla. Nemmeno una notizia, dai giornali sottoposti a rigida censura, trapela nel regno di Piemonte. La « rivoluzione » di cui ogni tanto sente parlare sottovoce è quella che vorrebbe portare l'Italia alla « Costituzione » e all'indipendenza dall'Austria. Presto si chiamerà « Risorgimento ».

Non ha invece il minimo sospetto di un'altra rivoluzione, più profonda, radicale, che sta trasformando l'Europa del Nord, e sta per entrare anche in Italia. È la « rivoluzione industriale », a cui è legata la grave « questione operaia ». Comincerà a vederne i primi drammatici effetti fra dieci anni, quando entrerà in Torino.

Un pilastro in mezzo ai piccoli

« La mia pensione — scrive don Bosco — era in casa di Lucia Matta, vedova con un solo figlio, che si recava in quella città per assisterlo e vegliarlo ».

Margherita, che arrivò a Chieri poco dopo Giovanni, si recò con lui dalla signora Lucia. Un amico le aveva portato con il carretto due sacchi di grano.

— Qui c'è mio figlio — disse —, e qui c'è la pensione. Io ho fatto la mia parte, mio figlio farà la sua, e spero che non sarete malcontenta di lui.

« La prima persona che conobbi fu don Placido Valimberti, di cara memoria. Mi diede buoni consigli, mi condusse dal prefetto delle scuole, mi presentò ai professori. Siccome gli studi fatti fino allora erano un po' di tutto, che riuscivano quasi a niente, fui consigliato a mettermi nella sesta classe *(parente lontana dell'attuale prima media)*.

Il maestro, padre Valeriano Pugnetti, mi usò molta carità. Mi accudiva nella scuola, mi invitava a casa sua, e mosso a compassione dalla mia età e dalla buona volontà, nulla risparmiava di quanto poteva giovarmi.

La mia età *(16 anni compiuti)* e la mia corporatura mi faceva comparire come un pilastro in mezzo ai piccoli compagni. Ansioso di togliermi da quella posizione, dopo due mesi di sesta, venni ammesso all'esame e promosso alla classe quinta *(l'ordine era decrescente: dalla quinta si passava alla quarta, alla terza, ecc.)*.

Entrai volentieri nella nuova classe, perché il professore era la cara persona di don Valimberti. Passati altri due mesi, essendo più volte riuscito il primo della classe, fui in via eccezionale ammesso a un altro esame e promosso alla quarta.

Per questa classe era professore Vincenzo Cima, uomo severo per la disciplina. Al vedersi comparire in classe a metà anno un allievo alto e grosso come lui, in piena scuola disse scherzando:

— Costui, o è una grossa talpa o un gran talento.

Tutto sbalordito da quella severa presenza risposi:

— Qualcosa di mezzo. Sono un povero giovane che ha buona volontà di fare il suo dovere e progredire negli studi.

Quelle parole gli piacquero, e con insolita affabilità soggiunse:

— Se avete buona volontà, voi siete in buone mani. Io non vi lascerò inoperoso. Fatevi animo. Se incontrerete difficoltà, ditemelo subito e vi aiuterò.

Lo ringraziai di cuore ».

« Quando un piccolo incidente... »

Chieri è un cittadina a 10 chilometri da Torino. Si distende ai piedi della collina torinese, nel versante opposto a quello della capitale del Piemonte. Quando Giovanni vi arrivò, aveva 9.000 abitanti. Era una città di conventi, di tessitori e di studenti.

Gli studenti vi affluivano da ogni parte del Monferrato e dell'astigiano, e facevano vita grama. I corsi erano semigratuiti, ma non esistevano le borse di studio. Per pagare la pensione molti affrontavano sacrifici eroici. Ricercatissimi erano i lavori per le ore dopo la scuola: mezzi impieghi presso scrivani, ore di pulizia nelle case dei benestanti, ripetizioni, pulizia di cavalli e carrozze. Per risparmiare, anche d'inverno si spegnava il fuoco, si studiava avvolti in coperte pesanti, i piedi negli zoccoli di legno.

Tra gli studenti poveri, sopportando quell'identica povertà, visse Giovanni Bosco. Ogni tanto, dal Sussambrino arrivava Margherita a chiedere notizie alla Lucia. La brava vedova gliele dava buone. Giovanni prestava i servizi di casa, era pio e studioso. Aiutava anche suo figlio, che aveva più anni di lui.

Giovanni cercava ogni occasione per contribuire alla pensione. Qualche soldo riuscì a guadagnarlo frequentando il laboratorio di un suo conoscente falegname. Imparò a usare la pialla, lo scalpello, la raspa.

« Ero da circa due mesi nella quarta classe, quando un piccolo incidente fece parlare di me. Il professore di latino spiegava la vita di Agesilao scritta da Cornelio Nepote. Quel giorno avevo dimenticato il libro, e perché il professore non se ne accorgesse, tenevo aperta davanti a me la grammatica. I compagni se ne accorsero. Uno cominciò a dare di gomito al vicino, un altro a ridere.

— Cosa c'è? — domandò il professor Cima. E vedendo che molti guardavano me, mi comandò di ripetere la sua spiegazione, leggendo il testo latino di Cornelio Nepote. Mi alzai in piedi tenendo la grammatica in mano, e riuscii a ripetere a memoria il testo latino e le spiegazioni. I compagni, istintivamente, mi batterono le mani.

Il professore andò sulle furie: era la prima volta, gridava, che non riusciva a tenere la disciplina. Mi diede uno scappellotto, che riuscii a scansare. Poi, tenendo la mano sulla mia grammatica, si fece dire dai vicini la causa " di quel disordine ".

— Bosco non ha il Cornelio Nepote. Ha solo la grammatica, eppure ha letto e spiegato come se avesse in mano il Cornelio.

Il professore allora guardò il libro su cui aveva poggiato la mano, e volle che continuassi ancora la " lettura " del Cornelio per due periodi. Poi mi disse:

— Vi perdono per la vostra felice memoria. Siete fortunato. Procurate solo di servirvene in bene ».

La memoria folgorante l'aveva dimostrata già a don Calosso. Ma qui a Chieri cominciarono a capitare anche cose strane. Una notte sognò di fare un lavoro in classe di latino. Appena sveglio, scrisse il brano che ricordava benissimo, e lo tradusse con l'aiuto di un prete suo amico. In classe, il professore dettò sul serio « quel » brano, e lui poté consegnare la traduzione in un tempo brevissimo.

Capitò anche un'altra volta, ma con complicazione. Giovanni consegnò prestissimo, « troppo » presto. Il professore lesse, guardò la brutta copia, e cadde dalle nuvole: su quella pagina sgualcita c'era anche la parte di compito che avrebbe voluto dare, ma che all'ultimo momento aveva saltato perché gli pareva troppo lungo.

— Dove hai pescato questo brano?

— L'ho sognato.

Un sogno. Un avvenimento di poca importanza nella vita degli uomini. Ma nella vita di Giovanni Bosco il « sogno » aveva già avuto un peso notevole. E più passeranno gli anni, più questa parola avrà importanza nella sua vicenda. È una delle cose che lasciavano e lasciano perplessi. Chi nella cittadella di Valdocco sentiva don Bosco mormorare tranquillo: « Ho fatto un sogno », tendeva le orecchie. In sogno, quel prete strano, leggeva i peccati dei suoi ragazzi, prevedeva la morte dei re, « indovinava » la carriera splendida di un moccioso che giocava a birille.

Società dell'allegria

« Nelle prime quattro classi — scrive don Bosco — ho dovuto imparare a mie spese a trattare con i compagni ».

Nonostante la severa vita cristiana imposta dalla scuola (ognuno doveva addirittura consegnare la « ricevuta » della confessione mensile) ce n'erano dei cattivi. « Uno fu così sfacciato che mi consigliò di rubare un oggetto di valore alla mia padrona ».

Giovanni, all'inizio, si sganciò deciso da quei poveri ragazzi, per non finire come il topo tra le zampe del gatto. Ma presto i suoi successi scolastici lo misero in grado di avere con loro un rapporto diverso, di prestigio. Perché non approfittarne per far loro del bene?

« I compagni che volevano tirarmi ai disordini, erano i più trascurati nello studio — ricorda, — e così cominciarono a far ricorso a me perché dessi loro una mano nei compiti ».

Li aiutò. Esagerò persino, passando sotto banco traduzioni complete. (All'esame finale del 1833 sarà beccato durante una di queste manovre, e potrà cavarsela solo grazie all'amicizia di un professore che gli farà ripetere la traduzione di latino).

« Con questo mezzo mi procurai la benevolenza e l'affetto dei compagni. Cominciarono a venire a cercarmi durante le ricreazioni per il compito, poi per ascoltare i miei racconti, e poi anche senza nessun motivo ».

Insieme si stava bene. Formarono una specie di banda, e Giovanni la battezzò « Società dell'allegria ». Le diede un regolamento semplicissimo:

1. Nessuna azione, nessun discorso che possa far arrossire un cristiano.
2. Fare i propri doveri scolastici e religiosi.
3. Essere allegri.

L'allegria sarà un chiodo fisso di don Bosco. Domenico Savio, il suo allievo prediletto, arriverà a dire: « Noi facciamo consistere la santità nello stare molto allegri. Cerchiamo di evitare il peccato che ci ruba la gioia dal cuore ». Per don Bosco l'allegria è la profonda soddisfazione che nasce dal sapersi nelle mani di Dio, e quindi in buone mani. È la parola povera con cui si indica un valore grande: la speranza cristiana.

« Nel 1832 tra i miei compagni ero diventato come il capitano di un piccolo esercito ». Giocavano con le piastrelle, le stampelle, i salti, le corse. Partite accese e allegrissime. Quand'erano stanchi, sopra un tavolino piazzato sull'erba verde, Giovanni faceva i giochi di prestigio.

« Facevo uscire da un piccolo bussolotto cento palle colorate, da un barattolo vuoto decine di uova. Raccoglievo pallottole sulla punta del naso degli spettatori, indovinavo i denari nelle tasche altrui, con un semplice tocco delle dita riducevo in polvere monete di qualsiasi metallo ».

Come già ai Becchi, tutta quell'allegria finiva in preghiera.

« Tutte le feste andavamo alla Chiesa di Sant'Antonio, dove i Gesuiti facevano uno stupendo catechismo, in cui raccontavano parecchi esempi che ricordo ancora ».

Quattro sfide al saltimbanco

Una domenica, però, nella chiesa di Sant'Antonio ci furono pochi ascoltatori. Era arrivato un saltimbanco che nel pomeriggio della domenica dava spettacoli di alta acrobazia, e sfidava i giovanotti più agili della città nella corsa e nel salto. La gente accorreva.

Giovanni, seccato di essere stato piantato dai suoi, andò a vedere. Era un vero atleta. Correva e saltava con la potenza di una macchina, e aveva intenzione di fermarsi in città a lungo.

Giovanni radunò i migliori dei suoi:

— Se quello continua a dare spettacolo al pomeriggio della domenica, la nostra Società rischia di sfasciarsi. Bisognerebbe che qualcuno di quelli che lo sfidano lo battesse. Potrebbe venire a patti.

— E chi lo batte?

— Qualcuno si può trovare. Non è poi la fine del mondo. Nella corsa, per esempio, io non mi sento per nulla inferiore a lui.

Giovanni aveva 17 anni e si sentiva gagliardo. Ma nelle *Memorie* aggiunge subito:

« Non avevo badato alla conseguenza di quelle mie parole. Un imprudente compagno riferì la cosa al saltimbanco, ed eccomi impegnato in una sfida: *uno studente contro un atleta professionista* ».

Il luogo scelto per la prova fu il viale di Porta Torinese. Si trattava di attraversare di corsa tutta la città. La scommessa era di venti lire, una mesata di pensione. Giovanni non le aveva, ma gli amici della Società le misero insieme. « Una moltitudine di gente assisteva », ricorda don Bosco.

Al via, il saltimbanco prese un dieci metri di vantaggio. Era uno sprinter, mentre Giovanni era più mezzofondista. « Tosto riacquistai terreno, e lo lasciai talmente indietro che a metà corsa si fermò dandomi partita vinta ».

Tutto doveva essere finito, ma il saltimbanco chiese la rivincita. Era un punto d'onore concederla. « Ti sfido a saltare, mi disse. Ma voglio scommettere 40 lire. Accettammo ». Scelse il luogo: bisognava balzare al di là di un piccolo corso d'acqua, che aveva la sponda rafforzata da un parapetto. Il saltimbanco spicca il volo e atterra con i piedi vicinissimi al parapetto. « Più in là non si poteva andare — ricorda don Bosco —. Potevo perdere, ma non vincere la sfida. Tuttavia studiai un espediente. Feci il medesimo salto, ma, appoggiando le mani sul parapetto, prolungai il salto al di là ». Un rudimentale « salto con l'asta », insomma. E vinse.

Il saltimbanco era seccato, per le lire e anche per la gente che cominciava a canzonarlo. « " Voglio ancora farti una sfida. Scegli qualunque gioco di destrezza ". Accettai. Scelsi la bacchetta magica, con la scommessa salita a lire 80. Presi una bacchetta, a una estremità posi un cappello, poi appoggiai l'altra estremità sulla palma della mano. La feci saltare sulla punta del dito mignolo, dell'anulare, del medio, dell'indice, del pollice; quindi sul dorso della mano, sul gomito, sulla spalla, sul mento, sulle labbra, sul naso, sulla fronte. Rifacendo lo stesso cammino, la bacchetta tornò sulla palma della mano.

— Stavolta non perderò — mi disse con sicurezza. Prese la medesima bacchetta e con meravigliosa destrezza la fece camminare fin sulle labbra. Ma aveva il naso troppo lungo, la bacchettà urtò e dovette prenderla con la mano per non lasciarla cadere ».

A questo punto, Giovanni prova compassione per quell'uomo, che in fondo è un bravo lavoratore. « Quel meschino vedeva il suo patrimonio andare a fondo, e quasi furioso esclamò: " Ho ancora cento franchi, e li scommetto su un'arrampicata. Chi metterà i piedi più vicini alla punta di quell'albero (e indicò un olmo vicino al viale) vincerà ". Accettammo, e in certo modo eravamo contenti che egli vincesse, perché non volevamo rovinarlo.

Toccava a lui fare il primo. Salì, e portò i piedi tanto in alto che se fosse salito una spanna in più, l'albero si sarebbe piegato e lui sarebbe precipitato. Tutti dicevano che più in su era impossibile. Toccò a me. Salii quasi esattamente dov'era arrivato. Allora, tenendomi con le mani all'albero, alzai il corpo in verticale, e portai i piedi circa un metro oltre l'altezza da lui raggiunta.

Sotto scoppiarono applausi. I miei amici si abbracciavano, saltavano di gioia. Il poveretto era invece triste fino a piangere. Allora gli abbiamo restituito il denaro, a una condizione, di venire a pagarci un pranzo all'albergo del Muletto ».

Don Bosco segna sul quaderno delle *Memorie* le lire che costò quel pranzo collettivo, 25, e quelle che il saltimbanco poté rimettersi in tasca, 215. E segna anche le parole che quell'atleta (dopo aver accettato di sgombrare la piazza) disse ai ragazzi: « Col ritornarmi questo denaro, voi impedite la mia rovina. Vi ringrazio. Vi ricorderò con piacere, ma non farò mai più scommesse con gli studenti ».

Per la prima volta a Torino

Da quella sfida la Società dell'Allegria uscì forte e gloriosa. Nelle giornate di vacanza, i soci partivano verso le colline di Superga. Funghi, canzoni, panorami, e magari una puntata veloce fino a Torino, a vedere il « cavallo di marmo » sulla scala del Palazzo Reale. Quasi trenta chilometri a piedi, tra andata e ritorno. Tornavano con un appetito gagliardo, e con le meraviglie della capitale da descrivere ai compagni più pigri.

È in quelle gite che Giovanni Bosco vede per la prima volta Torino. La città si sta ingrandendo. L'aumento della popolazione è impressionante: quasi un terzo in più in dieci anni. Sale vertiginosamente il prezzo delle case e il costo degli affitti. Cresce drammaticamente la necessità di ospedali, ricoveri per anziani, asili e scuole per fanciulli.

Nella primavera in cui Giovanni Bosco e i suoi amici percorrono le colline di Torino, nella zona periferica della città si trapianta il canonico Cottolengo, con trentacinque malati che sono stati rifiutati da tutti gli ospedali. È il 27 aprile 1832. Nella zona di Valdocco il canonico ha affittato una casaccia uso osteria, ed è arrivato con un asino, un carretto e due suore. Appende un cartello alla porta: « Piccola Casa della Divina Provvidenza ». Diventerà il miracolo di Torino. Arriverà a ospitare diecimila malati incurabili, rifiutati da tutti.

In giugno, Giovanni Bosco sente per la prima volta il nome di Vincenzo Gioberti. È un giovane sacerdote torinese, professore di filosofia all'Università. È stato arrestato perché appartiene a un circolo segreto antimonarchico. Viene condannato all'esilio e accompagnato dalle guardie alla frontiera con la Francia. Dieci anni dopo pubblicherà a Bruxelles un libro famoso, *Il Primato morale e civile degli Italiani;* diciott'anni dopo diventerà primo Ministro di Carlo Alberto.

Nel Palazzo Reale dove i soci dell'Allegria vanno a toccare il cavallo di marmo, il re distilla le prime riforme, con estrema lentezza, tra timori e scrupoli. La prima riforma viene da lui siglata nel maggio 1831: la tortura, questo disumano relitto delle età barbariche, viene abolita.

CAPITOLO DECIMO

La stagione dell'amicizia

Nell'autunno del 1832, Giovanni Bosco iniziò la « terza grammatica ». Nei due anni seguenti proseguì regolarmente frequentando le classi che venivano chiamate « umanità » (1833-34) e « retorica » (1834-35).

Continuava a dimostrarsi un allievo eccellente, appassionato dei libri e di memoria felicissima. « In quel tempo — ricordava con una punta di rimpianto — non facevo distinzione tra leggere e studiare. Con facilità potevo ripetere la materia di un libro letto. Essendo stato poi abituato da mia madre a dormire molto poco, potevo impiegare due terzi della notte a leggere libri, alla fiammella di una mia lucernetta. C'era un libraio ebreo, di nome Elia, che mi imprestava i classici italiani: un soldo per ogni volumetto. Ne leggevo quasi uno al giorno ».

Giovanni ha 18 anni, l'età delle amicizie profonde. Pur rimanendo il « capo di un piccolo esercito », si forma un cerchio ristretto di amici intimi.

Due schiaffi per Luigi Comollo

Il primo lo conobbe durante una gazzarra scolastica. Già allora non tutti i professori erano puntuali, e i primi minuti di molte lezioni si trasformavano in chiassate. Andava forte il gioco della cavallina. « I meno amanti dello studio — annota con ironia don Bosco — erano i più celebri campioni ». Un ragazzo giunto da poco, all'apparenza sui 15 anni, tra tutto quel trambusto prendeva tranquillamente posto nel banco e apriva i libri.

« Una volta gli va vicino un insolente, lo prende per un braccio:
— Vieni a giocare anche tu.
— Non sono capace.
— Imparerai. Non farti spingere a calci.
— Se vuoi picchiarmi, fai pure. Ma io non vengo.

Il maleducato gli diede due schiaffoni che fecero eco in tutta la scuola. A quella vista mi sentii bollire il sangue nelle vene. Aspettavo che l'offeso si vendicasse come di dovere, tanto più che era più forte. Invece niente. La faccia rossa e quasi livida, gli dice:

— Sei contento? Allora lasciami in pace. Io ti perdono ».

Giovanni rimase folgorato. Quello era un atto « eroico ». Volle sapere il nome di quel ragazzo: Luigi Comollo. « Da quel tempo l'ebbi sempre per intimo amico, e posso dire che da lui ho cominciato a imparare a vivere da cristiano ».

Scoprì sotto un'apparente fragilità una grande ricchezza spirituale. Istintivamente divenne il suo protettore contro i ragazzi grossolani e violenti.

La clava umana

Un insegnante, un giorno, aveva il solito ritardo, e in classe si scatenò la solita gazzarra. « Alcuni volevano picchiare Comollo e un altro bravo ragazzo, Antonio Candelo. Gridai di lasciarli in pace, ma non mi dettero retta. Cominciarono a volare insulti, e io:

— Chi dice ancora una parolaccia dovrà fare i conti con me.

I più alti e sfacciati fecero muro davanti a me, mentre due ceffoni volavano sulla faccia di Comollo. Persi il lume degli occhi, e non potendo avere tra mano un bastone o una sedia, con le mani strinsi uno di quei giovanotti per le spalle, e servendomene come di una clava cominciai a menare botte agli altri.

Quattro caddero a terra, gli altri se la diedero a gambe urlando.

In quel momento entrò il professore, e vedendo braccia e gambe sventolare in mezzo a uno schiamazzo dell'altro mondo, si mise a urlare e a menare schiaffi a destra e a sinistra.

Calmato un poco il temporale, si fece contare la causa di quel disordine, e quasi non credendoci volle che ripetessi la scena. Allora scoppiò a ridere, risero anche gli altri, e il professore dimenticò di castigarci.

— Mio caro — mi disse Comollo appena poté parlarmi da solo —, la tua forza mi spaventa. Dio non te l'ha data per massacrare i tuoi compagni. Egli vuole che perdoniamo, e che facciamo del bene a quelli che ci fanno del male ».

Giovanni ascolta, dietro Comollo va anche a confessarsi. Però la frase del Vangelo: « A chi ti percuote una guancia, porgi anche l'altra » non è un comandamento che imparerà molto presto. Se lo imporrà a forza di volontà, ma non gli sarà mai congeniale. Dovrà ripetersi molte volte le parole del sogno: « Non con le percosse, ma con la carità dovrai acquistare i tuoi amici ».

La sera, nel salone del biliardo

Con la fine dell'anno 1832-33, il figlio di Lucia Matta ha terminato gli studi. Giovanni è alla ricerca di una nuova pensione.

Un amico di famiglia, Giovanni Pianta, ha aperto un caffè a Chieri, e gli offre il posto di barista. Dovrà pulire il locale al mattino, prima di recarsi a lezione, e passare le ore serali al banco di mescita e poi nel salone del biliardo. In cambio, il signor Pianta gli offre una minestra due volte al giorno e l'alloggio.

Giovanni accetta perché non trova di meglio. Giornate di lavoro duro, di veglia fino a ora tarda presso il biliardo a marcare le puntate sulla lavagnetta.

Nel 1888 (quindi più di 50 anni dopo) il signor Pianta ricordava ancora: « Era impossibile trovare un giovane più buono di Giovanni Bosco. Tutte le mattine andava a servire la Messa nella chiesa di Sant'Antonio. In casa avevo la madre vecchia e malata, ed era ammirabile la carità che egli sapeva usarle ».

Molto meno ammirabile il trattamento che questo esoso signore riservava al suo giovane aiutante di 18 anni: gli faceva preparare caffè e cioccolata, pasticceria e gelati, ma gli passava soltanto la minestra. Toccava a mamma Margherita portargli dai Becchi pane e pietanza. L'alloggio che gli forniva era « uno stretto vano sopra un piccolo forno dove si cuocevano le paste dolci, e al quale si saliva per una scaletta. Per poco che si fosse allungato nel lettuccio, i suoi piedi sporgevano non solo dall'incomodo paglericcio, ma dalla stessa apertura del vano ».

Giacomo Levi detto Giona

Nella città di Chieri viveva un numeroso gruppo di ebrei. Secondo le leggi di Carlo Felice, gli ebrei nelle città dovevano abitare in un quartiere separato da quelli cristiani, il « ghetto ». Erano « tollerati », cioè considerati cittadini di serie B. Quei ragazzi ogni settimana provavano un grave disagio: nel giorno di sabato la loro legge vietava ogni lavoro, anche lo svolgimento dei compiti. Dovevano scegliere: o andare contro coscienza o rassegnarsi a brutti voti e alle beffe dei compagni.

Giovanni li aiutò molte volte, facendo il compito del sabato al loro posto. Divenne molto amico di uno di essi, Giacomo-Levi, che i compagni chiamavano col nomignolo di « Giona ». Avevano una base comune: erano entrambi orfani di padre.

Era un'amicizia ardente, luminosa: « Giocava assai bene al biliardo. Gli portavo grande affetto, ed egli era folle per amicizia verso di me. Ogni momento libero veniva a passarlo in camera mia. Ci trattenevamo a cantare, a suonare il piano, a leggere, a raccontare ».

Un imprecisato « disordine con rissa che poteva avere tristi conseguenze » getta in crisi il giovane ebreo. Giovanni, non per proselitismo ma per affetto, offre all'amico il bene migliore che possiede: la fede. Gli impresta il suo catechismo. « Nello spazio di pochi mesi apprese le verità principali della fede. Ne era contentissimo, e ogni giorno diventava migliore nel parlare e nell'operare ».

Il dramma familiare (inevitabile) scoppia quando la madre ebrea scopre il catechismo cristiano nella stanza del figlio. Essa ha l'impressione di perdere anche lui, dopo aver perso il marito. Affronta Giovanni e gli dice con amarezza: « Voi me l'avete rovinato ».

Giovanni usa le parole migliori che possiede, ma non riesce a nulla. Minacciato dai parenti, dal rabbino, « Giona » deve allontanarsi per qualche tempo dalla famiglia. Poi, poco per volta, ritorna il sereno. Il giorno 10 agosto, nel duomo di Chieri, il giovane ebreo è battezzato. L'atto ufficiale, conservato negli archivi, attesta: « Io, Sebastiano Schioppo, teologo e canonico, per concessione del rev.mo e ill.mo Arcivescovo di Torino, ho battezzato solennemente il giovane ebreo Giacomo-Levi, di 18 anni, e gli ho posto il nome di Luigi... ».

« Giona » rimase sempre amico affezionato di don Bosco. Ancora nel 1880 scendeva all'oratorio di Valdocco a fargli visita, e a ricordare insieme i « bei tempi » passati.

Le mele di Blanchard

La minestra del signor Pianta non bastava certo a calmare l'appetito robusto del diciottenne Giovanni Bosco. In quegli anni patì sovente la fame. Un giovanotto suo amico, Giuseppe Blanchard, molte volte se ne accorgeva, e andava da sua madre (venditrice di frutta) a riempirsi le tasche di mele o di castagne. La brava donna vedeva, e faceva finta di non vedere. Più di una volta, a tavola, Giuseppe spopolò la fruttiera per la stessa ragione. Suo fratello Leandro un giorno levò la voce:

— Tu mamma non vedi mai niente. Giuseppe ti porta via la frutta a chili, e tu non te n'accorgi nemmeno.

— Me ne accorgo benissimo — rispose la donna —. Ma so dove la porta. Quel Giovanni è un bravo ragazzo, e la fame è una cosa brutta alla sua età.

Nonostante la fame, il soldino per affittare libri dall'ebreo Elia, Giovanni riusciva sempre a trovarlo, e di notte continuava a leggere. Se ne accorgeva anche il signor Pianta, che testimoniò: « Sovente passava la notte intera studiando, e alla mattina lo trovavo ancora sotto il lume acceso a leggere e a studiare » (chissà se era più impressionato dalla volontà di quel ragazzo o dalla quantità di olio consumata dal lume?). Anche don Bosco ricordava quelle notti: « Più volte accadde che giungeva l'ora della levata mentre tenevo ancora tra le mani il libro cominciato la sera precedente ». Ma subito aggiungeva: « Tal cosa mi rovinò seriamente la sanità. Quindi io consiglierò sempre di fare quel che si può e non di più. Ho scoperto a mie spese che la notte è fatta per il riposo ».

Non era un fenomeno, Giovanni Bosco. Era un adolescente pieno di volontà e di impazienza. La pazienza e il senso del limite (come capita a tutti) li avrebbe imparati dalla vita.

CAPITOLO UNDICESIMO

Vent'anni

Marzo 1834. Giovanni Bosco, che si avvia a terminare l'anno di « umanità », presenta ai Francescani la domanda di essere accettato nel loro ordine.

Un compagno di scuola, Eugenio Nicco, gli porta la risposta:

— Sei atteso a Torino per l'esame, al convento di S. Maria degli Angeli.

Vi si reca a piedi. Nel registro di accettazione del convento si legge: « Il giovane Giovanni Bosco di Castelnuovo viene accettato a pieni voti, avendo tutti i requisiti richiesti. 18 aprile 1834 ».

Subito dopo, Giovanni prepara i documenti per entrare nel convento della Pace, in Chieri.

Perché ha preso questa decisione?

Giovanni ha 19 anni, e si accorge che è ormai il tempo di decidere per la vita. Ha faticato e sofferto perché desidera diventare sacerdote. Ma in questi mesi ha dovuto guardare in faccia il problema drammatico della povertà.

Non si sente più di gravare sulle spalle di sua madre. Lo confida in quei giorni a Evasio Savio, un amico di Castelnuovo: « Come potrebbe mia madre aiutarmi ancora a proseguire negli studi? ». Ha parlato di questo problema con alcuni padri francescani, ed essi, che lo conoscono bene, gli hanno proposto immediatamente: « Vieni con noi ». Non ci sarà questione nemmeno per la somma che i novizi sono invitati a versare all'ingresso. Per Giovanni Bosco si farà un'eccezione.

La contadina con lo scialle nero

Negli ultimi giorni di aprile, Giovanni si presenta al suo parroco per chiedergli i documenti necessari all'entrata in convento. Don Dassano lo guarda perplesso:

— Tu in convento? Ma ci hai pensato bene?

— Mi pare di sì.

Alcuni giorni dopo, don Dassano sale alla cascina del Sussambrino. Parla con mamma Margherita.

— Giovanni va a farsi frate francescano. Non ho niente in contrario, ma a me sembra che vostro figlio sia molto più adatto a lavorare in una parrocchia. Sa parlare con la gente, attirare i ragazzi, farsi voler bene. E allora perché andare a seppellirsi in un convento? E poi, Margherita, voglio parlarvi chiaro. Voi non siete ricca, e siete ormai avanti negli anni. Un figlio parroco, quando non potrete più lavorare, potrà darvi una mano, ma un figlio frate per voi sarà perso. Sono convinto che dovete distoglierlo da quest'idea, e mi pare di dirlo per vostro bene.

Mamma Margherita si mette lo scialle sulle spalle e scende a Chieri.

— Il parroco è venuto a dirmi che vuoi entrare in convento. È vero?

— Sì mamma. Spero non avrete nulla in contrario.

— Sentimi bene, Giovanni. Io voglio che tu ci pensi bene e con calma. Quando avrai deciso, segui la tua strada senza guardare in faccia nessuno. La cosa più importante è che tu faccia la volontà del Signore. Il parroco vorrebbe che io ti facessi cambiare idea, perché in avvenire potrei avere bisogno di te. Ma io ti dico: in queste cose tua madre non c'entra. Dio è prima di tutto. Da te io non voglio niente, non mi aspetto niente. Io sono nata povera, sono vissuta povera, e voglio morire povera. Anzi, te lo voglio dire subito: se ti facessi prete e per disgrazia diventassi ricco, non metterò mai piede in casa tua. Ricordalo bene.

Quell'anziana contadina con lo scialle nero aveva un tono forte nella voce, una energia grande nella faccia. Don Bosco quelle parole non le avrebbe dimenticate mai.

Un sogno dei più strani

Giovanni stava ormai per concludere, quando si verificò un imprevisto. « Pochi giorni prima della mia entrata ho fatto un sogno dei più strani. Mi pareva di vedere una moltitudine di frati con le vesti sdruscite indosso. Correvano in senso opposto l'uno dall'altro. Uno di loro mi venne vicino e mi disse: " Tu cerchi la pace, ma qui pace non troverai. Altro luogo, altra messe Dio ti prepara " ».

Un sogno, la solita « cosa da niente ». Eppure Giovanni ha dovuto prendere atto ormai che i sogni per lui sono cose importanti, anche se a volte scomode.

Si confida con Luigi Comollo, e ne riceve un consiglio classico per un santino come lui, tutto spiritualità fervida e disincarnata: fare una novena, scrivere una lettera a un suo zio parroco, e poi obbedire ciecamente.

« L'ultimo giorno della novena — ricorda don Bosco — in sua compagnia ho fatto la confessione e la comunione, poi udii una Messa e ne servii un'altra all'altare della Madonna delle Grazie. Tornati a casa, trovammo una lettera di don Comollo (lo zio di Luigi) che diceva: " Tutto considerato, io consiglierei il tuo compagno di non entrare in convento. Vesta l'abito chiericale " ».

« Perché non consulti don Cafasso? »

Vestire l'abito chiericale voleva dire diventare seminarista. Ma i soldi? Fu il suo amico Evasio Savio a suggerirgli:

— Vai a Torino a consigliarti con don Cafasso. È il più bravo prete che sia nato a Castelnuovo.

Aveva solo 23 anni, don Giuseppe Cafasso, ma era già considerato uno dei migliori « direttori d'anime »: da lui si recavano per consiglio molte persone inquiete o turbate. Viveva a Torino, nel Convitto Ecclesiastico, e mentre completava gli studi di specializzazione teologica, assisteva malati e carcerati.

Giovanni andò, e gli espose tutte le sue perplessità. Con grande calma e senza esitazione, don Cafasso gli disse:

— Fate il vostro anno di retorica, e poi entrate in seminario. La divina Provvidenza vi farà conoscere ciò che vuole da voi. Per il denaro state calmo: qualcuno provvederà.

In quest'abboccamento Giovanni Bosco ha incontrato l'elemento equilibratore della sua vita. Il suo temperamento vulcanico lo farà vivere tra sogni, progetti, perplessità, successi, delusioni. Accanto a lui, calmo e rasserenante, don Cafasso sarà l'amico discreto, il consigliere saggio, il silenzioso benefattore.

CAPITOLO DODICESIMO

La veste nera e il seminario

La « vestizione chiericale », in quegli anni, è un passo importante. Il giovane si toglie di dosso gli abiti che porta la gente comune, indossa una sottana nera (la « talare ») che gli scende dalle spalle fino ai piedi. È un segno per dire a tutti: « Intendo diventare prete, e vivere come deve vivere un prete ».

25 ottobre. È domenica. Nella chiesa di Castelnuovo il parroco, prima della Messa grande, « veste da prete » Giovanni Bosco, che si avvicina all'altare portando sul braccio la veste nera. Le parole del rito sono solenni.

« Quando il parroco don Cinzano mi comandò di levarmi gli abiti secolareschi con le parole: " Il Signore ti svesta dell'uomo vecchio con le sue abitudini e i suoi modi di agire ", dissi nel mio cuore: " Quanta roba vecchia c'è da togliere! Mio Dio, distruggete le mie cattive abitudini ". Quando aggiunse: " Il Signore ti vesta dell'uomo nuovo, creato secondo il cuore di Dio nella giustizia, nella verità e nella santità ", aggiunsi tra me: " Mio Dio, che io incominci davvero una vita nuova, secondo la vostra volontà. Maria, siate voi la mia salvezza " ».

Sette righe che rovesciano la vita

Dopo la Messa, una sorpresa. Don Cinzano lo invita ad accompagnarlo alla borgata Bardella, dov'è festa patronale.

« Andai per non fargli dispiacere, ma a malincuore. Non era cosa opportuna per me. Sembravo un burattino vestito di nuovo. Mi ero preparato per settimane a quel giorno, e mi trovai a un pranzo in mezzo a gente radunata per ridere, chiacchierare, mangiare, bere e divertirsi. Che cosa poteva avere in comune con uno che poche ore prima aveva vestito l'abito di santità per darsi tutto al Signore?

Nel ritorno a casa, il parroco mi domandò perché fossi così pensieroso. Con tutta franchezza risposi che la funzione del mattino faceva a pugni con ciò che era venuto dopo. Aver visto preti fare i buffoni tra i commensali, quasi ubriachi, mi aveva disgustato. " Se sapessi di diventare un prete come quelli — aggiunsi — preferirei deporre subito quest'abito " ».

Nei quattro giorni che lo separavano dall'entrata in seminario, Giovanni si concentrò nel silenzio e nella riflessione, e scrisse sette propositi che segnavano un « rovesciamento » nel suo stile di vita. Eccoli.

1. Non andrò a vedere balli, teatri, spettacoli pubblici.
2. Non farò più il prestigiatore e il saltimbanco.
3. Sarò temperante nel mangiare, nel bere, nel riposo.
4. Leggerò cose di religione.
5. Combatterò pensieri, discorsi, letture contrarie alla castità.
6. Farò ogni giorno un po' di meditazione e di lettura spirituale.
7. Racconterò ogni giorno fatti e pensieri che facciano del bene.

« Sono andato davanti a un'immagine della Beata Vergine, e ho fatto promessa formale di osservarli a costo di qualsiasi sacrificio ».

Non ci riuscirà sempre, perché anche lui è fatto di carne e di nervi come noi. Ma il « colpo di timone » l'ha dato.

« Queste parole non le dimenticherò mai »

Il 30 ottobre, Giovanni doveva trovarsi in seminario. La sera prima, al Sussambrino, stava collocando dentro un piccolo baule il corredo che mamma Margherita gli aveva preparato. « Mia madre — scrive — mi teneva lo sguardo addosso come volesse dirmi qualcosa. Ad un tratto mi chiamò in disparte e mi disse:

" Giovanni, tu hai vestito l'abito del sacerdote. Io provo tutta la consolazione che una madre può provare. Ricordati però che non è l'abito che ti fa onore, ma la virtù. Se un giorno avrai dubbi sulla tua vocazione, per carità, non disonorare quest'abito. Posalo subito. Preferisco avere per figlio un povero contadino, piuttosto che un prete trascurato nei suoi doveri. Quando sei nato, ti ho consacrato alla Madonna. Quando hai cominciato gli studi ti ho raccomandato di voler bene a questa nostra Madre. Ora ti raccomando di essere tutto suo, Giovanni ".

Quando terminò queste parole, mia madre era commossa. Io piangevo.

" Madre — le risposi — vi ringrazio di tutto ciò che avete fatto per me. Queste vostre parole non le dimenticherò mai ".

Al mattino per tempo mi recai a Chieri, e alla sera dello stesso giorno entravo in seminario ».

Dall'alto di un muro candido, una meridiana gli diede il primo saluto: sotto il quadrante delle ore era scritto: « *Afflictis lentae, celeres gaudentibus horae* », cioè: « Per chi soffre, le ore tardano a passare, ma sono veloci per chi ha il cuore contento ». Era un buon consiglio per un giovanotto che fra quelle mura si preparava a trascorrere sei anni filati.

Un orario di ferro

In seminario l'orario delle giornate è preciso, spacca il minuto. È tutto segnato su un cartello appeso in qualche angolo, accanto a una campanella. Una filza di ore, mezz'ore, quarti d'ora. A ogni scadenza il « campanaro » s'avvicina alla campanella, la scuote. A quel tintinnio la comunità esce, entra, parla, si tuffa nel silenzio, studia, prega. La prima cosa che insegnano quando si varca quella porta è che la campana è la voce di Dio.

Le fasce orarie che dividevano la giornata al seminario di Chieri erano state fissate rigidamente da Carlo Felice per tutte le scuole del Regno. Non risparmiavano nemmeno i prìncipi.

Possiamo farcene un'idea scorrendo l'orario che doveva seguire, nel Palazzo Reale di Torino, il principe ereditario Vittorio Emanuele, che in quel 1835 aveva 15 anni:

« Sveglia alle 5, Messa alle 7, scuola dalle 9 alle 12, pranzo, dalle 14 alle 19 e mezzo impegni scolastici, cena, alle 21 orazioni e riposo. La mattina della domenica due Messe: quella " bassa " prima della colazione nella cappella di Palazzo, quella " grande " dopo colazione in Duomo ».

La cucina era semplicissima. « Si mangia per vivere, non si vive per mangiare » era una delle massime più ripetute.

Il momento in cui questi giovanotti rallentavano la tensione era la ricreazione. Don Bosco ricordava appassionate partitacce alle carte. « Non ero un valente giocatore, tuttavia guadagnavo quasi sempre. Alla fine delle partite avevo le mani piene di soldi, ma al vedere i miei compagni tristi perché li avevano perduti, diventavo più triste di loro. Inoltre, a forza di fissare la mente sulle carte, mentre studiavo o pregavo avevo sempre in mente il re di coppe e il fante di spade. Per questi motivi a metà del secondo anno di filosofia decisi di smettere ».

La faccenda che lo decise a troncare netto fu una vincita forte. Il chierico che testardamente aveva continuato a chiedergli la rivincita era povero anche lui, e alla fine, spennato come un pollo, quasi si metteva a piangere. Giovanni provò vergogna di se stesso, gli restituì tutto ciò che aveva guadagnato, e con le carte mise punto fermo.

Boccata d'ossigeno al giovedì

C'era una giornata che rompeva per Giovanni la monotonia degli orari: il giovedì. Nel pomeriggio di quel giorno — ricordavano i suoi compagni — il portinaio suonava immancabilmente il campanello di chiamata e gridava in piemontese:

— Bosch 'd Castelneuv!

Gli altri chierici, che cercavano ogni minimo appiglio per ridere un po', facevano eco gridando come tanti banditori:

— Bosch 'd Castelneuv! Bosco di Castelnuovo! Bois de Château neuf!

Giovanni rideva per lo scherzo solito, e anche perché sapeva chi l'aspettava: i soci della « Società dell'Allegria » che volevano rivederlo e raccontargli le novità, gli amici con cui aveva fatto il ginnasio, i ragazzetti che aveva divertito con i suoi giochi e i suoi racconti e desideravano riascoltarlo. « Erano moltissimi giovanetti — ricordava un suo compagno di camerata — che lo attorniavano festosi. Li intratteneva allegramente, parlava con tutti ». Dopo il chiasso, gli scherzi, le risate, una puntata in cappella ai piedi della Madonna.

Il giovedì era la sua boccata d'ossigeno, la continuazione quasi clandestina del suo « chiodo fisso », l'oratorio.

Tra i giovani ricchi

Il coléra arrivava quasi ogni anno a turbare la stagione calda. Si presentò anche nel 1836. A Torino tornò la paura. I Gesuiti anticiparono la partenza dei loro convittori dal collegio del Carmine per il castello di Montaldo, imponente villeggiatura. Cercavano un fidato assistente di camerata che fosse anche ripetitore di greco. Don Cafasso mandò il chierico Bosco: « Potrai farti un po' di lire ».

Dal 1° luglio al 17 ottobre Giovanni visse per la prima volta fra giovani di famiglie distinte, a contatto con virtù e vizi dei « figli di papà ». Confessò di aver provato « quanto sia difficile acquistare tra loro quell'ascendente che un prete deve avere per far loro del bene ». Si persuase che Dio lo chiamava solo tra i ragazzi poveri. Sarebbe stata una delle sue convinzioni assolute: come non era chiamato a educare le ragazze, in maniera identica non era chiamato a educare i figli dei ricchi.

CAPITOLO TREDICESIMO

È diventato «Don Bosco»

24 giugno, festa di San Giovanni Battista. Ogni anno per Giovanni Bosco è il giorno onomastico e l'inizio delle lunghe vacanze estive, quattro mesi.

Infila la strada bianca che da Chieri conduce a Castelnuovo, poi il sentiero che sale al Sussambrino. Dodici chilometri, una bella camminata. La cascina del fratello gli dà il benvenuto con il « chicchirichì » dei galli e il sorriso timido di una splendida nipotina.

Giuseppe ha messo su famiglia ormai da anni. Ha sposato nel 1833 (appena ventenne) Maria Calosso, una ragazza di Castelnuovo. La prima bimba che ha visto la luce, Margherita, è vissuta solo tre mesi. Nella primavera del 1835 è nata Filomena, una bimbetta tranquilla, che guarda incantata lo zio Giovanni che lavora con la pialla, il tornio, la forgia, che taglia e cucisce abiti, e le confeziona bellissime bamboline di pezza.

Sulle viti stanno prendendo forma i teneri grappoli verdi, il grano già biondeggia sui campi. Giovanni, quando smette di lavorare nel suo rudimentale laboratorio, impugna il falcetto ed entra nella lunga fila dei mietitori. Il sudore gli gronda dalla fronte, sotto il largo cappello di paglia.

Prova una gioia intensa in questa attività all'aria aperta, dopo gli otto mesi di quasi prigionia tra i banchi della scuola.

3 novembre 1837. In seminario, Giovanni inizia la *teologia*. È la « scienza che studia Dio », ed è lo studio fondamentale per gli aspiranti al sacerdozio. In quel tempo occupava cinque anni.

Dov'erano Cavour, Mazzini, Garibaldi?

In quel 1837, i protagonisti del Risorgimento (il periodo che darà un grande scossone all'Italia) sono ancora dispersi.

Giovanni Mastai-Ferretti, che nel 1846 sarà eletto Papa con

il nome di Pio IX, è vescovo di Imola. Ha solo 45 anni, ed è considerato un « vescovo spregiudicato » perché deplora gli eccessi della polizia papale, ed è amico del conte Pasolini, il liberale più in vista della sua città.

Camillo Cavour, 27 anni, dirige la tenuta agricola di Leri. Stivali e cappello di paglia, cammina instancabile dalla mattina alla sera per campi, pascoli, risaie. Era giovane sottotenente nella guarnigione di Genova nel 1831. Alla notizia dei moti rivoluzionari scoppiati a Modena e Bologna ha gridato: « Viva la repubblica! ». L'hanno scaraventato nella Valle d'Aosta, e lui ha lasciato l'esercito. Suo padre, vicario della città di Torino e quindi capo della polizia, l'ha esiliato in campagna. Tra una vendemmia e un raccolto di riso ha girato l'Europa, ha ammirato il Parlamento di Parigi e di Londra. Ha anche incontrato i fuoriusciti italiani, e ha detto di loro: « Sono un branco di pazzi imbecilli e fanatici, di cui farei volentieri concime per le me barbabietole ».

Mazzini, 32 anni, è appena stato scacciato dalla Svizzera, da cui dirigeva le sue trame rivoluzionarie. Si è sistemato in una casa di periferia a Londra. Scrive sui giornali per guadagnarsi il pane. Si fa crescere la barba, e gira solo e vestito di nero per le strade nebbiose della città.

Garibaldi, fuggito in America dopo una fallita rivoluzione mazziniana in Savoia, è sbarcato in Brasile. Ha 30 anni e fa il corsaro nei mari del Sud, al servizio del « governo rivoluzionario » del Rio Grande. Fra poco vestirà la sua « legione italiana » della leggendaria camicia rossa, comprando sottocosto a Montevideo uno stock di grembiulotti destinati ai *saladeros,* cioè ai macellai argentini.

Vittorio Emanuele, 17 anni, vive nel Palazzo Reale di Torino come in una rigida caserma. Deve accompagnare il padre alle feste e ai balli dell'aristocrazia, e stare in piedi al suo fianco per delle ore. Gli unici momenti di gioia prorompente li vive nelle scuderie. Parla un dialetto schietto e grossolano con gli stallieri, cavalca coraggioso e fanfarone, è smanioso di azione e di aria libera.

Vicino e lontano, la storia degli uomini cammina. Avvenimenti piccoli e grandi si alternano, spingendo avanti la vicenda umana.

Nel 1836, Morse ha realizzato il telegrafo elettrico e il sistema di comunicazione con linee e punti. Fra pochi anni si diffonderà nel mondo un utile rettangolino di carta: il telegramma. Prima soltanto alla portata dei governanti e dei grandi giornali, poi a disposizione di tutti.

Nel 1837, durante un'epidemia di colera, è morto a Torre del

Greco Giacomo Leopardi. Aveva solo 39 anni. In Inghilterra è salita al trono la regina Vittoria: inizia il suo lunghissimo regno che vedrà l'Inghilterra diventare la prima nazione coloniale del mondo.

Nel 1838 muore il marchese Tancredi di Barolo ex-sindaco di Torino. La vedova decide di consacrare le sue ricchezze all'assistenza delle donne infelici. Nasce così alla periferia di Torino, accanto al Cottolengo, l'opera di aiuto per le carcerate e le donne perdute.

Nel 1839 re Ferdinando II fa costruire la prima ferrovia italiana, Napoli-Granatello, e Jacques Deguerre costruisce la prima macchina fotografica. A questo umile inventore, anche don Bosco dovrà qualcosa: sarà uno dei primi santi di cui si potrà conservare l'immagine precisa, grazie a decine di fotografie.

Ma la gente non capisce

Vacanze 1838. Il « teologo » Giovanni Bosco è invitato a fare la sua prima predica ad Alfiano, nella festa della Madonna del Rosario. Ricorda: « Il parroco, don Giuseppe Pelato, era persona di molta pietà e dottrina, e lo pregai di dirmi il suo parere sulla mia predica. Mi rispose:

— Molto bella, ordinata. Riuscirete un buon predicatore.

— Ma la gente avrà capito?

— Poco. Avremo capito mio fratello prete, io e pochissimi altri.

— Eppure erano cose facili.

— Sembrano facili a voi, ma per il popolo sono molto elevate.

— Cosa fare allora?

— Bisogna lasciare lo stile dei classici, parlare in dialetto, o anche in lingua italiana se volete, ma in maniera popolare, popolare, popolare. Invece di fare ragionamenti, raccontare esempi, fare paragoni semplici e pratici. Ricordatevi che la gente segue poco, e che le verità della fede bisogna spiegarle nella maniera più facile possibile ».

Don Bosco scrive che quel consiglio fu uno dei più preziosi della sua vita. Gli servì nelle prediche, nei catechismi, nello scrivere libri.

« Il prete non va da solo in Paradiso »

26 maggio 1841. Il diacono Giovanni Bosco entra negli Esercizi Spirituali che lo devono preparare all'ordinazione sacerdotale. Su invito del direttore di spirito, medita a lungo in quei giorni le parole del salmo: « Chi salirà al monte del Signore? Chi potrà abitare nel

suo santuario? Colui che ha le mani e il cuore puro ». Guardando indietro nella sua vita, vede che quasi miracolosamente le sue mani, da quando Margherita gliele congiungeva nella prima preghiera, sono rimaste pure.

Su un quadernetto annota: « Il prete non va da solo al cielo, non va da solo all'inferno. Se fa bene, andrà al cielo con le anime da lui salvate con il suo buon esempio; se fa male, se dà scandalo, andrà alla perdizione con le anime dannate per suo scandalo. Quindi metterò ogni impegno per osservare le seguenti risoluzioni ».

Seguono nove propositi fondamentali per la sua vita. In gran parte ripetono ed esplicitano i propositi fatti alla vestizione. Tre segnano invece un approfondimento caratteristico di quello che sarà lo « stile sacerdotale » di don Bosco. Eccoli:

— Occupare rigorosamente il tempo.

— Patire, fare, umiliarsi in tutto e sempre quando si tratta di salvare le anime.

— La carità e la dolcezza di san Francesco di Sales mi guideranno in ogni cosa.

Sacerdote per sempre

5 giugno 1841. Nella cappella dell'Arcivescovado, Giovanni Bosco vestito di camice bianco si prostra a terra davanti all'altare. Piovono dall'organo le austere note del gregoriano. I sacerdoti e i seminaristi presenti invocano a uno a uno i grandi santi della Chiesa: Pietro, Paolo, Benedetto, Bernardo, Francesco, Caterina, Ignazio...

Pallido per l'emozione e per gli ultimi giorni estenuanti, Giovanni si alza e si inginocchia ai piedi dell'arcivescovo. Luigi Fransoni gli pone le mani sul capo, e invoca lo Spirito Santo affinché venga, e lo consacri sacerdote per sempre.

Alcuni minuti dopo, unendosi alla voce dell'arcivescovo, Giovanni Bosco inizia la sua prima concelebrazione. È diventato *don Bosco.*

« La mia prima Messa — scriverà con semplicità — l'ho celebrata nella chiesa di san Francesco d'Assisi, assistito da don Giuseppe Cafasso, mio insigne benefattore e direttore. Mi aspettavano ansiosamente al mio paese *(era la festa della SS. Trinità),* dove da molti anni non si era avuta una prima Messa. Ma ho preferito celebrarla a Torino senza rumore, all'altare dell'Angelo Custode. Quello posso chiamarlo il più bel giorno della mia vita. Nel momento in cui si ricordano i defunti, ho ricordato i miei cari, i miei benefattori, specialmente don Calosso, che ho sempre considerato grande e insigne benefattore. È pia credenza che il Signore conceda quella grazia che il nuovo sacerdote gli domanda celebrando la prima Messa. Io chiesi ardentemente l'*efficacia della parola*, per poter fare del bene alle anime ».

La sua seconda Messa, don Bosco volle dirla all'altare della Consolata, nel grande Santuario della Madonna in Torino. Levando gli occhi la vide lassù, la Signora splendente come il sole, che diciassette anni prima gli aveva parlato in sogno. « Renditi umile, forte e robusto », aveva detto. Don Bosco aveva cercato di farsi così. Ora cominciava il tempo in cui « tutto avrebbe compreso ».

Il giovedì seguente, festa del *Corpus Domini* (allora festa di precetto), don Bosco dice la Messa al suo paese.

Le campane hanno suonato e squillato a lungo. Tutta la gente è ammucchiata nella grande chiesa. « Mi volevano bene — ricorderà don Bosco —, e ognuno era contento insieme con me ».

I piccoletti sgranano gli occhi al sentire che quel prete era un piccolo saltimbanco.

I grandi lo ricordano compagno di giochi e di scuola.

Gli anziani, sulle colline intorno, lo hanno visto passare tante volte per la strada con i piedi scalzi e i libri in mano.

Quella sera, mamma Margherita trova un momento per parlargli da solo a solo, e gli dice: « Ora sei prete, sei più vicino a Gesù. Io non ho letto i tuoi libri, ma ricordati che cominciare a dir Messa vuol dire cominciare a soffrire. Non te ne accorgerai subito, ma a poco a poco vedrai che tua madre ti ha detto la verità. D'ora innanzi pensa soltanto alla salvezza delle anime, e non prenderti nessuna preoccupazione di me ».

CAPITOLO QUATTORDICESIMO

Prete in rodaggio

Che cosa farà adesso don Bosco?

È intelligente, ha voglia di lavorare, è povero.

Gli vengono offerti tre incarichi. Una nobile famiglia di Genova lo chiede come istruttore dei figli. A quei tempi molte famiglie ricche, piuttosto di mandare i figli alle scuole pubbliche, preferivano mantenere nel proprio palazzo un maestro privato, con compiti di istruttore e di educatore. Quasi sempre richiedevano un sacerdote, che dava garanzia di serietà. I nobili genovesi fanno dire a don Bosco che l'onorario sarà di mille lire l'anno (un ottimo stipendio).

Gli abitanti della sua borgata lo pregano di accettare il posto libero di cappellano a Morialdo. Gli garantiscono che raddoppieranno lo stipendio consueto.

Il parroco di Castelnuovo, don Cinzano, gli propone di diventare suo viceparroco. Anche lui gli assicura una buona entrata.

Strano, tutti parlano a don Bosco di soldi, come se essere diventato prete fosse « il posto buono » finalmente raggiunto, da sfruttare economicamente. Solo mamma Margherita, la donna che ha sempre dovuto badare al centesimo per far quadrare il bilancio, gli ricorda: « Se diventi ricco, non metterò mai più piede in casa tua ».

Per tagliar corto, don Bosco si reca a Torino da don Cafasso.

— Cosa devo fare?

— Non accettate niente. Venite qui nel Convitto ecclesiastico. Completerete la vostra formazione sacerdotale.

Don Cafasso vede lungo. Ha capito che la « carica » umana e spirituale di don Bosco non può esaurirsi in una famiglia o in un paese. Torino invece è una città che può esaurire lui. Quartieri nuovi, tempi nuovi, problemi nuovi. Don Cafasso dovrà solo stare attento a frenarlo.

Prima scoperta: la miseria delle periferie

Il Convitto è un ex-convento accanto alla chiesa di San Francesco di Assisi. In questo edificio il teologo Luigi Guala, aiutato da don Cafasso, prepara 45 giovani sacerdoti a diventare « preti del tempo e della società in cui dovranno vivere ».

La preparazione dura due anni (per don Bosco saranno in via eccezionale tre). La giornata dei giovani preti è inquadrata da due conferenze al mattino e alla sera, la prima di don Guala, la seconda di don Cafasso. Nel resto della giornata, i preti sono mandati a esercitare il ministero nell'ambiente cittadino: ospedali, carceri, istituti di beneficenza, palazzi, case popolari e soffitte, prediche nelle chiese e catechismi ai giovani, assistenza ai malati e agli anziani.

Dal 1841, don Cafasso diventa il « direttore spirituale » di don Bosco. Questo vuol dire: don Bosco si confessa da lui, gli chiede consiglio prima di ogni decisione importante, gli manifesta i propri progetti di vita e sta alla sua parola.

Fino a questo momento, don Bosco conosce soltanto la povertà delle campagne. Non sa cosa sia la miseria delle periferie cittadine. Don Cafasso gli dice: « Andate, guardatevi intorno ».

« Fin dalle prime domeniche — testimonierà Michele Rua — andò per la città, per farsi un'idea sulle condizioni morali dei giovani ».

Ne rimase sconvolto. I sobborghi erano zone di fermento e di rivolta, cinture di desolazione. Adolescenti vagabondavano per le strade, disoccupati, intristiti, pronti al peggio.

Il mercato delle braccia giovani

Accanto al mercato generale della città, scoprì un vero « mercato delle braccia giovani ». « La parte vicino a Porta Palazzo — scrive don Lemoyne — brulicava di merciai ambulanti, di venditori di zolfanelli, di lustrascarpe, spazzacamini, mozzi di stalla, spacciatori di foglietti, fasservizi ai negozianti sul mercato, tutti poveri fanciulli che vivacchiavano alla giornata ».

Figli di famiglie disagiate, spesso disoccupate, erano alla ricerca di qualunque mestiere, pur di campare. Erano i primi « prodotti » dell'affollamento degli immigrati nelle « cinture nere » che da allora avrebbero circondato le città.

Li vedeva arrampicarsi sui palchi dei muratori, cercare un posto di garzone nelle botteghe, aggirarsi lanciando il richiamo dello spazzacamino. Li vedeva giocare ai soldi agli angoli delle strade con la faccia dura e decisa di chi è disposto a tentare qualunque mezzo per farsi largo nella vita.

Se tentava di avvicinarli, si allontanavano diffidenti e sprezzanti. Non erano i ragazzi dei Becchi, non cercavano racconti o giochi di prestigio. Erano i « lupi », gli animali selvaggi dei suoi sogni, anche se in fondo a quegli occhi vedeva più paura che ferocia.

La rivoluzione industriale

Quei ragazzi per le strade di Torino sono un « effetto perverso » di un avvenimento che ha cominciato a sconvolgere il mondo, la « rivoluzione industriale ».

Nel 1769, a Glasgow in Inghilterra, il signor James Watt aveva brevettato la « macchina a vapore ». Era uno strumento che, sfruttando l'energia sviluppata dal calore, faceva muovere leve e cinghie di trasmissione. Una sola macchina di Watt (potenza 100 cavalli-vapore) sviluppava una forza pari a quella di 880 uomini. Impiegandone molte, una sola filanda poteva produrre tanto filo quanto avrebbero potuto produrne 200.000 uomini. Per badare ai filatoi che facevano tutto questo lavoro, bastavano 750 lavoratori, radunati sotto alcuni grandi capannoni.

Cominciarono così a esistere la *fabbrica* e *gli operai* (chiamati anche *proletari*). Prima la gente faceva il contadino, il commerciante, l'artigiano. Tra gli artigiani (lavoratori che utilizzavano strumenti di loro proprietà, in laboratori propri) c'erano i filatori, che lavoravano cotone e lana utilizzando la forza delle proprie braccia.

La produzione facilitata delle fabbriche, abbassa di colpo il prezzo dei tessuti e ne sviluppa enormemente il mercato. Nello stesso tempo si verifica un fortissimo aumento nell'utilizzazione del ferro (per la produzione di macchine, telai, ferrovie) e nell'estrazione del carbone fossile dalle miniere (che permette la propulsione delle macchine a vapore e la lavorazione del ferro).

Pure contemporanea è la costruzione su larga scala di ferrovie, battelli a vapore e altri mezzi di trasporto.

Negli stessi anni, per la progressiva vittoria della medicina e dell'igiene sulle più micidiali epidemie come la peste e il vaiolo, la popolazione in Europa ha una crescita imponente: da 180 milioni nel 1800 a 260 milioni nel 1850.

L'allargamento prepotente delle fabbriche (cioè dell'*industria*) mette in crisi gli artigiani. Una valanga di gente in cerca di lavoro si rovescia dalla campagna verso la città. Le fabbriche acquistano una fisionomia precisa: centri dove un alto numero di lavoratori compiono lo stesso lavoro alle dipendenze di un padrone.

Sorgono così in Inghilterra le città del carbone, le città del ferro, le città delle industrie tessili. È la *rivoluzione industriale.* Nata in Inghilterra, passa rapidamente in Francia, Germania, Belgio, sbarca in America.

Secondo gli storici essa è uno dei due più grandi e radicali cambiamenti che si sono verificati nella storia dell'uomo.

Il primo si verificò nella notte dei tempi. Gli uomini erano un « insieme slegato di bande di cacciatori piccoli, brutali e malvagi ». Con la « rivoluzione neolitica » si trasformarono in coltivatori di piante e allevatori di animali. Questo primo cambiamento radicale della storia umana si sviluppò nel corso di migliaia d'anni, gli uomini ebbero il tempo di un adattamento graduale.

La seconda grande rivoluzione, quella industriale, invase il globo, sconvolse l'esistenza nel giro di centocinquanta, duecento anni.

L'immenso progresso regalato al mondo

La rivoluzione industriale aprì le porte di un mondo completamente nuovo, di nuove e sconosciute fonti di energia: il carbone, il petrolio, la dinamite, l'elettricità, l'atomo. I risultati industriali furono enormi, impensabili.

L'umanità si sviluppò in maniera esplosiva: 750 milioni di persone nel 1750, un miliardo e duecento milioni nel 1850, due miliardi e mezzo nel 1950.

Il benessere che la rivoluzione industriale diffuse non era mai stato prima raggiunto.

Totali e velocissimi cambiamenti si verificarono nelle abitudini, idee, istruzione, famiglia. Le nuove generazioni si trovarono davanti a problemi enormi: crescita incontrollata della popolazione, armi sempre più terribili, esigenza sempre maggiore di istruzione, inquinamento, emarginazione degli anziani.

Nonostante i formidabili problemi aperti, con la rivoluzione industriale l'umanità « ha vinto in larga misura la natura, ha superato le distanze, ha rotto molti di quei vincoli materiali che per millenni l'avevano condizionata » *(Giacomo Martina).*

Il pauroso costo umano

Ma l'immenso progresso ebbe, specialmente nei primi cento anni, un pauroso costo umano. « Una esigua minoranza di straricchi impose una vera schiavitù a una moltitudine infinita di proletari » *(Leone XIII, Rerum novarum).*

Nella nuova epoca dell'umanità c'è un enorme « buco nero »: la *questione operaia.* Nelle città industriali si forma una classe nuova, quella dei proletari, che non ha altre ricchezze al di fuori delle proprie braccia e dei propri figli. Le condizioni dei proletari sono spaventose.

Nel 1850 (citiamo da inchieste fatte da Dolléans e Villermé) metà della popolazione inglese è ormai ammassata nei centri cittadini. Le « case » degli operai sono per lo più cantine, in ognuna delle quali si ammassa tutta la famiglia, senz'aria, senza luce, fetide per l'umidità e gli scoli. Nelle fabbriche nessuna misura igienica, nessun regolamento, tranne quello imposto dal padrone.

Il salario da fame permette un nutrimento assolutamente insufficiente. Cibo usuale sono le ortiche bollite. La disgregazione delle famiglie, la diffusione dell'alcoolismo, della prostituzione, della criminalità, la diffusione di nuove malattie dipendenti da particolari lavorazioni o dalle condizioni in cui si svolgono (tubercolosi, silicosi...) divengono fenomeni di massa.

In fabbrica non vanno solo gli uomini e le donne. Ci vanno anche i bambini, e la loro vita è mutata in tormento. La fatica (stanno in piedi per tutte le ore di lavoro, sedersi è proibito), il sonno, la stanchezza provocano frequenti disgrazie sul lavoro. La vita di questi piccoli sventurati è molto breve.

Negli anni intorno al 1850, il proletariato francese, belga, tedesco, si trova in condizioni identiche a quelle del proletariato inglese. Una famiglia di proletari può sopravvivere a stento. Non ha nemmeno un franco da spendere per il medico, le medicine, i vestiti. La durata media della vita di un operaio, tra il 1830 e il 1840, è di 17-19 anni. Sono questi gli anni (come abbiamo ricordato) in cui gli operai di Lione e di Parigi insorgono al grido: « Vivere lavorando o morire combattendo », e sono dispersi dalle cannonate.

Anche in Italia la strage degli innocenti

In Italia la rivoluzione industriale arriva in ritardo, per mancanza di capitali e di materie prime. I primi stabilimenti tessili diventano « fabbriche » nel Lombardo-Veneto austriaco (lanificio Rossi a Schio nel 1817, Marzotto a Valdagno nel 1836). L'industria meccanica inizia a Milano nel 1846. La crescita industriale è lenta e stentata.

Sulla vita negli stabilimenti tessili della Lombardia, Rodolfo Morando scrive: « Nei filatoi di seta, grandi stabilimenti che occupano dai 100 ai 200 individui, si verificava il massimo impiego dei fanciulli. Le mansioni cui venivano adibiti erano di tale indole macchinale da ridurre in breve tempo all'ebetismo quei poveri esseri. Il lavoro si protraeva nell'inverno per 13 ore, e nell'estate per 15 o 16. Gli ambienti umidi e malsani, il levarsi di gran mattino, il lungo permanere in posizioni incomode, provocavano con la massima frequenza, come riferiva il medico della zona, indurimenti ghiandolari, scrofola, rachitismo e tumori freddi. Oltre 15.000 fanciulli, in Lombardia, consumavano così il fiore della loro vita ».

A Torino, nel 1841, la rivoluzione industriale sta arrivando solo di riflesso. La città si sviluppa rapidamente. Nei dieci anni 1838-48, la popolazione passa da 117.000 a 137.000, con un aumento del 17 per cento. Il lavoro edilizio ha uno sviluppo vigoroso. In questi dieci anni vengono costruite 700 nuove case, in cui si affollano settemila nuove famiglie. Il movimento di immigrazione ha un ritmo sostenuto. Toccherà la punta massima nel 1849-50, quando si parlerà di 50.000, o addirittura di 100.000 immigrati.

Arrivano famiglie povere o giovani soli dalla Val Sesia, dalle Valli di Lanzo, dal Monferrato, dalla Lombardia. Nei cantieri in costruzione don Bosco vede « fanciulli dagli otto ai dodici anni, lontani dal proprio paese, servire i muratori, passare le loro giornate su e giù per i ponti malsicuri, al sole, al vento, salire le ripide scale a pioli carichi di calce, di mattoni, senza altro aiuto educativo che villani rabbuffi o percosse ».

Le famiglie operaie, alla sera, « salgono alle soffitte ». Sono gli unici appartamenti con fitto sopportabile per gli stipendi degli operai. Don Bosco sale a vederle, e le trova « basse, strette, squallide e luride. Servono da dormitorio, cucina, a volte stanza da lavoro per intere famiglie ».

Tirare i conti

Bande di giovani vagano, soprattutto alla domenica, per le strade e lungo le rive del Po. Guardano le persone « profumate e festose » che passeggiano noncuranti della loro miseria.

Don Bosco tira rapidamente i conti. Quei ragazzi hanno bisogno di una scuola e di un lavoro che aprano loro un avvenire più sicuro; hanno bisogno di poter essere ragazzi, cioè di scatenare la loro voglia di correre e di saltare in spazi verdi, senza intristire sui marciapiedi; hanno bisogno di incontrarsi con Dio, per scoprire e realizzare la loro dignità.

Non è né il solo né il primo ad avere tirato conclusioni di questo genere. L'urgenza di aiutare le masse popolari è sentita in questo momento addirittura da Carlo Alberto.

Il re è principalmente preoccupato dall'« altra rivoluzione » che sta nell'aria, quella politica, che scoppierà con fragore nel 1847-48. Tenendo d'occhio l'Austria (la nemica di ogni concessione ai liberali) egli si sposta cautamente dalle posizioni assolutiste alle correnti più moderate dei liberali. Allaccia relazioni con Massimo D'Azeglio, Cesare Balbo, Giacomo Durando. Questo lungo cammino lo porterà a diventare il protagonista del primo Risorgimento.

Ma il re è ugualmente preoccupato delle condizioni sociali del suo regno, e appoggia ogni iniziativa di beneficenza e di istruzione popolare.

I preti e i politici, in questo tempo, sono divisi da tendenze favorevoli o contrarie alle idee liberali. Ma si trovano fianco a fianco sullo stesso campo di battaglia, contro la miseria materiale e morale della gente. In questi anni Torino vedrà sorgere un ventaglio di scuole popolari per lavoratori adulti.

Don Bosco si sta invece concentrando sul problema dei giovani. Don Cafasso lo vede, e decide di provocarlo fino in fondo.

CAPITOLO QUINDICESIMO

«Mi chiamo Bartolomeo Garelli»

I torinesi chiamano don Cafasso « il prete della forca ». Perché scende nelle prigioni a consolare i detenuti. E se qualcuno viene condannato a morte, sale sulla carretta accanto a lui, e lo conforta fino al luogo del supplizio.

Mentre parte per una delle solite visite, un giorno don Cafasso invita don Bosco ad accompagnarlo.

I corridoi oscuri, le mura nere e umide, l'aspetto triste e squallido dei detenuti, lo turbano profondamente. Prova ribrezzo, e anche la sensazione di soffocare.

Ragazzi dietro le sbarre

Ma ciò che gli procura un dolore vivo è la vista di ragazzi dietro le sbarre. Scrive: « Vedere un numero grande di giovanetti, dai 12 ai 18 anni, tutti sani, robusti, d'ingegno sveglio, vederli là inoperosi, rosicchiati dagli insetti, stentare di pane spirituale e materiale, fu cosa che mi fece inorridire ».

Tornò altre volte, con don Cafasso e anche da solo. Cercò di parlare con loro non solo « facendo la lezione di catechismo » (che veniva vigilata dalle guardie), ma a tu per tu. All'inizio le reazioni furono aspre. Dovette mandare giù insulti pesanti. Ma a poco a poco qualcuno si mostrò meno diffidente, riuscì a parlare da amico.

Venne così a conoscere le loro povere storie, il loro avvilimento, la rabbia che a volte li rendeva feroci. Il « delitto » più comune era che avevano rubato. Per fame, per desiderio di qualcosa oltre il sostentamento scarso, e anche per invidia della gente ricca che sfruttava il loro lavoro e li lasciava nella miseria.

Erano nutriti di pane nero e di acqua. Dovevano obbedire per forza ai secondini che avevano paura e perciò picchiavano al minimo pretesto. Erano rinchiusi in stanzoni collettivi, dove i più mascalzoni diventavano i maestri di vita.

« Quello che più mi impressionava — scrive don Bosco — era

che molti, quando uscivano, erano decisi a fare una vita diversa, migliore ». Magari solo per la paura della prigione. « Ma dopo poco tempo finivano di nuovo lì ».

Cercò di capirne la causa, e concluse: « Perché sono abbandonati a se stessi ». Non avevano famiglia, o i parenti li respingevano perché la prigione « li aveva disonorati per sempre ».

« Dicevo tra me stesso: questi ragazzi dovrebbero trovare fuori un amico che si prende cura di loro, che li assiste, li istruisce, li conduce in chiesa nei giorni festivi. Allora non tornerebbero più in prigione ».

Di giorno in giorno riesce a farsi qualche amico. « Man mano che facevo loro sentire la dignità dell'uomo — scrive — provavano un piacere nel cuore, risolvevano di farsi più buoni ».

Ma sovente, quando torna, tutto è distrutto. I volti sono tornati duri, le voci sarcastiche sibilano bestemmie. Don Bosco non sempre riesce a vincere l'avvilimento. Un giorno scoppia a piangere. C'è un attimo di incertezza.

— Perché quel prete piange? —, domanda qualcuno.

— Perché ci vuole bene. Anche mia madre piangerebbe se mi vedesse qui dentro.

La decisione

Uscendo, don Bosco ha preso una decisione incrollabile: « Bisogna impedire ad ogni costo che quei ragazzi così giovani finiscano in prigione. Voglio essere il salvatore di questa gioventù ».

« Comunicai questo pensiero a don Cafasso — scrive — e con il suo consiglio cercai il modo di tradurlo in realtà ».

Altri preti a Torino stanno cercando soluzioni per i problemi dei giovani.

Il primo è don Giovanni Cocchi, un vivace sacerdote che viene dalla provincia, da Druent. È stato ordinato sacerdote nel 1836, mentre don Bosco era ancora ai primi anni del seminario. Al Moschino, una località miserrima e malfamata in borgo Vanchiglia, fonda nel 1841 il primo oratorio festivo di Torino, e lo mette sotto la protezione dell'*Angelo Custode.*

Don Bosco, dopo l'esperienza traumatizzante delle carceri, pensa anche lui a un oratorio, ma non solo festivo: vuole realizzare un centro in cui i ragazzi abbandonati dalla famiglia trovino un amico, dove i giovani ex-carcerati sappiano di avere un aiuto e un sostegno. Un oratorio che non solo funzioni alla domenica per il catechismo, ma si prolunghi per tutta la settimana mediante l'amicizia, l'assistenza, gli incontri sul luogo del lavoro.

Un'Ave Maria per cominciare

Il timido inizio di questa realizzazione avviene nella mattinata dell'8 dicembre 1841. Nello stesso anno in cui don Cocchi ha fondato in Torino il primo oratorio. Trentacinque giorni dopo l'arrivo di don Bosco al Convitto.

È lui stesso a descrivere la scena, con la squisitezza e la semplicità di una pagina antica:

« Il giorno solenne dell'Immacolata Concezione di Maria, ero in atto di vestirmi dei sacri paramenti per celebrare la santa Messa. Il chierico di sacrestia, Giuseppe Comotti, vedendo un giovanetto in un canto, lo invitò a venirmi a servire la Messa.

— Non so — gli rispose mortificato.

— Vieni — replicò l'altro —, voglio che tu serva Messa.

— Non so — ripeté il giovanetto —, non l'ho mai servita.

— Bestione che sei! — disse il sacrestano furioso —. Se non sai servire Messa, perché vieni in sacrestia? —. Ciò dicendo impugna la pertica dello spolverino e giù colpi sulle spalle e sulla testa di quel poveretto.

Mentre l'altro se la dava a gambe:

— Che fate? — gridai ad alta voce —. Perché lo picchiate?

— Perché viene in sacrestia e non sa servir Messa.

— Avete fatto male.

— A lei che importa?

— È un mio amico. Chiamatelo subito, ho bisogno di parlare con lui ».

Il ragazzo torna, mortificato. Ha i capelli rapati, la giacchetta sporca di calce. Un giovane immigrato. Probabilmente i suoi gli hanno detto: « Quando sarai a Torino, vai alla Messa ». Lui è venuto, ma non si è sentito di entrare nella chiesa tra la gente ben vestita. Ha provato a entrare nella sacrestia, come gli uomini e i giovanotti usano fare in tanti paesi di campagna.

« Gli domandai con amorevolezza:

— Hai già ascoltato la Messa?

— No.

— Vieni ad ascoltarla. Dopo ho da parlarti di un affare che ti farà piacere.

Me lo promise. Celebrata la Messa e fatto il ringraziamento, lo condussi in un coretto, e con faccia allegra gli parlai:

— Mio buon amico, come ti chiami?

— Bartolomeo Garelli.

— Di che paese sei?
— Di Asti.
— Che mestiere fai?
— Il muratore.
— È vivo tuo papà?
— No, è morto.
— E tua mamma?
— È morta anche lei...
— Quanti anni hai?
— Sedici.
— Sai leggere e scrivere?
— No.
— Sai cantare? — il giovinetto, asciugandosi gli occhi, mi fissò in viso quasi meravigliato e rispose: — No.
— Sai fischiare? — Bartolomeo si mise a ridere. Era ciò che volevo. Cominciavamo ad essere amici.
— Hai fatto la prima Comunione?
— Non ancora.
— E ti sei già confessato?
— Sì, quando ero piccolo.
— E vai al catechismo?
— Non oso. I ragazzi più piccoli mi prendono in giro...
— Se ti facessi un catechismo a parte, verresti ad ascoltarlo?
— Molto volentieri.
— Anche in questo posto?
— Purché non mi diano delle bastonate!
— Stai tranquillo, ora sei mio amico, e nessuno ti toccherà. Quando vuoi che cominciamo?
— Quando a lei piace.
— Anche subito?
— Con piacere ».

Don Bosco s'inginocchia e recita un'Ave Maria. Quarantacinque anni dopo, ai suoi Salesiani, dirà: « Tutte le benedizioni piovuteci dal cielo sono frutto di quella prima Ave Maria detta con fervore e con retta intenzione ».

Finita l'Ave Maria, don Bosco si fa il segno di croce « per cominciare », ma si accorge che Bartolomeo non lo fa, o meglio fa un gesto che ricorda solo vagamente il segno della croce. Allora, con dolcezza, glielo insegna bene. E gli spiega in dialetto (sono astigiani tutti e due!) perché chiamiamo Dio « Padre ». Alla fine gli dice:

— Vorrei che venissi anche domenica prossima, Bartolomeo.
— Volentieri.
— Ma non venire solo. Porta con te dei tuoi amici.

Bartolomeo Garelli, muratorino di Asti, fu il primo ambasciatore di don Bosco tra i giovani lavoratori del suo quartiere. Raccontò l'incontro con il prete simpatico « che sapeva fischiare anche lui », e riferì il suo invito.

Quattro giorni dopo era domenica. Nella sacrestia entrarono in nove. Venivano « a cercare don Bosco ». Il suo *oratorio* era nato.

« Subito »: una parola come un marchio

Nel dialogo con Bartolomeo Garelli c'è la parola « subito ». Sembra una parola come tante altre. Invece è come un granello, che quando lo semini ti dà una pianta.

In questo momento (1841), « subito » è la parola d'ordine di tutto un gruppo di preti torinesi. Nella incertezza della prima rivoluzione industriale, nell'impossibilità di trovare belli e fatti piani e programmi di azione, questi preti gettano tutte le loro energie nel fare « subito » qualcosa per i giovani poveri, per la gente miserabile.

Ma questo « subito » rimarrà in modo particolare il marchio di don Bosco, e poi dei suoi Salesiani, che si specializzeranno come uomini del « pronto intervento » tra i ragazzi poveri. Don Bosco è « tirato dentro l'azione » dall'urgenza, dall'impossibilità di aspettare.

« Fare qualcosa SUBITO », perché i giovani poveri non possono permettersi il lusso di aspettare le riforme, i piani organici, le rivoluzioni del sistema. Certo, il « subito » non basta. « Se incontri uno che muore di fame, invece di dargli un pesce, insegnagli a pescare », si dirà giustamente. Ma è anche vero il rovescio della frase: « Se incontri uno che muore di fame, dagli un pesce, perché abbia tempo di imparare a pescare ». Non basta il « subito », l'intervento immediato, ma non basta nemmeno « preparare un futuro diverso », perché intanto i poveri muoiono di miseria.

Don Bosco e i suoi primi Salesiani si calamiteranno sul « subito », sul pronto intervento. Daranno ai giovani poveri catechismo, pane, istruzione professionale, mestiere protetto da un buon contratto di lavoro. E attenderanno che altri cattolici, in concorrenza con socialisti, comunisti, anarchici, preparino i piani per aggredire e trasformare lo Stato liberale, che ipocritamente « si astiene » dai conflitti di lavoro, cioè lascia che i potenti facciano i prepotenti, e che i deboli vengano schiacciati.

CAPITOLO SEDICESIMO

L'oratorio dei piccoli muratori

Sul pulpito di San Francesco un giovane prete predica con impegno. Presso un altare laterale, seduti sui gradini della balaustra, alcuni garzoni muratori dormono, uno appoggiato alla spalla dell'altro.

Don Bosco passa per la chiesa, tocca il primo sulla spalla. Tutti si svegliano imbarazzati. Lui sorride. Sottovoce domanda:

— Perché dormite?

— Non capiamo niente — borbotta il più grande.

— Tanto quel prete lì non parla mica per noi — aggiunge il suo vicino.

— Venite con me.

In punta di piedi li conduce in sacrestia. « Erano Carlo Buzzetti, Giovanni Gariboldi, Germano » ricordava con commozione don Bosco ai suoi primi Salesiani. Piccoli muratori lombardi che per trenta-quarant'anni gli sarebbero stati accanto, che tutti a Valdocco conoscevano. « Allora erano semplici garzoni, ora sono capimastri ».

In sacrestia arriva anche Bartolomeo e i suoi amici. Il numero s'ingrossa. Don Bosco li aiuta a pregare, fa una predichina tutta per loro, vivace, dialogata, effervescente di fatti e di notizie curiose. Poi prendono posto nei banchi per ascoltare la Messa di don Bosco.

Ma la mattinata è lunga, e dopo la Messa e la pagnotta della colazione i ragazzi hanno voglia di giocare. Le prime corse le fanno nel cortile del Convitto.

Immaginette ma anche pagnotte

Quando il tempo lo permette, nel pomeriggio porta i ragazzi a passeggio sulla collina, lungo i fiumi, ai santuari della Madonna.

Si propone, in quel primo inverno, di raccogliere soltanto i giovani « più pericolanti, e di preferenza quelli usciti dal carcere ». Ma nella sua vita, don Bosco non sarà mai capace di mandar via un ragazzo che chiede di stare con lui. E in brevissimo tempo la sua « truppa » ha la maggioranza formata da « scalpellini, muratori, stuccatori, selciatori che venivano da paesi lontani », e per varie ragioni nella stagione morta (dicembre-marzo) non hanno potuto tornare a casa.

Don Guala e don Cafasso si prestano a confessare i ragazzi, vengono a chiacchierare con loro, li aiutano anche.

Don Bosco scrive un po' impacciato: « Mi davano volentieri immagini, foglietti, libretti, medaglie ». Ma i suoi muratorini e i suoi ex-carcerati hanno bisogni più urgenti dei foglietti e delle medaglie. Lo fa presente, e « mi diedero mezzi per vestire alcuni che erano in maggior bisogno, diedero pane ad altri per più settimane, fino a tanto che col lavoro potessero guadagnarsene da sé ».

Cercare un lavoro per chi non ne ha, ottenere condizioni migliori per chi è già occupato, diventa un'occupazione fissa di don Bosco lungo la settimana. « Andavo a visitarli in mezzo ai loro lavori nelle officine, nei cantieri. Tal cosa produceva grande gioia ai miei giovanetti, che vedevano un amico prendersi cura di loro; faceva piacere anche ai padroni, che prendevano volentieri alle loro dipendenze giovani assistiti lungo la settimana e nei giorni festivi ».

Gli ex-carcerati erano il problema più delicato. Cercava di « collocarli a lavorare presso qualche onesto padrone uno per uno », li andava « a visitare lungo la settimana ». I risultati erano buoni: « Si davano a una vita onorata, dimenticavano il passato, diventavano buoni cristiani e onesti cittadini ».

Ogni sabato, don Bosco tornava nelle prigioni, a continuare il suo apostolato più difficile: « Mi recavo nelle carceri con le saccoccie piene ora di tabacco, ora di frutti, ora di pagnottelle. Sempre con lo scopo di far del bene ai giovani che per disgrazia erano finiti là dentro, rendermeli amici, e invogliarli a venire all'Oratorio quando fossero usciti dal luogo di punizione ».

Il ragazzino di Caronno

Primavera. I muratorini che sono tornati ai loro paesi durante la stagione morta, arrivano nuovamente in città. La truppa di don Bosco aumenta di domenica in domenica. Da Caronno Ghiringhello (oggi Caronno Varesino) è arrivato anche Giuseppe Buzzetti, il fratellino più piccolo di Carlo. Ha solo 10 anni. Si affeziona a don Bosco come un cucciolo. Non si staccherà mai più da lui.

Dalla primavera del 1842 all'alba del 31 gennaio 1888, quando don Bosco morirà, Giuseppe Buzzetti gli sarà sempre accanto, testimone calmo e tranquillo di tutta la vicenda umana e divina del prete « che gli vuole bene ». Molti avvenimenti della vita di don Bosco sarebbero ormai classificati « leggende », nel nostro tempo diffidente, se non fossero stati visti dagli occhi semplici del muratorino di Caronno, che era sempre lì, a due passi dal « suo » don Bosco.

« Se avessi soltanto un pezzo di pane »

Ciò che lega i ragazzi a don Bosco è la sua bontà cordiale, profonda. I ragazzi « sentono » questa bontà, e la vedono in atti concreti, in gesti toccanti. Ogni momento della giornata di don Bosco è a loro disposizione.

Se hanno bisogno di imparare a leggere, a fare le quattro operazioni, don Bosco trova le ore o le persone adatte per far loro scuola.

Se hanno un cattivo padrone o sono disoccupati, si dà da fare, mette in moto gli amici per trovare un posto, un padrone onesto.

Anche se hanno bisogno urgente di denaro, sanno che don Bosco è pronto a rovesciare il suo borsellino nelle loro mani.

Se la loro giornata è grigia, dura, gli dicono: « Venga a trovarmi », e lui va. Entra nell'officina, nei cantieri. Vederlo, parlargli, è un momento di sollievo.

Una delle frasi che molti si sentono dire (e che custodiranno nella memoria come un tesoro) è: « Ti voglio così bene, che se un giorno avessi soltanto più un pezzo di pane, lo farei a metà con te ».

Quando ha da rimproverare qualcuno, lo fa, ma non in presenza di altri, per non mortificarlo. Se fa una promessa, è pronto a buttarsi nel fuoco per mantenerla.

E i ragazzi gli vogliono bene, gli si affezionano in maniera totale. Incontrarsi con lui è un momento di festa.

In via Milano, presso Palazzo di Città, incontra un ragazzo che torna da fare la spesa. Ha le mani ingombre da una bottiglia d'olio e da un bicchiere d'aceto, ma appena vede don Bosco gli corre incontro gridando: « Buongiorno, don Bosco! ». L'olio e l'aceto sbandano pericolosamente nei recipienti.

Don Bosco ride nel vederlo felice, e scherza con lui: « Scommetto che non sei capace a fare come faccio io ». E si mette a battere le mani una contro l'altra. Il ragazzino, nella festa dell'incontro, non capisce lo scherzo. Mette la bottiglia scivolosa sotto il braccio e batte le mani come può gridando: « Viva don Bosco! ».

Bicchiere e bottiglia schizzano via e vanno in pezzi. Rimane mortificato:

— Povero me, a casa la mamma mi picchia...

— Stai tranquillo, è un male a cui rimediamo subito —. Entrano in una drogheria, e don Bosco compra olio e aceto.

« La presidenza al Papa, la spada a Carlo Alberto »

Nel 1843, a Bruxelles, l'esule piemontese Gioberti pubblica un libro che farà molto rumore, *Del Primato morale e civile degli Italiani*. In quelle pagine sono contenute le principali idee di quel riformismo moderato liberale che verrà chiamato « neoguelfismo ». La grandezza d'Italia — afferma Gioberti — è congiunta inseparabilmente con la grandezza del Papato. L'indipendenza dell'Italia, quindi, si dovrà realizzare mediante la federazione degli Stati italiani sotto la presidenza del Papa. « La presidenza al Papa, la spada a Carlo Alberto » diventerà la parola d'ordine dei neo-guelfi.

Carlo Alberto se ne compiace, ma tiene l'occhio sospettoso verso l'Austria.

« Avete una veste troppo leggera »

30 aprile 1842. A Chieri muore il canonico Cottolengo. Nella sua « Piccola Casa », i malati incurabili sono parecchie centinaia. Qualche anno prima, il ministro delle Finanze l'aveva mandato a chiamare.

— Lei è il direttore della Piccola Casa della Divina Provvidenza?

— No. Io sono un semplice manovale della Provvidenza.

— Sarà. Ma dove prende i mezzi per mantenere tutti quei malati?

— Gliel'ho già detto, dalla Provvidenza.

Quell'uomo, abituato a tenere i piedi saldamente per terra, ad esaminare entrate, uscite e bilanci, perse la pazienza:

— Ma il denaro, reverendo, i quattrini. Di dove li fa saltare fuori?

— E dagliela! Ma se gliel'ho già detto due volte. La Divina Provvidenza ci fornisce di tutto, non ci ha mai lasciato mancare niente. Io morirò, morirà anche lei, signor ministro, ma la Provvidenza continuerà a pensare ai poveri della Piccola Casa.

Fu realmente così. Alla sua morte gli successe il canonico Anglesio, e la Piccola Casa continuò tranquillamente la sua vita, tra il mercato generale della città e gli edifici della marchesa Barolo.

Don Bosco, in quei giorni, ricordò il suo primo incontro con il Cottolengo. Era arrivato da poco a Torino, ed era andato a visitare la Piccola Casa. Il canonico gli aveva chiesto il nome, la prove-

nienza, poi gli aveva detto con quel suo fare svagato e scherzoso:
— Avete la faccia da galantuomo. Venite a lavorare nella Piccola Casa. Il lavoro non vi mancherà.

Don Bosco vi si era recato molte volte, a confessare i malati, a passare qualche ora con i ragazzi invalidi. Un giorno il Cottolengo l'aveva ancora incontrato (era presente il giovane Domenico Bosso), gli aveva preso tra le dita un lembo della veste nera, e palpandola aveva detto:

— È troppo leggera. Procuratevene una molto più resistente, perché molti ragazzi si appenderanno a questa veste.

Parlava tranquillamente di Dio

Si appendevano sul serio. Man mano che i mesi passavano, i ragazzi dell'oratorio aumentavano. Avevano passato il numero di cento. Non avevano bisogno solanto di pane e di lavoro, ma di fede, che nutre anche quando il pane è scarso. E don Bosco, che non era un filantropo ma un prete, si preoccupava di farli incontrare con Dio.

« Era per me una cosa singolare — scrive — lungo la settimana e specialmente nei giorni festivi, vedere il mio confessionale attorniato da quaranta o cinquanta giovani, che attendevano anche lungo tempo per potersi confessare ».

Confessarsi non è una cosa facile per i ragazzi. Don Bosco li aiutava suggerendo delle norme semplicissime: « Se non sai come esprimerti, di' soltanto al confessore che ti aiuti. Il confessore ne sa abbastanza, ti farà alcune domande e tutto sarà aggiustato ».

Il coronamento naturale della confessione era la Comunione, alla quale molti dei suoi ragazzi si accostavano tutte le settimane.

Anche nella conversazione ordinaria, tra i giochi e le passeggiate, don Bosco parlava tranquillamente di Dio. Non faceva il minimo sforzo, con i suoi ragazzi, a scambiare battute allegre, raccontare barzellette, e parlare del Cielo. In un momento di grande gioia, guardava i suoi ragazzi e diceva:

— Che piacere quando saremo tutti in Paradiso!

Qualche volta si discuteva, e l'argomento magari scivolava sul bene, sul male, sulla vita, sull'aldilà. Qualcuno gli domandava:

— E io mi salverò? — E lui:

— Vorrei vedere che andassi all'inferno! Credi che il Signore abbia creato il Paradiso per lasciarlo vuoto? Certo, arrampicarsi lassù costa sacrificio, ma io voglio che lassù ci ritroviamo tutti. Che festa faremo!

CAPITOLO DICIASSETTESIMO

La marchesa e il padre piccolo

Estate 1844. I tre anni di Convitto per don Bosco sono trascorsi. Don Cafasso scende nella periferia di Valdocco e va a trovare il teologo Borel, direttore spirituale del Rifugio fondato dalla marchesa Barolo.

— Vorrei mandare qui da voi un bravo prete. Dovreste procurargli una stanza e uno stipendio.

— Ma qui non c'è nemmeno lavoro per me. Cosa posso fargli fare?

— Lasciatelo libero. Se vi preoccupa lo stipendio, lo pago io. Si chiama don Bosco, e al Convitto ha iniziato una specie di oratorio per ragazzi poveri. Se non gli troviamo un posto in città, l'Arcivescovo lo manderà viceparroco in qualche paese, e i ragazzi di quell' oratorio torneranno in mezzo alla strada. Sarebbe un vero peccato.

— Allora d'accordo. Ne parlo alla marchesa.

Don Cafasso torna al Convitto e dice a don Bosco:

— Fate fagotto e andate al Rifugio. Lavorerete accanto al teologo Borel, e avrete tempo per badare ai vostri ragazzi.

Il cilicio sotto le vesti raffinate

La marchesa Giulia Francesca di Colbert aveva in quel tempo un posto di primissimo piano nella società torinese. Fuggita dalla Francia durante la rivoluzione, aveva sposato il marchese Carlo Tancredi Falletti di Barolo, che nel 1825 era stato sindaco di Torino.

Il marchese era morto nel 1838 lasciandola senza figli e con un immenso patrimonio. La marchesa, 53 anni, indossò sotto le vesti raffinate il cilicio della penitenza, e si dedicò completamente ai poveri. «Devo scontare tutti i privilegi degli avi, devo saldare i debiti che hanno contratto con i miseri e con gli sfruttati», scrisse nelle sue *Memorie*.

Passò per molti mesi tre ore giornaliere nelle carceri delle donne. Sopportò insulti, umiliazioni, qualche volta fu picchiata, per aiutare e istruire quelle povere donne. Alla fine ottenne dalle autorità di separare le prigioni femminili da quelle maschili. Trasportò le prigioniere in un edificio più salubre, fatto preparare da lei.

Creò orfanotrofi e « famiglie » per ragazze operaie.

A Valdocco, accanto alla Piccola Casa del Cottolengo, costruì il *Rifugio,* per le donne di strada che volevano rifarsi una vita. Accanto, aprì la casa delle *Maddalenine,* per le ragazze pericolanti che avevano meno di quattordici anni.

In quel 1844 aveva fatto iniziare una terza costruzione, l'*Ospedaletto di Santa Filomena,* per le bambine ammalate o storpie.

Impegnata in prima persona tra queste opere di carità, non cessò di essere elegante, vivace. Nel suo salotto si davano convegno i più noti intellettuali del tempo. Silvio Pellico le faceva da segretario, e nel suo palazzo aveva scritto *Le mie Prigioni.* Camillo Cavour era suo amico e confidente.

Il teologo Borel si incontrò con la marchesa:

— Ho trovato il direttore spirituale per il vostro Ospedaletto. Si chiama don Bosco e viene dal Convitto.

— D'accordo, ma l'Ospedaletto è ancora in costruzione. Ne riparliamo fra sei mesi.

— No, signora marchesa. Don Bosco o si prende subito o verrà mandato altrove. Don Cafasso me l'ha raccomandato vivamente. Mi ha parlato di un oratorio fondato da questo prete. Dice che sarebbe un peccato lasciarlo andare in malora.

La marchesa volle altre informazioni. Poi, convinta, assegnò a don Bosco 600 lire come stipendio annuo e una stanza accanto a quella del Borel, nelle vicinanze del Rifugio.

Anche don Bosco, nel primo incontro che ebbe con la marchesa, volle informazioni e garanzie. Accettava di prestare il suo ministero nel Rifugio, ma chiedeva di non essere obbligato ad abbandonare i suoi ragazzi. Chiedeva pure che i ragazzi che avessero voluto avvicinarlo durante la settimana, potessero recarsi da lui liberamente.

La marchesa, che toccava ormai i 60 anni ma conservava intatto il suo temperamento energico e schietto, fu contenta di quella franchezza. Concesse al giovane prete di radunare il suo oratorio nella fascia di terreno che costeggiava l'Ospedaletto in costruzione. Appena possibile gli avrebbe pure lasciato disporre, all'interno dell'edificio, di due camere: poteva attrezzarle come cappella.

La sistemazione c'era, ma era piuttosto approssimativa.

Gli agnelli si mutavano in pastori

12 ottobre 1844, sabato. Don Bosco è pensieroso. Il giorno dopo dovrà comunicare ai suoi ragazzi che l'oratorio si trasferisce nella periferia di Valdocco. « Ma l'incertezza del luogo, dei mezzi, delle persone mi lasciavano col cuore inquieto — scrive —. In quella notte feci un nuovo sogno, che mi parve un'appendice di quello fatto ai Becchi, a nove anni ».

Vede ancora l'esercito di lupi. Vuole fuggire. Ma « una signora a foggia di pastorella mi fe' cenno di accompagnare quel gregge strano, mentre ella precedeva. Facemmo tre fermate. Ad ogni fermata molti di quegli animali si cangiavano in agnelli. Oppresso dalla stanchezza volevo sedermi, ma la pastorella mi invitò a continuare il cammino. Ed eccoci in un vasto cortile, con porticato intorno, e all'estremità una chiesa. Il numero degli agnelli divenne grandissimo. Sopraggiunsero parecchi pastori per custodirli. Ma si fermavano poco. Allora successe una meraviglia. Molti agnelli si mutavano in pastorelli, che si prendevano cura degli altri. La pastorella mi invitò a guardare a mezzodì. Guardando vidi un campo... " Guarda un'altra volta " mi disse... Vidi una stupenda ed alta chiesa... Nell'interno di quella chiesa era una fascia bianca, su cui a caratteri cubitali era scritto: *Hic domus mea, inde gloria mea* (Qui è la mia casa, di qui uscirà la mia gloria) ».

Dopo altre dieci righe, don Bosco conclude: « Ci credevo poco. Ma capii le cose man mano che si verificarono. Anzi, questo sogno mi servì di programma nelle mie decisioni ».

« Dov'è don Bosco? Dov'è l'oratorio? »

13 ottobre, domenica. Don Bosco annuncia ai suoi ragazzi il trasferimento dell'oratorio presso il Rifugio. C'è un certo turbamento. Allora don Bosco azzarda, dà per scontato ciò che ha visto solo in sogno, e annuncia allegro che « colà ci attendeva un vasto locale tutto per noi, per cantare, correre, saltare. Ne ebbero piacere. Ognuno attendeva impaziente di vedere le novità ».

20 ottobre, domenica. Gruppi di ragazzi passano la cinta daziaria, scendono verso la zona bassa di Valdocco. Fino alla riva destra della Dora è una distesa di prati e di campi, con casolari sparsi. La Piccola Casa del Cottolengo, il Rifugio della Barolo sono vicini a osterie e case rustiche, dove la gente vive tranquilla. I ragazzi non sanno dove andare, si mettono a bussare alle porte, a gridare:

— Don Bosco! Dov'è don Bosco? Dov'è l'oratorio?

La gente, che vede spesso da quelle parti bande di ragazzacci, pensa a un brutto scherzo, alza la voce:

— Macché oratorio, macché don Bosco! Via di qui! Alzate i tacchi o vi faremo correre con i forconi!

« Udendo gli schiamazzi, insieme al teologo Borel uscii di casa. Cessò ogni schiamazzo, ci corsero incontro ».

Posto per giocare e correre ce n'era da vendere. Ma un luogo raccolto per pregare, per confessare, per dire la Messa, non c'era proprio.

— Il vasto locale che vi ho promesso non è ancora ultimato. Ma chi vuole, può salire in camera mia e in quella del teologo Borel.

Il risultato, per quella e per le altre domeniche fino a dicembre, fu quello delle acciughe nel barile. « Camera, corridoio, scala, tutto era ingombro di ragazzi. A confessare eravamo in due, ma quelli che volevano confessarsi erano duecento ». E chi tiene fermi, mentre aspettano, duecento ragazzi?

« Uno voleva accendere il fuoco, un altro spegnerlo. Uno metteva a posto la legna, un altro rovesciava l'acqua. Secchia, molle, paletta, brocca, catinella, sedie, scarpe, libri, tutto era sottosopra, perché tutti volevano mettere in ordine ».

C'è un po' di gioiosa esagerazione in queste righe di don Bosco, ma chi è vissuto a lungo tra i ragazzi sa che non c'è « molta » esagerazione.

Sei domeniche così, con duecento giovani che a metà mattina s'incolonnano dietro don Bosco, come un piccolo esercito, per andare a Messa al Monte dei Cappuccini, o alla Consolata, o a Sassi.

Sovente li accompagna il teologo Borel, prete semplice e popolare, che la gente chiama per la sua statura « il padre piccolo ». È un lavoratore instancabile. Ha preso sotto la sua ala il giovane don Bosco, e lo aiuta con un'amicizia affettuosa, spesso con il denaro della sua borsa.

Le prediche del « padre piccolo » sono graditissime ai ragazzi, perché sono snocciolate nel dialetto saporito di Porta Palazzo, condite di proverbi, frizzi, frasi argute. Qualcuno ha detto a don Borel che bisognerebbe predicare in maniera più decorosa, e lui ha risposto: « Il mondo è goffo, e quindi bisogna predicare goffamente ».

I fiocchi di neve crepitavano nel braciere

8 dicembre. Le due camere attrezzate a cappella sono finalmente pronte. È tempo, perché dalla notte sta nevicando in maniera impressionante.

Al mattino la neve è alta, e fa molto freddo. Viene portato in cappella un grosso braciere. Giuseppe Buzzetti ricordava che, passando all'aperto, i fiocchi di neve vi cadevano dentro crepitando.

I ragazzi vengono lo stesso. Trovano un piccolo altare, un piccolo tabernacolo, alcune panche. « Si celebrò la Messa — scrive con semplicità don Bosco —, parecchi giovani fecero la loro confessione e Comunione, e io piansi, perché l'oratorio mi sembrava ormai stabile ».

Si sbaglia. Dovrà piangere ancora una volta, non di gioia ma di tristezza, prima di trovare il luogo stabile e definitivo per l'oratorio.

Ma da questo 8 dicembre 1844, qualcosa di definitivo l'oratorio di don Bosco l'acquista: il nome. Si chiamerà « di san Francesco di Sales ». I motivi li ricorda don Bosco stesso: « Perché la marchesa aveva fatto eseguire il dipinto di questo Santo nell'entrata del locale. E perché quel nostro ministero esigeva grande calma e dolcezza: ci eravamo perciò messi sotto la protezione di san Francesco di Sales perché ci ottenesse la sua straordinaria mansuetudine ».

Per alimentare l'allegria dei suoi ragazzi, don Bosco compra bocce, piastrelle, stampelle (non era ancora stato inventato il pallone!). Continua ad aiutare i più poveri con cibo, abiti, scarpe.

Ora che ha una stanza, pensa di dare un po' di istruzione ai più intelligenti di quei ragazzi. La sera, rubando un paio di ore al sonno, vengono da lui a gruppetti, col viso nero di fuliggine o bianco di calce, con la mantellina sulle spalle per difendersi dal gran freddo, lieti di avere un po' di scuola.

Ma per libri, abiti, strumenti da gioco, ci vogliono soldi. Don Bosco si sente timido e impacciato. Gli ripugna presentarsi a una famiglia signorile per chiedere l'elemosina. È don Borel che lo spinge:

— Se vuoi bene sul serio ai tuoi ragazzi, devi fare anche questo sacrificio.

E don Bosco lo fa. La prima famiglia ricca alla quale si rivolge (è stata preparata da don Borel) è quella del cavalier Gonella. Don Bosco si sente avvampare le guance quando tende le mani per ricevere le prime trecento lire.

Quarantadue anni dopo, quando pregherà un direttore salesiano di andare a ritirare un'elemosina e si sentirà rispondere che « gli manca la franchezza di don Bosco », si farà serio e dirà:

— Tu non sai quanto mi è costato chiedere la carità.

Non perderà mai questo impaccio, ma neppure rinuncerà mai

alla sua dignità. Né timido né grossolano. Le famiglie signorili diranno di lui:

— Sembrava che entrasse in casa un angelo.

Fallimento a S. Pietro in Vincoli

Quaresima 1845. Per il catechismo quotidiano (allora prescritto per tutti i ragazzi in quaresima e in avvento), le classi più grandi degli oratoriani si radunarono in S. Pietro in Vincoli. Era così chiamata una chiesa dedicata al Crocifisso, con accanto un cimitero in cui da dieci anni non si seppelliva più nessuno. Il cimitero (visibile ancora oggi nella zona di Valdocco) aveva un atrio, un ampio cortile, ed era circondato da portici.

Le riunioni per il catechismo si svolsero molto bene, e il cappellano del cimitero, don Tesio, era suo amico. Poiché l'Ospedaletto per le ragazze era praticamente finito e il suo oratorio doveva cercare un'altra sede, in maggio don Bosco chiese a don Tesio di trapiantare tutto l'oratorio nella chiesa e nel cortile di S. Pietro in Vincoli.

Domenica 25 maggio don Tesio doveva assentarsi da Torino, e gli rispose:

— Vieni con i tuoi ragazzi per il 25. Così mi sostituisci per la Messa.

Il cappellano commise probabilmente due errori. Credeva che l'oratorio di don Bosco fosse formato solo da quei pochi ragazzi che aveva visto attenti e composti durante il catechismo quaresimale. Credeva inoltre che (come si stava verificando in altre opere per ragazzi) dopo la Messa e le funzioni di chiesa, i ragazzi se ne sarebbero tornati a casa loro, dopo aver magari consumato un panino nel cortile.

Le cose andarono ben diversamente. La donna di servizio del cappellano vide arrivare una truppa enorme di ragazzi, che affollarono tutta la chiesa. Dopo la Messa, tutti quei ragazzi afferrarono al volo la pagnotta della colazione e si scatenarono rumorosamente nel cortile e sotto i porticati. La donna (che sotto i portici allevava alcune galline) restò allibita, e subito dopo andò sulle furie. Si mise a gridare, a rincorrere, a menare il manico della scopa, mentre le sue galline, spaventatissime, fuggivano rincorse dai ragazzi.

Nel suo inseguire, giunse vicino a don Bosco, e coprì anche lui di ingiurie. « Profanatore di luoghi sacri » fu forse la cosa più gentile che quella donna riuscì a dire.

Don Bosco capì che la cosa migliore era andarsene. « Ho giudicato di far cessare la ricreazione. Ce ne partimmo con la speranza di ritrovarci con maggior quiete la domenica seguente ».

Un incidente banale, se non ci fosse una circostanza impressionante. Don Rua, al « processo informativo » su don Bosco, depose sotto giuramento: « Mi raccontava tanti anni dopo un certo Melanotte di Lanzo, il quale si trovava presente a quella scena, che don Bosco senza scomporsi né adirarsi a quelle ingiurie, si volse ai ragazzi e disse: " Poveretta! Ci ordina di andarcene, e lei stessa un'altra festa sarà già in sepoltura " ».

Quando don Tesio tornò, la donna gli fece una relazione così catastrofica delle cose, che il cappellano (forse non osando ritirare di persona la parola data a don Bosco) scrisse al Municipio perché proibisse ogni ricreazione all'interno del cimitero.

« Rincresce dirlo — scrive rammaricato don Bosco — ma quella fu l'ultima lettera di don Tesio ». Nella settimana morirono improvvisamente sia lui sia la sua donna di servizio.

CAPITOLO DICIOTTESIMO

L'oratorio migrante

Dopo l'infelice esperimento di S. Pietro in Vincoli, l'oratorio tornò a riunirsi al Rifugio. La marchesa non disse nemmeno una parola in contrario. Ricordò tuttavia a don Bosco che il 10 agosto l'Ospedaletto sarebbe stato inaugurato. Da quel giorno, evidentemente, i suoi ragazzi avrebbero trovato le porte chiuse.

12 luglio 1845. Dal Municipio giunge a don Bosco una lettera. Per raccomandazione dell'Arcivescovo, gli viene concesso di « potersi servire della cappella dei *Molini di città* per catechizzare i ragazzi, dal mezzogiorno fino alle ore tre del pomeriggio ».

Una chiesa per tre ore pomeridiane di ogni domenica. Non era il Palazzo Reale, ma era sempre qualcosa per sopravvivere. « Prendemmo panche, inginocchiatoi, candelieri, alcune sedie, quadri e quadretti — ricordava don Bosco —, e ciascuno portando quell' oggetto di cui era capace, a guisa di popolare emigrazione, siamo andati a stabilire il nostro quartiere generale nel luogo sopra indicato ».

I Molini di città, chiamati dalla gente « Molassi », erano situati nella grande piazza Emanuele Filiberto (Porta Palazzo), sulla destra per chi scende verso la Dora. Ancora oggi questa vasta piazza è la sede del mercato variopinto e quotidiano della città, con file pigiate di bancherelle.

Una lettera con accuse gravi

Don Bosco non era contento di questa nuova sistemazione, e non lo erano nemmeno i ragazzi. Dovevano giocare sulla strada o sulla piazzetta davanti alla chiesa, dove passavano carri e cavalli.

Don Bosco aveva affittato una stanza al piano terreno dell'edificio, e dentro s'ingegnava a far catechismo e scuola.

Alcune domeniche dopo cominciarono le grane.

Dalla segreteria dei Molini partì per il Municipio una lettera con un elenco di accuse gravi: i ragazzi arrecavano seri guasti alla chiesa, agli edifici, erano una « radunanza che poteva essere usata per una rivoluzione » (accusa assai pericolosa per quel tempo), e costituivano « un semenzaio di immoralità ».

Per ordine del sindaco, giunse una commissione a vedere cosa succedeva. Trovò cose normali: i ragazzi facevano chiasso, un muro era stato rigato dalla punta di un chiodo. Nessuna rivoluzione e nessuna immoralità. Unico elemento di rilievo (era questa la causa vera della lettera): l'irritazione degli inquilini delle case intorno. I canti, gli schiamazzi, le partite rumorose rovinavano la tranquillità domenicale.

Don Bosco fu assai addolorato delle calunnie (che lasciano sempre il segno), molto meno delle decisioni che gli vennero comunicate. Il Municipio non ritirava il permesso dato, ma con il primo gennaio non avrebbe rinnovato la concessione. La lettera ufficiale di disdetta gli sarebbe stata inviata in novembre. Frattanto, cercasse di « essere ragionevole ».

Don Bosco cercò di esserlo. Da quel momento la chiesa dei Molini gli servì soltanto come punto di raduno. Conduceva i suoi ragazzi a giocare nei prati incolti lungo la Dora. Per pregare andavano alla Madonna del Pilone, a Sassi, alla Madonna di Campagna. « In queste chiese — scrive — celebravo la Messa, spiegavo il Vangelo. Alla sera facevo un po' di catechismo, qualche racconto, cantavamo alcune lodi. Quindi giri e passeggiate fino all'ora di fare ritorno alle famiglie. Sembrava che questa critica posizione dovesse mandare in fumo ogni idea di oratorio, e invece aumentò in modo straordinario i ragazzi ».

« Prendi, Michelino, prendi »

Presso i Molini di città, in settembre, don Bosco fece uno degli incontri fondamentali della sua vita. I ragazzi si spingevano davanti a lui per ricevere una medaglia. In disparte c'era un ragazzetto pallido, 8 anni e una larga fascia nera al braccio sinistro. Da due mesi gli era morto il papà. Non gli andava di ficcarsi nel mucchio, di spingere per farsi largo. Le medaglie finirono, e lui rimase senza.

Allora don Bosco si avvicinò, e sorridendo gli disse:

— Prendi, Michelino, prendi.

Prendere che cosa? Quel prete strano, che vedeva quel giorno per la prima volta, non gli dava niente. Soltanto gli tendeva la mano sinistra, e con la destra faceva finta di tagliarla in due. Il ragazzetto alzò gli occhi interrogativi. E il prete gli disse:

— Noi due faremo tutto a metà.

Che cosa vide don Bosco in quel momento? Non lo disse mai, ma quel ragazzo diventerà il suo braccio destro, il suo primo successore a capo della Congregazione Salesiana.

Si chiamava Michele Rua, e non capì quella frase, né allora né per molti anni in seguito. Ma si affezionò a don Bosco, quel prete accanto al quale ci si sentiva allegri e come pieni di calore.

Abitava alla *Regia Fabbrica d'Armi,* Michelino, dove suo papà era stato impiegato. Quattro dei suoi fratelli erano morti giovanissimi, e lui era molto gracile. Per questo sua madre non lo lasciava andare molte volte all'oratorio. Ma incontrò ugualmente don Bosco dai Fratelli delle Scuole Cristiane, dove andò a frequentare la terza elementare. Racconterà:

« Quando don Bosco veniva a dirci la Messa e a predicare, appena entrava in cappella pareva che una corrente elettrica passasse per tutti quei numerosi fanciulli. Saltavamo in piedi, uscivamo dai nostri posti, ci stringevamo attorno a lui. Ci voleva un gran tempo perché egli potesse arrivare in sacrestia. I buoni Fratelli non potevano impedire quell'apparente disordine. Quando venivano altri preti non capitava niente di simile ».

Libri strappati al sonno

In ottobre c'è un avvenimento importante. Viene pubblicata la *Storia Ecclesiastica ad uso delle scuole.* È il primo dei libri scolastici che don Bosco scrive per i suoi ragazzi. Lo ha strappato al sonno, alla luce della lampada a petrolio, appuntandolo in fretta con una scrittura impossibile. La *Storia Ecclesiastica* non è un'opera « scientifica »: nessuno dei libri di don Bosco lo sarà. È invece popolare, adatta alla mente semplice e alla cultura modesta dei suoi ragazzi. Parla dei Papi, dei fatti più luminosi della Chiesa, traccia il profilo dei Santi, descrive le opere di carità che nel popolo di Dio fiorirono in ogni tempo.

Ad essa seguiranno la *Storia Sacra* (1847), il *Sistema metrico decimale* (1849), la *Storia d'Italia* (1855).

Accanto ai libri scolastici, don Bosco troverà il tempo di scrivere moltissimi altri libri e fascicoli: vite di santi, libri di lettura divertente, manuali di preghiere e di istruzione religiosa. Ognuno sarà non un capolavoro, ma un atto di amore per i suoi ragazzi, per la gente semplice, per la Chiesa. E parecchi saranno per lui fonte di guai: arriveranno a prenderlo a bastonate per fargli smettere di scrivere.

Tre stanze in casa Moretta

In novembre arrivò la lettera municipale, e arrivò anche la brutta stagione. « Il clima — scrive — non era più adatto alle passeggiate e alle camminate fuori città. D'accordo col teologo Borel abbiamo preso in affitto tre stanze nella casa di don Moretta ».

Ora questa casa non c'è più. L'ultimo suo muro è stato inglobato nella chiesa succursale della parrocchia di Maria Ausiliatrice, sulla destra di chi scende verso la grande basilica.

Nelle tre stanze di casa Moretta « passammo quattro mesi, allo stretto ma contenti di poter almeno raccogliere i ragazzi, istruirli, dar la comodità di confessarsi ».

Don Bosco ricordava sorridendo che in quelle stanze fu costretto a trasgredire il secondo dei suoi lontani propositi di seminario: per divertire i ragazzi in un luogo così stretto, riprese a fare i giochi di prestigio. Non smise più, perché i risultati furono favolosi.

Cominciò pure, con l'aiuto del teologo Carpano, un corso regolare di scuole serali, ben diverso dalle ripetizioni volanti che aveva dato fino a quel momento.

Nubi nere sull'oratorio

Dicembre. La salute di don Bosco ha un abbassamento preoccupante. È cappellano dell'Ospedaletto, dove sono ricoverate ragazze malate dai 3 ai 12 anni. È impegnato nelle carceri, nel Cottolengo, negli istituti educativi della città. Lavora nel suo oratorio, fa scuola serale, va a trovare i ragazzi sul posto di lavoro. E l'inverno 1845-46 si annuncia freddissimo.

L'inverno a Torino arriva tardi, magari, ma getta nelle vie strette spessi e grigi nevai, che forniscono alla città mesi di freddo continuo e deprimente.

I polmoni di don Bosco, in quei mesi, dimostrano una preoccupante fragilità. Il teologo Borel se ne accorge e ne avverte la marchesa Barolo. Essa dà a don Bosco cento lire per l'oratorio, e l'ordine di « cessare da ogni occupazione sino al perfetto ristabilimento ».

Don Bosco obbedisce troncando ogni impegno, eccetto quello dei suoi ragazzi. Il vantaggio che ne ricava non è consistente, e presto dovrà rendersene conto.

Ma la preoccupazione della salute è poca cosa, per ora, di fronte alle nubi nere che cominciano ad addensarsi sull'oratorio. Scrive con amarezza: « Fu in questo tempo che si diffusero alcune voci assai strane. Alcuni chiamavano don Bosco rivoluzionario, altri lo volevano pazzo ».

Impiccagione ad Alessandria

In quel 1846, un giovane di 22 anni che don Bosco si era fatto amico nelle carceri, fu condannato a morte insieme con suo padre. L'esecuzione sarebbe avvenuta ad Alessandria. Quando don Bosco, angosciato, andò a trovarlo, il giovane si mise a piangere, e lo pregò di accompagnarlo nell'ultimo viaggio. Don Bosco si sentì mancare il coraggio, non ebbe la forza di promettere.

I condannati furono fatti partire.

Don Cafasso doveva raggiungerli con la carrozza postale per assisterli nelle ultime ore. Appena seppe che don Bosco aveva rifiutato, lo fece chiamare e lo sgridò:

— Ma non capite che è una crudeltà? Preparatevi, partiamo insieme per Alessandria.

— Non ce la farò mai a sopportare quello spettacolo.

— Sbrigatevi, che il postale non ci aspetta.

Arrivarono ad Alessandria la vigilia dell'esecuzione. Il giovane, visto don Bosco entrare nella sua cella, gli gettò le braccia al collo scoppiando a piangere. Don Bosco pianse anche lui. Passarono insieme l'ultima notte pregando e parlando di Dio.

Alle due del mattino gli diede l'assoluzione, celebrò per lui la Messa nella cella, gli diede la Comunione e fecero insieme il ringraziamento.

La campana del duomo diede i tocchi dell'agonia. La porta della cella si aprì, entrarono i gendarmi e il carnefice, che (come sempre avveniva) si inginocchiò a domandargli perdono. Poi gli legò le mani e gli passò il laccio al collo.

Pochi minuti dopo, dal portone del carcere uscì il carro con il condannato. Accanto a lui don Bosco. Subito dietro veniva il carro con il padre, assistito da don Cafasso. Molta gente affollava silenziosa le strade.

Quando in fondo apparve il palco con le forche preparate, don Bosco impallidì e svenne. Don Cafasso, che lo teneva d'occhio, fu lesto a far fermare i carri e a farlo scendere.

Il tragico corteo arrivò al palco, e l'esecuzione fu compiuta. Quando don Bosco rinvenne tutto era finito. Rimase profondamente mortificato. Mormorò a don Cafasso:

— Mi dispiace per quel giovane. Aveva tanta fiducia in me...
— Hai fatto quello che hai potuto. Il resto lascialo fare a Dio.

Ancora sfrattati

Marzo 1846. Don Moretta, un bravo sacerdote, si reca da don Bosco.

— Non avertela a male, don Giovanni, ma non posso rinnovarti l'affitto delle tre stanze.

— E perché?

— Guarda.

Aveva in mano un fascio di lettere. « Gli inquilini — scrive don Bosco — sbalorditi dagli schiamazzi, dal continuo rumore dell'andare e venire dei miei ragazzi, dichiaravano che se ne sarebbero andati tutti se non cessavamo immediatamente le nostre riunioni ».

Ebbe un impulso di ribellione. Possibile che nessuno potesse sopportare i giovani? Quegli adulti non erano stati ragazzi anche loro? Tuttavia batté una mano sulla spalla dell'amico don Moretta:

— Stai tranquillo, ce ne andiamo.

Non sapeva dove, ma fortunatamente stava arrivando la primavera, e non era più urgente stare al coperto.

CAPITOLO DICIANNOVESIMO

Agonia sul prato, risurrezione sotto la tettoia

Riuscì ad affittare un prato circondato da una siepe. Non era lontano da casa Moretta, per andarci bastavano cinquanta passi.

Chi cammina oggi per via Maria Ausiliatrice, sulla destra, prima di incrociare via Cigna, vede un grande caseggiato che occupa una striscia di terreno accanto all'Editrice SEI. Lì era il prato dei fratelli Filippi.

C'era una specie di capannone nel mezzo, dove si custodivano gli attrezzi dei giochi. Attorno, ogni domenica si rincorrevano e si sbizzarrivano trecento ragazzi. In un angolo, seduto su una panca, don Bosco confessava.

Verso le dieci rullava un tamburo militare, e i giovani si incolonnavano. Poi squillava una tromba e si partiva: verso la Consolata, o il Monte dei Cappuccini. Là don Bosco diceva la Messa, distribuiva la Comunione, e poi la colazione.

Un ragazzo appena arrivato dal paese, Paolo C., garzone muratore, un giorno si unì alla turba dei ragazzi che andavano al Monte dei Cappuccini. Ecco il suo racconto:

« Venne celebrata la Messa, molti fecero la santa Comunione, poi andarono tutti nel cortile del convento per fare la colazione. Credetti di non averne diritto, e mi ritirai aspettando di unirmi a loro nel ritorno. Ma don Bosco mi vide e mi avvicinò:

— Come ti chiami?

— Paolino.

— Hai preso la colazione?

— No, signore, perché non mi sono confessato né comunicato.

— Ma non occorre né confessarsi né comunicarsi per avere la colazione.

— Che cosa occorre?

— Avere appetito —. Mi portò vicino al cesto e mi diede in abbondanza pane e frutta. Discesi con lui, e nel prato giocai fino a notte.

Da quel momento, per molti anni, non abbandonai l'oratorio e il caro don Bosco, che mi fece tanto del bene ».

Una sera di festa, mentre i ragazzi giocavano, don Bosco vide al di là della siepe un ragazzo sui 15 anni. Lo chiamò:

— Vieni dentro. Da dove vieni? Come ti chiami?

— Il ragazzo non rispondeva. E don Bosco:

— Ma cos'hai? Ti senti male?

Esitò ancora. Poi, quasi schiodando le labbra, disse solo:

— Ho fame.

Il cesto era vuoto. Don Bosco mandò a prendere del pane da una famiglia vicina, e lo lasciò mangiare in pace. Poi fu il ragazzo stesso a parlare, come per togliersi un peso dal cuore:

— Faccio il sellaio, ma il padrone mi ha licenziato perché non so lavorare bene. La mia famiglia è rimasta al paese. Stanotte ho dormito sui gradini del duomo, e stamattina per la fame volevo rubare. Però avevo paura. Ho provato a chiedere l'elemosina, ma mi dicevano: « Sano e robusto come sei, vai a lavorare ». Poi ho sentito gridare dei ragazzi qui, e mi sono avvicinato.

— Senti, per stasera e stanotte ci penserò io. Domani andiamo da un bravo padrone, e vedrai che ti prenderà. Se poi vuoi venire ancora qui nei giorni di festa, mi farai un piacere.

— Ci verrò volentieri.

Nei mesi di prato Filippi, le « voci strane » che si diffondevano su don Bosco si condensarono in tre seri pericoli: opposizione dell' autorità civile, convinzione che don Bosco fosse un pazzo (con conseguente abbandono dei principali collaboratori), prospettiva di chiudere tutto in seguito ad un ultimo licenziamento.

Il marchese e le guardie

Quelli erano anni di rivoluzioni, e trecento giovani che entravano per la porta della città incolonnati a suono di tromba e di tamburo impensierivano il capo della polizia. « Non si trattava di soli fanciulli — scrive don Lemoyne — ma anche di giovanotti robusti, audaci, che non mancavano di portare con sé l'indivisibile coltello ».

Il marchese Michele di Cavour (padre di Camillo e di Gustavo), vicario della città e quindi capo della polizia, fece chiamare don Bosco. Il colloquio si mosse dapprima con accenni diplomatici, poi venne ai ferri corti. Don Bosco si sentì imporre bruscamente di limitare il numero dei giovani, di evitare di farli entrare incolonnati in città, di escludere i più grandi come i più pericolosi. Rifiutò. Allora Cavour si mise a gridare:

— Ma cosa importa a lei di questi mascalzoni? Li lasci nelle loro case. Non si prenda di queste responsabilità, o saranno guai per tutti!

— Io insegno catechismo a dei poveri ragazzi — rispose tenace don Bosco — e questo non può portare guai a nessuno. Del resto, faccio tutto con il permesso dell'Arcivescovo.

— L'Arcivescovo sa queste cose? Ma bene! Allora parlerò io con Fransoni, e sarà lui a troncare queste sciocchezze.

Monsignor Fransoni non troncò niente, anzi difese don Bosco.

Da quel giorno, ai margini del prato dove i ragazzi giocavano, cominciarono a far la ronda le guardie della questura. Don Bosco ci scherzava su, ma cominciò a vivere sulle spine: se avessero pescato una minima irregolarità, per il suo oratorio era finita. Cavour era una potenza.

Don Bosco è pazzo?

Senza volerlo, fu don Bosco stesso a fornire il pretesto perché si diffondesse la voce che era diventato matto. Per confortare i suoi ragazzi mentre dovevano trasbordare da un cimitero a un mulino, da una casupola a un prato, don Bosco cominciò a raccontare i suoi sogni.

Parlava di un oratorio vasto e spazioso, di chiese, case, scuole, laboratori, ragazzi a migliaia, preti a loro totale disposizione. Tutte cose che facevano a pugni con la realtà precaria di ogni giorno.

I ragazzi sono le uniche persone capaci di sognare a occhi aperti, e a don Bosco credevano. Ripetevano a casa, sul posto di lavoro, i racconti di don Bosco. Naturale che la gente comune dicesse: « Poveretto, dev'essergli venuta una fissazione. In mezzo a quello schiamazzo continuo, finirà al manicomio ».

Non era una malignità messa in giro da qualcuno, ma una voce diffusa. Ricordava Michele Rua: « Avevo appena servita Messa alla Fabbrica d'Armi e mi preparavo ad uscire, quando il cappellano mi domandò: " Dove vai? ". " Da don Bosco, è domenica ". " Non lo sai? È ammalato, di una malattia che difficilmente guarisce ". La notizia mi andò dritta al cuore, procurandomi una pena indicibile. Se avessi sentito che era ammalato mio padre, non avrei provato pena più grande. Corsi all'oratorio, ma con meraviglia trovai don Bosco sorridente come le altre volte. " Si è tanto infatuato dei giovani che gli ha dato di volta il cervello ": era questa la malattia di cui si andava dicendo in quei giorni a Torino ».

Don Borel, il collaboratore e amico fraterno, cercò di impedire a don Bosco di raccontare i suoi sogni:

— Tu parli di una chiesa, di una casa, di un recinto per la ricreazione. Ma dove sono queste cose?

— Non lo so, ma esistono, perché io le vedo — mormorò don Bosco.

Un giorno, in camera sua, dopo un inutile tentativo di « farlo ragionare », don Borel scoppiò a piangere. Uscì dicendo: « Povero mio don Bosco, è proprio andato ».

Pare che anche la Curia abbia mandato un osservatore a verificare il grado di equilibrio di don Bosco. A questo punto, due suoi cari amici, don Vincenzo Ponzati e don Luigi Nasi, si misero d'accordo per tirare fuori don Bosco da quella situazione penosa.

Probabilmente combinarono per una visita medica e un esame accurato presso l'ospedale psichiatrico, a cui avrebbe potuto seguire la cura necessaria (nella situazione medica di allora: molto simile a quella che oggi si pratica ancora nei villaggi interni dell'Africa).

Una sera don Bosco stava facendo catechismo ad alcuni ragazzi, quando arrivò una carrozza chiusa. Scesero don Ponzati e don Nasi, e lo invitarono a fare con loro una passeggiata.

— Sei stanco. Un po' d'aria ti farà bene.

— Volentieri. Prendo il cappello e sono con voi.

Uno dei due amici apre lo sportello:

— Sali —. Ma don Bosco ha ormai fiutato la trappola:

— Dopo di voi, grazie.

Dopo qualche insistenza, per non guastare la faccenda, i due accettano di salire per primi. Ma appena dentro, con mossa rapida, don Bosco chiude lo sportello e ordina al cocchiere:

— Al manicomio, presto! Questi due vi sono aspettati.

Il manicomio, o ospedale psichiatrico, era poco distante. Gli infermieri, avvisati, aspettavano un prete. Ne videro arrivare due, piuttosto agitati. Li immobilizzarono. Dovette intervenire il cappellano del manicomio per liberare i malcapitati.

Lo scherzo era stato pesante, a pensarci bene più da parte di don Bosco che da parte dei suoi due amici. Don Ponzati e don Nasi, lì per lì, ne furono seccatissimi. Più tardi, tornarono ad essere amici di don Bosco. Don Nasi, specialmente, diventerà l'animatore della musica nell'oratorio.

Intanto, però, don Bosco viene abbandonato da tutti. Scrive con amarezza: « Tutti si tenevano lontani da me. I miei collaboratori mi lasciarono solo in mezzo a circa quattrocento ragazzi ».

È il momento in cui il « buon senso » crolla, si arrende. In don Bosco o c'è il santo o c'è il pazzo. Difficile indovinare. È la ripetizione variata del momento in cui Francesco d'Assisi ha gettato i vestiti in faccia a suo padre, e se n'è andato nudo dicendo: « Ora posso dire *Padre nostro che sei nei cieli* »; del momento in cui il Cottolengo ha buttato gli ultimi soldi dalla finestra dicendo soddisfatto: « Ora si vedrà se la Piccola Casa è opera mia o opera di Dio ». Chi può accusare dei piccoli uomini, afferrati alla prudenza e al buon senso, di averli creduti pazzi?

Agonia sul prato

In quei giorni, sul prato, arrivarono i padroni (li aveva mandati il marchese?). Si curvarono sulle zolle calpestate senza pietà da ottocento zoccoli e scarponi. Chiamarono don Bosco:

— Ma qui si fa un deserto!

— Di questo passo il nostro prato diventerà una strada in terra battuta.

— Abbia pazienza, caro abate, ma così non si può continuare. La dispensiamo dal pagare il fitto, ma dobbiamo licenziarla.

Gli diedero quindici giorni di tempo per sgombrare.

Per don Bosco fu un colpo di fulmine. Alle vicende umilianti di quei giorni, si aggiungeva la preoccupazione di trovare subito un altro prato. Questa volta però non trovò niente: chi affitta a un pazzo?

Il 5 aprile 1846, ultima domenica nel prato Filippi, fu per don Bosco uno dei giorni più amari della vita.

Andò con i ragazzi alla Madonna di Campagna. Durante la Messa parlò, ma non se la sentì di fare battute allegre. Disse che li guardava come si guardano gli uccelli a cui qualcuno vuole distruggere il nido. Li invitò a pregare la Madonna: nonostante tutto, erano nelle sue mani.

A mezzogiorno fece un estremo tentativo dai Filippi. Non ottenne niente. Doveva proprio dare addio ai suoi ragazzi?

« In sulla sera di quel giorno — scrisse — rimirai la moltitudine dei ragazzi che giocavano. Ero solo, sfinito di forze, la salute malandata. Ritiratomi in disparte, mi posi a passeggiare da solo e non riuscii a trattenere le lacrime: " Mio Dio, esclamai, ditemi quello che devo fare " ».

L'oscuro ceppo da cui è nato tutto

Fu in quel momento che arrivò non un arcangelo, ma un ometto balbuziente: Pancrazio Soave, fabbricante di soda e di detersivi.

— È vero che lei cerca un luogo per fare un laboratorio?

— Non un laboratorio, ma un oratorio.

— Non so che differenza ci sia, ma insomma il posto c'è. Venga a vederlo. È proprietà del signor Francesco Pinardi, persona onesta.

Don Bosco, sempre in quella zona chiamata Valdocco, percorse in diagonale circa duecento metri, e si trovò davanti « una casupola di un solo piano, con scala e balcone di legno tarlato, attorniata da orti, prati, campi ». « Io volevo salire le scale, ma il Pinardi e il Soave mi dissero: " No, il luogo destinato a lei è qui dietro ". Era una tettoia ».

I pellegrini che attraversano il cortile a fianco della Basilica di Maria Ausiliatrice, la vedono ancora là in fondo, rannicchiata in un angolo di edifici: oscuro, piccolo ceppo da cui si è sviluppata tutta l'opera gigantesca di don Bosco. C'è scritto a grossi caratteri « Cappella Pinardi ». Perché adesso è una cappellina ricca di fregi e di dipinti. La ricostruirono così i Salesiani nel 1929.

Ma quando don Bosco arrivò quel 5 aprile 1846, era soltanto una povera tettoia, bassa, appoggiata sul lato nord della casa Pinardi. Un muretto tutto intorno la trasformava in una specie di baracca. Era stata costruita da poco, ed era servita come laboratorio di un cappellaio e magazzino delle lavandaie (lì accanto scorreva un canale che andava a gettarsi nella Dora, poco lontana). Misurava metri 15 per 6, e aveva accanto due vani più piccoli.

Don Bosco fu sul punto di rifiutarla.

— Troppo bassa, non mi serve.

— La farò aggiustare come vuole — disse Pinardi —. Scaverò, farò gradini, cambierò pavimento. Ma ci tengo che faccia qui il suo laboratorio.

— Non un laboratorio, ma un oratorio — ripeté don Bosco —, una piccola chiesa per radunarvi i ragazzi.

L'equivoco del Pinardi è comprensibile: in vicinanza dei fiumi, in quel tempo, si costruivano numerosi laboratori, officine. Rimase un attimo perplesso, ma subito disse:

— Meglio ancora. Io sono un cantore, verrò a darle una mano. Porterò due sedie: una per me e una per mia moglie.

Don Bosco era ancora incerto. Poi disse:

— Se mi garantite di abbassare il terreno di 50 cm io l'accetto.

Non volle più affittare a mesi. Pagò trecentoventi lire per un anno (più della metà del suo stipendio all'Ospedaletto). Poteva disporre della tettoia e della striscia di terra intorno, dove far giocare i ragazzi.

Tornò di corsa tra i suoi giovani e gridò:

— Allegri, figlioli! Abbiamo trovato l'oratorio! Avremo chiesa, scuola e cortile per saltare e giocare. Domenica ci andremo. È là, in casa Pinardi!

Era domenica delle Palme. La domenica seguente era Pasqua di Risurrezione.

Quando squillarono le campane

Francesco Pinardi fu di parola. Vennero subito i muratori, scavarono, rinforzarono i muri e il tetto. I falegnami rifecero il pavimento stendendo un palchetto di legno. Sabato sera l'edificio era rimesso a nuovo.

Sull'altarino della cappella don Bosco collocò i candelieri, la croce, la lampada e un piccolo quadro di san Francesco di Sales.

Il 12 aprile fu la grande giornata. Nel mattino di Pasqua, tutte le campane della città squillarono a festa. Presso la tettoia Pinardi non c'era nessuna campana, ma c'era l'affetto di don Bosco che chiamava i suoi ragazzi nella « bassa » di Valdocco.

Arrivarono a ondate. Stiparono la chiesina, la striscia di terreno accanto, i prati intorno. In un silenzio raccolto assistettero alla benedizione della cappella e alla Messa che subito dopo don Bosco celebrò per loro. Poi, afferrando al volo la pagnotta, sciamarono sui prati, e la gioia esplose: la gioia di avere, finalmente, una casa « tutta per loro ».

CAPITOLO VENTESIMO

Il miracolo dei piccoli muratori

« Di buon mattino si apriva la chiesa — scrive don Bosco ricordando l'orario delle prime domeniche — e si cominciavano le confessioni, che duravano fino all'ora di Messa ».

Dopo la Messa, don Bosco narrava a puntate la Storia Sacra, con quel suo modo di raccontare avventuroso e affascinante. Poi, chi voleva poteva frequentare la scuola, che durava fino a mezzogiorno.

All'una pomeridiana (don Bosco quindi si concedeva al massimo un'oretta per il pranzo e per tirare il fiato) cominciava la ricreazione: bocce, stampelle, fucili e spade di legno, attrezzi di ginnastica. Alle due e mezzo si iniziava il catechismo. Seguiva il Rosario, finché i giovani non furono in grado di cantare i Vespri. Quindi breve predica, canto delle Litanie e benedizione eucaristica.

« Usciti dalla chiesa, cominciava il tempo libero ». Qualcuno continuava la scuola di catechismo, frequentava canto o lettura. La maggior parte giocava, correndo e saltando fino a sera.

« Io mi servivo di quelle smodate ricreazioni per avvicinare ogni ragazzo. Con una parola all'orecchio, a uno raccomandavo maggior obbedienza, all'altro maggior puntualità al catechismo, a un terzo suggerivo di venirsi a confessare, e così via ».

Faceva il prete

Don Bosco giocava, faceva anche il saltimbanco (lo dice espressamente), ma faceva specialmente il prete. Sapeva essere gentilmente deciso, quando occorreva. Racconta, per dimostrarlo, « uno dei tanti fatti ».

Un ragazzo, più volte da lui invitato a fare Pasqua, prometteva ma non manteneva mai. Un pomeriggio, mentre giocava con grande foga, don Bosco lo fermò, pregandolo di accompagnarlo in sacrestia per un affare.

« Voleva venire com'era, in maniche di camicia. " No, gli dissi, mettiti la giubbetta e vieni ". Giunti in sacrestia gli dissi:

— Inginocchiati a questo inginocchiatoio.

— Che vuole da me?

— Confessarti.

— Non sono preparato.

— Lo so. Preparati e poi ti confesserò.

— Ha fatto bene a prendermi così, altrimenti non mi sarei mai deciso.

Mentre recitavo il Breviario, si preparò un poco. Poi fece bene la sua confessione e il ringraziamento. D'allora in poi fu costante nel compiere i suoi doveri di religione ».

Addio al rondò

Sul fare della notte, ancora tutti in cappella per le preghiere della sera, che si chiudevano con un canto. Poi, davanti alla tettoia, la scena allegra e commovente della partenza.

« Usciti di chiesa — scrive don Bosco — ciascuno dava mille volte la buona sera, senza staccarsi dagli altri compagni. Io avevo un bel dire: " Andate a casa, che si fa notte e i parenti vi attendono ". Era inutile. Bisognava che li lasciassi radunare, mentre sei dei più robusti facevano con le loro braccia una specie di sedia sopra cui, come sopra un trono, era giocoforza che io mi ponessi a sedere. Messisi quindi in ordine di più file, portando sopra quel palco di braccia don Bosco, procedevano cantando, ridendo e schiamazzando fino al rondò *(l'incrocio di corso Regina, allora chiamato S. Massimo, con altre strade)*. Colà si cantavano ancora alcune lodi. Fattosi poi profondo silenzio io potevo augurare a tutti buona sera e buona settimana. Tutti, con quanto avevano di voce, rispondevano: buona sera! In quel momento io venivo deposto dal mio trono. Ognuno andava in seno alla propria famiglia, mentre alcuni dei più grandicelli mi accompagnavano fino a casa, mezzo morto di stanchezza ».

Molti di quei ragazzi gli avevano sussurrato: « Don Bosco, non mi lasci solo durante la settimana. Venga a trovarmi ». E dal lunedì, i muratori nei cantieri di Torino assistevano a uno spettacolo strano: un prete si rimboccava la veste e saliva sui palchi, tra secchie di calce e pile di mattoni. Compiuto il suo ministero all'Ospedaletto, nelle carceri, nelle scuole della città, don Bosco saliva lassù a trovare i suoi ragazzi.

Era una festa per loro. La « famiglia » dove tornavano alla sera, in tanti casi, non era quella di papà e mamma, rimasti al paese, ma quella di uno zio, di un parente o di un compaesano. A volte era addirittura quella del padrone, che li aveva avuti in « affidamento » dai genitori. C'era poco calore per quei ragazzi. Era quindi una festa incontrare un amico « vero », che voleva loro bene e li aiutava.

Proprio perché voleva loro bene, don Bosco si fermava a fare quattro chiacchiere con il padrone. Voleva sapere qual era la loro paga, il tempo di riposo, la possibilità di santificare la festa. Sarà tra i primi ad esigere regolari contratti per i suoi giovani apprendisti, e a vigilare perché i padroni li osservino.

Incontrava i suoi amici, e ne cercava degli altri. « Visitava le fabbriche — testimonierà don Rua — dove c'erano numerosi apprendisti, e tutti li invitava al suo oratorio. Si rivolgeva specialmente ai giovani forestieri ».

Don Bosco sputa sangue

Don Bosco però era solo un uomo, e le forze di un uomo hanno un limite. Dopo gli *stress* della primavera, ai primi calori la sua salute cominciò a sbandare paurosamente.

La marchesa di Barolo, che lo stimava molto, all'inizio di maggio lo chiamò. Era presente il teologo Borel. Gli mise davanti la somma enorme di cinquemila lire (otto anni di stipendio), e gli disse imperiosamente:

— Lei adesso prende questi soldi e se ne va. Dove vuole, in assoluto riposo —. Don Bosco rispose:

— La ringrazio. Lei è molto caritatevole. Io però non mi sono fatto prete per curare la mia salute.

— Ma nemmeno per ammazzarsi. Ho saputo che lei sputa sangue. I suoi polmoni vanno a pezzi. Quanto crede di poter andare avanti così? La smetta di andare nelle carceri, al Cottolengo. E soprattutto lasci per un bel po' di tempo i suoi ragazzi. Il teologo Borel ci penserà lui.

Don Bosco vide in questo invito un ennesimo tentativo di allontanarlo dai ragazzi. Reagì bruscamente:

— Questo non lo accetterò mai.

La marchesa perse la pazienza:

— Se non vuol cedere con le buone, dovrò usare le cattive. Lei ha bisogno del mio stipendio per tirare avanti. E allora sa cosa le dico? O lei lascia il suo oratorio e va a riposarsi, o io la licenzio.

— Va bene. Lei può trovare molti sacerdoti da mettere al mio posto. Ma i miei ragazzi non hanno nessuno. Non posso abbandonarli.

Don Bosco dice delle parole eroiche, ma ha torto. La marchesa sembra torturarlo, e invece ha ragione. I prossimi mesi lo dimostreranno. Don Bosco è un sacerdote santo, ma giovane (31 anni) e caparbio: non ha ancora acquistato il senso del limite. La marchesa, 61 anni, si dimostra più saggia di lui. Ed è una santa donna, se dopo questa sfuriata « si mise in ginocchio davanti a don Bosco chiedendogli di essere benedetta » (secondo la testimonianza di don Giacomelli, che aggiunge: « Così non usava fare con me! »).

Don Bosco sputava sangue sul serio, aveva con ogni probabilità un'infiltrazione tubercolare ai polmoni. Eppure pensava all'avvenire. Il 5 giugno 1846 affittò tre stanze al piano superiore della casa Pinardi, per quindici lire complessive al mese.

In questo tempo, anche il marchese di Cavour si faceva risentire. Ogni domenica spediva mezza dozzina di guardie a sorvegliare don Bosco. Nel 1877, don Bosco dirà a don Barberis: « Mi rincresce tanto non aver avuto una macchina fotografica. Sarebbe bello poter rivedere quelle centinaia di giovani che pendevano dalle mie labbra, e sei guardie civiche in divisa, ritte a due a due, impalate in tre diversi punti della chiesa, che con le braccia conserte ascoltavano anch'esse la predica. Mi servivano tanto bene per assistere i giovani, anche se erano lì per assistere me! Qualcuno col rovescio della mano si asciugava furtivamente le lacrime. Sarebbe bello averle fotografate in ginocchio fra i giovani, attorno al mio confessionale, ad aspettare il loro turno. Perché le prediche io le facevo più per loro che per i giovani: parlavo del peccato, della morte, del giudizio, dell'inferno... ».

« Signore, non fatelo morire »

Prima domenica di luglio 1846. Dopo la massacrante giornata passata all'oratorio in un caldo torrido, mentre torna alla sua stanza presso il Rifugio, don Bosco sviene. Lo portano al suo letto di peso. « Tosse, infiammazione violenta, perdite continue di sangue ». Parole che con ogni probabilità equivalgono a « pleurite con febbre alta, emottisi ». Complesso di malattie gravissime per quel tempo, e per quel malato che già ha avuto sbocchi di sangue.

« In pochi giorni fui giudicato all'estremo della vita ». Gli viene dato il Viatico e l'Unzione degli infermi. Sui palchi dei piccoli muratori, nelle officine dei giovani meccanici, la notizia si diffonde rapida: « Don Bosco muore ».

In quelle sere, alla cameretta del Rifugio dove don Bosco agonizza, arrivano gruppi di poveri ragazzi spauriti. Hanno ancora gli abiti imbrattati dal lavoro, la faccia bianca di calce. Non hanno cenato per correre a Valdocco. Piangono, pregano:

— Signore, non fatelo morire.

Il medico ha proibito ogni visita, e l'infermiere (messo subito accanto a don Bosco dalla marchesa) impedisce a tutti di entrare nella camera del malato. I ragazzi si disperano:

— Me lo lasci solo vedere.

— Non lo farò parlare.

— Io ho solo da dirgli una parola, una sola.

— Se don Bosco sapesse che sono qui, mi farebbe entrare certamente.

Otto giorni don Bosco rimase fra la vita e la morte. Ci furono dei ragazzi che in quegli otto giorni, al lavoro sotto il sole rovente, non toccarono un sorso d'acqua, per strappare al Cielo la sua guarigione. Nel Santuario della Consolata, i piccoli muratori si diedero il turno giorno e notte. C'era sempre qualcuno in ginocchio davanti alla Madonna. A volte gli occhi si chiudevano per il gran sonno (venivano da 12 ore di lavoro), ma resistevano perché don Bosco *non doveva morire.*

Alcuni, con la generosità incosciente dei ragazzi, promisero alla Madonna di recitare il Rosario per tutta la vita, altri di digiunare a pane e acqua per un anno.

Sabato, don Bosco ebbe la crisi più grave. Non aveva più forze, e il minimo sforzo gli provocava uno sbocco di sangue. Nella notte, molti temettero la fine. Ma non venne.

Venne invece la ripresa, la « grazia », strappata alla Madonna da quei ragazzi che non potevano rimanere senza padre.

Una domenica verso la fine di luglio, nel pomeriggio, appoggiandosi a un bastone, don Bosco s'incamminò verso l'oratorio. I ragazzi gli volarono incontro. I più grandi lo costrinsero a sedersi sopra un seggiolone, lo alzarono sulle loro spalle, e lo portarono in trionfo fino al cortile. Cantavano e piangevano, i piccoli amici di don Bosco, e piangeva anche lui.

Entrarono nella cappellina, e ringraziarono insieme il Signore. Nel silenzio che si fece teso, don Bosco riuscì a dire poche parole:

— La mia vita la devo a voi. Ma siatene certi: d'ora innanzi la spenderò tutta per voi.

Per me, sono le parole più grandi che don Bosco disse nella sua vita. Sono il « voto solenne » con cui si consacrò per sempre ai giovani e *solo* a loro. Le altre parole grandissime (vera continuazione di queste) le dirà sul letto di morte: « Dite ai miei ragazzi che li aspetto tutti in Paradiso ».

Le pochissime forze di cui poteva disporre quel giorno, don Bosco le spese per parlare a uno a uno con i ragazzi, « per cambiare in cose possibili i voti e le promesse che non pochi avevano fatto senza la dovuta riflessione quando io ero in pericolo di vita ». Un gesto delicatissimo.

I medici prescrissero una lunga convalescenza di assoluto riposo, e don Bosco salì ai Becchi, nella casa di suo fratello e di sua madre. Ma promise ai ragazzi:

— Al cadere delle foglie sarò di nuovo qui, in mezzo a voi.

« O la borsa o la vita »

Compì il viaggio cavalcando un asino. Fece tappa a Castelnuovo perché « ben crollato dal somarello », e arrivò ai Becchi verso sera.

Sull'aia, a dargli il « bentornato » c'era la gioia rumorosa dei nipotini. I figli di Antonio, che s'era costruito una piccola casa di fronte a quella che abitavano da ragazzi, erano cinque: Francesco 14 anni, Margherita 12, Teresa 9, Giovanni 6, e Francesca, una bimbetta vivace di appena 3 anni. Anche Giuseppe, di fronte alla casa paterna, aveva costruito una sua casa, e vi abitava con mamma Margherita e con quattro figli: Filomena che aveva ormai 11 anni, Rosa Domenica 8, Francesco 5, e Luigi che vagiva ancora in culla.

Don Bosco è ospitato da Giuseppe. L'aria delle sue colline, l'affetto silenzioso della mamma, le passeggiate sempre più lunghe che fa verso sera tra i filari dove l'uva comincia a tingersi di rosso, gli ridanno vita e forze.

Ogni tanto scrive a don Borel per avere notizie dei suoi ragazzi.

Nel mese di agosto, in una passeggiata, arriva fino a Capriglio. Sta tornando attraverso un boschetto, quando una voce dura gli intima:

— O la borsa o la vita.

Don Bosco è spaventato. Risponde:

— Sono don Bosco, denari non ne ho —. Guarda quell'uomo che è sbucato tra le piante brandendo un falcetto, e con voce diversa continua:

— Cortese, sei tu che vuoi togliermi la vita?

Ha scoperto in quel volto coperto dalla barba un giovanotto che gli era diventato amico nelle prigioni di Torino. Anche il giovanotto lo riconosce, e vorrebbe sprofondare.

— Don Bosco, perdonatemi. Sono un disgraziato —. Gli racconta a pezzi e bocconi una storia amara e solita. Dimesso dalla prigione, a casa sua non l'hanno più voluto. « Anche mia madre mi voltò le spalle. Mi disse che ero il disonore della famiglia ». Lavoro, nemmeno parlarne. Appena sapevano che era stato in prigione, gli chiudevano la porta in faccia.

Prima di arrivare ai Becchi, don Bosco l'ha confessato, e gli ha detto: « Adesso vieni con me ». Lo presenta ai suoi familiari:

— Ho trovato questo bravo amico. Stasera cenerà con noi.

Alla mattina, dopo la Messa, gli dà una lettera che lo raccomanda a un parroco e ad alcuni bravi padroni di Torino, lo abbraccia.

Ottobre. Nelle lunghe camminate solitarie, don Bosco ha costruito lentamente il suo progetto per il futuro immediato. Tornando a Torino, andrà ad abitare nelle stanze affittate da Pinardi. Lì, poco per volta, darà ospitalità ai ragazzi che non hanno famiglia.

Quel luogo, però, non è adatto per un prete solo. Poco lontano c'è l'osteria « Giardiniera », dove gli ubriachi cantano fino a notte alta. Dovrebbe abitare insieme a una persona che lo garantisca dalle malignità, che a girare fanno presto.

Ha pensato a sua madre. Ma come fare a dirglielo? Margherita ha 58 anni, e ai Becchi è una regina. Come sradicarla dalla sua casa, dai suoi nipotini, dalle abitudini serene di ogni giorno? Forse don Bosco si sente incoraggiato dalla triste stagione che si sta profilando per le campagne. I raccolti del 1846 sono stati cattivi, e per il 1847 si prevedono più cattivi ancora.

— Mamma — le dice una sera prendendo il coraggio a due mani —, perché non venite a passare qualche tempo con me? Ho affittato tre stanze a Valdocco, e presto ospiterò dei ragazzi abbandonati. Un giorno mi avete detto che se diventavo ricco non sareste mai venuta a casa mia. Ora invece sono povero e carico di debiti, e abitare da solo in quel quartiere è rischioso per un prete.

Quella donna anziana rimane pensosa. È una proposta che non si aspettava. Don Bosco insiste con dolcezza:

— Non verreste a fare da mamma ai miei ragazzi?

— Se credi che questa sia la volontà del Signore — mormora —, vengo.

Forestieri senza niente

3 novembre, martedì. Le foglie cadevano al vento d'autunno, e don Bosco ripartì per Torino. Portava sotto il braccio un messale e il breviario. Accanto a lui camminava mamma Margherita. Al braccio aveva un canestro con un po' di biancheria e di cibo.

Don Bosco aveva comunicato per lettera le sue decisioni a don Borel, e il « padre piccolo » era stato tanto gentile da trasportare le poche masserizie di don Bosco dalla stanza del Rifugio alle camere di casa Pinardi.

I due pellegrini fecero la lunga strada a piedi. Quando giunsero al rondò, un sacerdote amico di don Bosco li riconobbe, e venne a salutarli. Li vide impolverati e stanchi.

— Bentornato, caro don Bosco. Come va la salute?

— Sono guarito, grazie. Ho portato con me mia madre.

— Ma perché siete venuti a piedi?

— Perché manchiamo di questi — e sorridendo fece scorrere il pollice sull'indice.

— E dove andate ad abitare?

— Qui, in casa Pinardi.

— Ma come farete a vivere senza risorse?

— Non lo so, ma la Provvidenza ci penserà.

— Sei sempre il solito — mormorò il bravo prete scuotendo il capo. Tirò fuori di tasca l'orologio (allora era un oggetto prezioso e raro) e glielo porse:

— Vorrei essere ricco per aiutarti. Faccio solo quello che posso.

Margherita entrò per prima nella sua nuova casa: tre stanzette nude e squallide, con due letti, due sedie e qualche casseruola. Sorrise, e disse al figlio:

— Ai Becchi, ogni giorno dovevo darmi da fare per mettere in ordine, pulire i mobili, lavare le pentole. Qui potrò stare molto più tranquilla.

Ripresero fiato, poi si misero tranquilli a lavorare. Mentre Margherita preparava un po' di cena, don Bosco appese alla parete un Crocifisso e un quadretto della Madonna, poi preparò i letti per la notte. E insieme, madre e figlio, si misero a cantare. La canzone diceva:

Guai al mondo — se ci sente
forestieri — senza niente...

Un ragazzo, Stefano Castagno, li sentì e la notizia corse di bocca in bocca tra i giovani di Valdocco:

— Don Bosco è tornato!

CAPITOLO VENTUNESIMO

Una polveriera prossima ad esplodere

La domenica seguente, 8 novembre, fu festa grande. Don Bosco dovette sedere in poltrona in mezzo al prato, con i giovani che facevano cerchio intorno, e sentire i loro canti e i loro auguri.

Don Cafasso si era opposto a un ritorno così anticipato rispetto ai consigli del medico. Gli aveva addirittura fatto dire una parola dall'Arcivescovo. « Mi fu consentito di tornare all'Oratorio — scrive don Bosco — con l'obbligo per due anni di non predicare ». Ma subito confessa: « Ho disubbidito ».

Le stanze illuminate piene di ragazzi

La prima preoccupazione di don Bosco fu quella di riprendere e di allargare le scuole serali: « Ho preso a pigione un'altra camera. Facevamo scuola in cucina, in camera mia, in sacrestia, in coro, nella chiesa. Fra gli allievi c'erano anche fior di monelli, che guastavano o mettevano sottosopra tutto. Alcuni mesi dopo riuscii ad affittare altre due camere ».

Testimoni del tempo ricordano: « Era uno spettacolo vedere alla sera le stanze illuminate, piene di ragazzi e giovani. In piedi dinanzi ai cartelloni, con un libro in mano, nei banchi intenti a scrivere, seduti per terra a scarabocchiare sui quaderni le lettere grandi ».

Don Carpano, don Nasi, don Trivero, don Pacchiotti sono tornati ad aiutarlo. La faccenda della « fissazione » si è spenta durante la malattia e la lunga convalescenza. Se don Bosco ha un'idea fissa, si è dimostrato capace di sputare sangue per realizzarla.

Con la marchesa di Barolo, il mutuo impegno è scaduto in agosto, e non viene più rinnovato. Don Bosco si recherà ancora saltuariamente a predicare tra le ragazze ammalate. E la marchesa, attraverso don Borel e don Cafasso, gli farà arrivare generose offerte « per i suoi monellacci » fino all'anno della sua morte, 1864.

Ma queste sono piccole cose di fronte alle vicende gravi che sono ormai nell'aria. L'unica cosa veramente importante è che don Bosco abbia dato stabilità al suo oratorio e riacquistato la salute prima dello scoppio del grande temporale politico.

Papa Mastai-Ferretti prende il nome di « Pio IX »

In quel 1846 Torino è una polveriera ormai prossima a esplodere.

Nel giugno è stato eletto papa il cardinale Mastai-Ferretti, vescovo « spregiudicato » di Imola. Ha preso il nome di « Pio IX ». È un uomo piissimo e semplice. Non è un politico, né è favorevole alle idee dei liberali. Ha invece un profondo senso di umanità: per questo mette in atto rapidamente alcune riforme attese da anni nello Stato Pontificio, che vengono scambiate per « riforme liberali », con tutti gli equivoci conseguenti.

Pochi giorni dopo la sua elezione (17 luglio), nonostante il parere contrario di molti cardinali, concede una larga amnistia politica. Molti detenuti, colpevoli soltanto di aver partecipato a « moti liberali », vengono rimessi in libertà.

Nei mesi seguenti mette un freno ai soprusi della polizia, e manifesta la ferma volontà che l'invadente diplomazia austriaca rispetti maggiormente l'indipendenza della Santa Sede.

Nella primavera del 1847 concede una certa libertà di stampa, istituisce una Consulta di Stato con partecipazione di laici designati dal basso (qualcosa che fa pensare vagamente a un Parlamento). Permette la formazione di una Guardia Civica (milizia popolare).

Nell'atmosfera di fervida attesa creata dal *Primato* di Gioberti, Pio IX sembra ai liberali il Pontefice « neoguelfo » tanto atteso. Si esalta Papa Mastai come colui che realizzerà l'unità e l'indipendenza italiana in un'atmosfera liberale. Divampano gli entusiasmi. Dovunque si rechi, Pio IX non può salvarsi da sfilate, omaggi, fiaccolate.

Non sono soltanto i liberali a « capire così » Pio IX. Anche esponenti della « sinistra democratica » gridano al miracolo. Anche Metternich, il potente Cancelliere austriaco che è il carabiniere dell'assolutismo e del conservatorismo, esclama desolato: « Tutto mi sarei aspettato, ma non un papa liberale ».

Pio IX non è un papa liberale, eppure per quasi due anni verrà forzato dagli eventi e dalle circostanze a svolgere un ruolo che si presta all'equivoco.

Nell'estate del 1847, per garantirsi contro il « papa liberale », Metternich fa occupare da un presidio austriaco la città pontificia di Ferrara. I liberali interpretano questa mossa come la definitiva rottura tra Santa Sede e Austria, la scintilla della imminente guerra di indipendenza. Carlo Alberto offre il suo esercito al Papa, dall' America Garibaldi mette a disposizione di Pio IX la sua legione di volontari, da Londra Mazzini gli scrive una lettera con parole infiammate.

Pio IX diventa così la bandiera della libertà nazionale. Non ha mai pensato di provocare una guerra, ma viene scavalcato dagli eventi. La guerra d'indipendenza, giustificata nel suo nome, è ormai nell'aria.

Dopo Roma, Torino è il centro delle manifestazioni a favore di Pio IX e dei suoi gesti « liberali ».

Sassaiole rabbiose

Intanto, accanto alla « storia grande », nella bassa di Valdocco si svolge la storia umile di tutti i giorni: la fatica oscura per il bene dei ragazzi, la lotta silenziosa con i debiti.

Don Bosco, che è riuscito nel dicembre del 1846 a subaffittare da Pancrazio Soave tutte le stanze della casa Pinardi e il terreno circostante (710 lire all'anno), fa riparare il muretto tutto intorno al prato dei giochi, e costruire alle due estremità un portone e un cancello. Così la « ciurmaglia inverecconda » che alla domenica invade l'albergo della Giardiniera e altre case all'intorno, non potrà più infiltrarsi nel cortile a importunare i ragazzi.

Una parte del prato (dove oggi è un negozietto di oggetti religiosi), don Bosco lo trasforma in orto. I ragazzi lo chiamano « l'orto di mamma Margherita ». Tra spese per affitti e per aiutare i giovani, i soldi per la cucina sono sempre scarsi. E quella donna di campagna cerca di risparmiare coltivando lattughe e patate.

Nei prati intorno, alla domenica, si ritrovano bande di giovinastri. Giocano ai soldi, bevono vino comprato a bottiglioni alla Giardiniera, bestemmiano, insultano i ragazzi che entrano all'oratorio. Don Bosco li avvicina, con pazienza. È capace di sedersi tra loro per fare la partita a carte. Poco per volta riesce ad attirarne parecchi. Più di una volta, però, mentre spiega il catechismo all'aperto, i suoi ragazzi devono scappare in cappella investiti da rabbiose sassaiole.

Sapeva molto bene, don Bosco, che i cinquecento ragazzi che

radunava nel suo oratorio erano poca cosa rispetto ai giovani che vagavano per la città, senza fede e sovente senza pane.

Borgo Vanchiglia, non molto lontano da Valdocco, era infestato dalle « cocche », bande di teppisti che davano filo da torcere ai carabinieri, vivevano scippando borse e fagotti alla gente che tornava dal mercato, e spesso si scontravano tra loro in sassaiole paurose e tragiche, che potevano finire a colpi di coltello.

Passando da quelle parti, don Bosco si getta qualche volta in mezzo ai combattenti, cercando di disperderli « a scapaccioni e a pugni ». Si è ricevuto in faccia una zoccolata. « Non con le percosse », gli è stato detto nel sogno, ma anche i sogni hanno le loro eccezioni.

Un prete ladro

Una delle tattiche che don Bosco usa per portare bravi ragazzi all'oratorio, è entrare in una bottega dove lavorano dei giovani, e affrontare il padrone:

— Mi farebbe un piacere?

— Se posso, reverendo.

— Sì che lo può. Alla domenica mi mandi questi ragazzi all'oratorio di Valdocco. Potranno imparare un po' di catechismo e farsi buoni.

— Ne hanno proprio bisogno di farsi buoni. Qualcuno è poltrone, insolente.

— Ma no. Hanno una faccia da galantuomini, non vede? Allora intesi: domenica vi aspetto all'oratorio. Giocheremo insieme e ci divertiremo.

Con un altro tipo di giovani, la tattica era diversa. Mentre don Borel badava all'oratorio, lui girava per le piazze e le strade della periferia. Mazzi di giovani giocavano a soldi sui marciapiedi. Mentre le carte giravano, i soldi (a volte fino a quindici, venti lire) erano raccolti al centro, su un fazzoletto.

Don Bosco studiava bene la situazione, poi con una mossa rapida afferrava il fazzoletto e se la dava a gambe. I giovani, sbalorditi, balzavano in piedi e gli correvano dietro gridando:

— I soldi! Ci restituisca i soldi!

Avevano visto di tutto, quei poveri ragazzi, eccetto un prete ladro. Don Bosco continuava a correre verso l'oratorio, e intanto gridava:

— Ve li do se mi prendete. Su, correte!

Infilava il portone dell'oratorio, poi quello della cappella, e i giovani dietro. A quell'ora, sul pulpito, c'era don Carpano o don Borel che predicava tra una massa fitta di ragazzi. E cominciava la scena.

Don Bosco si fingeva un negoziante di passaggio, alzava il fazzoletto che aveva ancora in mano e gridava:

— Torroni! Torroni! Chi compra torroni?

Il predicatore fingeva di perdere le staffe:

— Fuori di qui, mascalzone! Non siamo in piazza!

— Ma io devo vendere torroni, e qui ci sono tanti ragazzi. Nessuno fa un'offerta?

Il dialogo era in dialetto, i ragazzi ridevano a crepapelle, i nuovi arrivati a sentire quel battibecco rimanevano interdetti: ma dove erano capitati?

Intanto i due « dialoganti » continuavano a battute allegre, a frizzi vivaci; e portavano la disputa sul gioco dei denari, sulla bestemmia, sulla gioia di vivere nell'amicizia con il Signore. Finiva che anche quelli arrivati dietro don Bosco si mettevano a ridere, a interessarsi degli argomenti.

Alla fine si attaccava il canto delle litanie. Quelli, stringendo da vicino don Bosco:

— Allora, i soldi ce li dà?

— Ancora un momento, dopo la benedizione.

Quando uscivano in cortile, restituiva il denaro, aggiungeva la merenda, e si faceva promettere che « a giocare sarebbero venuti qui, d'ora innanzi ». E molti ci stavano.

I canti e gli urli degli ubriachi

Stefano Castagno, un ragazzo di quel tempo, testimoniava: « Don Bosco era sempre il primo nei giochi, l'anima delle ricreazioni. Non so come facesse, ma si trovava in ogni angolo del cortile, in mezzo a ogni gruppo di giovani. Con la persona e con l'occhio ci seguiva tutti. Noi eravamo scarmigliati, talvolta sudici, importuni, capricciosi. Ed egli provava gusto a stare con i più miseri. Per i più piccoli aveva un affetto da mamma. Spesso si bisticciava, ci si pestava. E lui a dividerci. Alzava la mano come per percuoterci, ma non ci picchiava mai, ci tirava via a forza prendendoci per le braccia ».

Giuseppe Buzzetti ricordava: « Conobbi centinaia di ragazzi che venivano all'oratorio privi di istruzione e di sentimenti religiosi, e che cambiarono condotta in brevissimo tempo. Si affezionavano talmente al nostro oratorio che non se ne staccavano più, e si accostavano alla confessione e alla Comunione tutte le domeniche ».

Ciò che disturbava, specialmente d'estate, era la « Giardiniera », cioè la bettola vicina e frequentatissima. Dalla cappellina, quando si dovevano tenere porte e finestre aperte, si sentivano i canti e gli urli degli ubriachi. A volte delle risse furibonde coprivano la voce del predicatore. Qualche volta don Bosco fu costretto a scendere dal pulpito. Deposta cotta e stola entrava nella taverna, minacciando di chiamare i carabinieri.

I maestrini e i laici

Si faceva sempre più urgente il problema dei collaboratori. Don Borel, don Carpano e gli altri preti, alla domenica erano spesso impegnati altrove. Dove trovare persone per l'assistenza, i catechismi, e specialmente per le scuole serali?

Don Bosco ricordò che nel sogno « parecchi agnelli si mutavano in pastori ». Cominciò a cercare i collaboratori tra i suoi stessi ragazzi, se li fabbricò. Scelse tra i più grandi i giovani migliori, fece loro una scuola a parte. « Quei maestrini — scrive don Lemoyne —, otto o dieci all'inizio, fecero un'ottima prova, non solo, ma alcuni di essi divennero poi sacerdoti eccellenti ».

Vennero a dargli una mano anche alcuni bravi laici della città: un orafo, due chincaglieri, un droghiere, un sensale, un falegname.

CAPITOLO VENTIDUESIMO

«Sono orfano, vengo dalla Valsesia»

Dell'inverno 1846-47, don Bosco ricorda un episodio drammatico.

Un ragazzo, 14 anni, che da tempo frequentava l'oratorio, si sentì intimare dal padre (che alla sera si ubriacava regolarmente) di non recarsi più da don Bosco. Il ragazzo fece finta di niente e continuò. L'uomo, un bottegaio, si inviperì. Minacciò di spaccargli la testa se non obbediva.

Una sera tardi di domenica, il ragazzo tornò dall'oratorio, e trovò il padre ubriaco fradicio che l'aspettava con in mano un'accetta. L'alzò su di lui gridando:

— Sei andato da don Bosco!

Il ragazzo, preso dallo spavento, scappò via. L'uomo si mise a corrergli dietro gridando:

— Se ti prendo ti ammazzo!

L'albero e la nebbia

Anche la madre, che aveva assistito alla scena, si mise a correre dietro al marito per disarmarlo. Il ragazzo, con la velocità dei suoi 14 anni, giunse all'oratorio con un buon vantaggio sul padre, ma trovò il portone chiuso. Bussò disperato, poi, sfinito, non sentendo nessuno che venisse ad aprire, si arrampicò su un grande gelso lì accanto. Non c'erano foglie a nasconderlo, ma era una notte nebbiosa.

Ansimando arrivò l'ubriaco con l'accetta. Picchiò pesantemente al portone. Margherita, che per caso dalla finestra aveva visto il ragazzo salire sul gelso, corse ad aprire dopo aver dato una voce a don Bosco. Appena socchiuso il portone, l'uomo corse difilato alla scala, salì nella camera di don Bosco gridando minaccioso:

— Dov'è mio figlio? — Don Bosco lo affrontò risoluto:

— Qui vostro figlio non c'è.

— Sì che c'è —. Spalancò armadi e porte. — Lo troverò e lo ammazzerò.

— Signore — intervenne con energia don Bosco —, ho detto che qui non c'è. Ma anche se ci fosse, questa è casa mia, e non avete nessun diritto di entrarvi. O uscite o faccio chiamare i carabinieri.

— Non s'affanni, reverendo, ci vado subito io dai carabinieri, e dovrà restituirmi mio figlio.

— Benissimo, andiamoci insieme. Ho giusto alcune cosette da dire a quei signori sul vostro comportamento, e questa è proprio l'occasione buona.

L'uomo aveva qualche faccenda da nascondere, e batté in ritirata borbottando minacce. Don Bosco, con sua madre, andò allora verso il gelso, e sottovoce chiamò il ragazzo. Non rispose. Disse più forte:

— Scendi, caro. Non c'è più nessuno —. Niente. Temettero una disgrazia. Don Bosco salì con una scala, lo vide con gli occhi sbarrati, lo scosse. Come destandosi da un brutto incubo, il ragazzo si mise a gridare, ad agitarsi con furia. Mancò poco che rotolassero tutti e due dall'albero. Don Bosco dovette afferrarlo stretto, mentre gli mormorava:

— Non c'è tuo padre. Sono io, don Bosco. Non aver paura.

Poco per volta si calmò e si mise a piangere quietamente. Don Bosco riuscì a farlo scendere e ad entrare in cucina. Mamma Margherita gli preparò qualcosa di caldo, e don Bosco distese un pagliericcio perché dormisse davanti al fuoco. Il giorno dopo, per salvarlo dalla rabbia del padre, lo mandò da un bravo padrone in una borgata vicina. Poté rientrare in casa solo dopo qualche tempo.

Fu quell'episodio, forse, a rendere più viva una ferita che don Bosco portava nel cuore. Alcuni dei suoi ragazzi, alla sera, non sapevano dove andare a dormire. Finivano sotto i ponti, o negli squallidi dormitori pubblici. Da tempo pensava di prendere in casa sua i più abbandonati.

Fece il primo esperimento una sera dell'aprile 1847. La casa Pinardi, sulla destra di chi guarda, finiva con un piccolo fienile (ora c'è un passaggio che dà sul grande cortile posteriore). Lì don Bosco mise a dormire mezza dozzina di giovanotti. Fu un fiasco. La mattina dopo, gli ospiti erano spariti portandosi via le coperte che aveva loro prestato Margherita.

Don Bosco ritentò l'esperimento pochi giorni dopo, e andò peggio: gli portarono via anche il fieno e la paglia.

Ma non si scoraggiò.

Un ragazzo bagnato e intirizzito

Una sera di maggio. Piove a catinelle. Don Bosco e sua madre hanno appena terminato la cena, quando qualcuno bussa al portone. (Seguiamo il filo del racconto sulle pagine scritte da don Bosco). È un ragazzo bagnato e intirizzito, sui 15 anni.

— Sono orfano. Vengo dalla Valsesia. Faccio il muratore, ma non ho ancora trovato lavoro. Ho freddo e non so dove andare...

— Entra — gli dice don Bosco —. Mettiti vicino al fuoco, che così bagnato ti prenderai un accidente.

Mamma Margherita gli prepara un po' di cena. Poi gli domanda:

— E adesso, dove andrai?

— Non lo so. Avevo tre lire quando sono arrivato a Torino, ma le ho spese tutte —. Silenziosamente si mette a piangere. — Per favore, non mandatemi via.

Margherita pensa alle coperte che hanno preso il volo.

— Potrei anche tenerti, ma chi mi garantisce che non mi porterai via le pentole?

— Oh no, signora. Sono povero, ma non ho mai rubato.

Don Bosco è già uscito sotto la pioggia a raccogliere alcuni mattoni. Li porta dentro e fa quattro colonnine su cui distende alcune assi. Poi va a togliere dal suo letto il pagliericcio e lo mette lì sopra.

— Dormirai qui, caro. E rimarrai finché ne avrai bisogno. Don Bosco non ti manderà mai via.

« La mia buona madre lo invitò a recitare le preghiere.

— Non le so —, rispose.

— Le reciterai con noi — gli disse. E così fu. Di poi fecegli un sermoncino sulla necessità del lavoro, della fedeltà e della religione ».

I Salesiani hanno affettuosamente visto in questo sermoncino di mamma Margherita la prima « buona notte » (una breve parola del capo della casa) con cui si è soliti chiudere la giornata nelle case salesiane, e che don Bosco giudicava « chiave della moralità, del buon andamento e del successo ».

Mamma Margherita però non fu molto persuasa dell'efficacia delle sue parole, se don Bosco aggiunge subito: « Affinché poi ogni cosa fosse assicurata, venne chiusa a chiave la cucina, né più si aprì fino al mattino ».

Era il primo orfano che entrava nella casa di don Bosco. Alla fine dell'anno saranno sette. Diventeranno migliaia.

Il secondo fu un ragazzo dodicenne « di famiglia civile ». Don Bosco lo incontrò sul viale San Massimo (oggi corso Regina Margherita). Piangeva con la testa appoggiata a un olmo. Non aveva più padre. La madre gli era morta il giorno prima, e il padrone di casa l'aveva messo fuori, prendendosi le masserizie per rifarsi del fitto non pagato. Don Bosco lo condusse da mamma Margherita e gli trovò un posto presso un negozio come commesso. Riuscì a farsi una buona posizione, e rimase sempre amico del suo benefattore.

Il terzo fu Giuseppe Buzzetti, il muratorino di Caronno Ghiringhello. Fu don Bosco stesso a invitarlo. Una domenica sera, mentre salutava gli altri, lo trattenne per mano.

— Verresti a stare con me?

— Volentieri.

— Allora ne parlerò con Carlo —. Il fratello maggiore, che da sei anni frequentava l'oratorio, fu d'accordo. Giuseppe, 15 anni, continuò a fare il muratore in città, ma la casa di mamma Margherita divenne la sua casa.

Il piccolo barbiere tremava come una foglia

Poi arriva Carlo Gastini. Un giorno del 1843 don Bosco era entrato in una barbieria. Si era avvicinato il piccolo garzone per insaponarlo.

— Come ti chiami? Quanti anni hai?

— Carlino. Ho undici anni.

— Bravo Carlino, fammi una bella insaponata. E tuo papà come sta?

— È morto. Ho soltanto mia mamma.

— Oh poverino, mi dispiace —. Il ragazzo aveva finito l'insaponatura —. E ora su, da bravo, prendi il rasoio e radimi la barba.

Accorse il padrone allarmato:

— Reverendo, per carità! Il ragazzo non ci sa fare. Lui insapona soltanto.

— Ma una volta o l'altra deve ben incominciare a radere, no? E allora tanto vale che incominci su di me. Forza, Carlino.

Carlino tagliò quella barba tremando come una foglia. Quando con il rasoio cominciò a girare attorno al mento, sudava. Qualche raschiatura forte, qualche taglietto, ma arrivò alla fine.

— Bravo Carlino! — sorrise don Bosco —. E ora che siamo amici, voglio che venga a trovarmi qualche volta.

Gastini cominciò a frequentare l'oratorio, e divenne amicissimo di don Bosco.

Nell'estate di quell'anno, don Bosco lo trovò vicino alla barbieria che piangeva.

— Cosa ti è capitato?

— È morta mia mamma, e il padrone mi ha licenziato. Mio fratello più grande è soldato. E adesso dove vado?

— Vieni con me —. Mentre scendevano a Valdocco, Carlo Gastini sentì la frase che tanti ragazzi avrebbero sentito, e che lui non dimenticò mai: « Vedi, io sono un povero prete. Ma anche quando avrò soltanto più un pezzo di pane, lo farò a metà con te ».

Mamma Margherita preparò un altro letto. Carlino rimase più di cinquant'anni all'oratorio. Allegro, vivace, diventò il presentatore brillante di ogni festa. Le sue scenette facevano ridere tutti. Ma quando parlava di don Bosco, piangeva come un ragazzo. Diceva: « Mi voleva bene ». Cantava un ritornello che tutti sapevano ormai a memoria, e che diceva:

« Io devo vivere — per settant'anni,
a me lo disse — papà Giovanni ».

Era una delle tante « profezie » che tra il serio e lo scherzoso don Bosco faceva ai suoi ragazzi. Carlo Gastini morì il 28 gennaio 1902. Aveva settant'anni e un giorno.

Per quei primi ragazzi che vivevano con lui, don Bosco trasformò due camere vicine in dormitorio. Otto letti, un crocifisso, un'immagine della Madonna, un cartello con la scritta: « Dio ti vede ».

Al mattino, di buon'ora, don Bosco diceva Messa e i ragazzi l'ascoltavano dicendo le orazioni del mattino e il rosario. Poi, una pagnotta in tasca, si recavano a lavorare in città. Ritornavano per il pranzo, e poi per la cena. La minestra era sempre abbondante. Il secondo variava con le verdure dell'orto della « mamma » e i soldi del borsellino di don Bosco.

I soldi. In quei primi mesi cominciarono a diventare un problema drammatico per don Bosco. Continueranno a esserlo fino alla fine della vita. La sua prima collaboratrice non fu una contessa, ma sua madre. Quella povera contadina si fece mandare dai Becchi il corredo da sposa, l'anello, gli orecchini, la collana, che fino allora aveva custodito gelosamente. Non li aveva mai più portati dalla morte di suo marito. Li vendette per sfamare i primi ragazzi.

La capocciata dell'Arcivescovo

Quell'abbozzo di prima casa salesiana fu chiamata da don Bosco « casa annessa all'oratorio di san Francesco di Sales ».

Nel maggio di quell'anno, tra gli oratoriani, don Bosco fondò la « Compagnia di san Luigi ». Chi vi entrava, assumeva tre impegni: buon esempio, evitare i discorsi cattivi, frequentare i sacramenti. La « Compagnia » divenne in breve un gruppo di giovani impegnati ad aiutarsi a vicenda nel divenire migliori.

Un mese dopo, il 21 giugno, fu celebrata con solennità la prima festa di san Luigi, un santino che don Bosco presenterà sempre ai suoi giovani come modello di purezza. Venne l'Arcivescovo, che diede la cresima a chi non l'aveva ancora ricevuta.

« Fu in quell'occasione — ricorda don Bosco — che l'Arcivescovo, nell'atto che gli si pose la mitria sul capo, non riflettendo che non era in duomo, alzò in fretta il capo, e con quella urtò nel soffitto della cappellina. Ridemmo, lui e tutti i presenti ». Mons. Fransoni mormorò: « Bisogna usare rispetto ai ragazzi di don Bosco, e predicare loro a capo scoperto ».

Nel settembre di quell'anno, don Bosco comprò la prima statuetta della Madonna. Gli costò 27 lire. È ancora là, nella cappella Pinardi. Chi entra la scorge nella penombra, sulla destra. I suoi ragazzi la portavano in processione nei dintorni, quando si celebravano le « grandi feste » della Madonna. I « dintorni » erano alcune case, la bettola della « Giardiniera » con i soliti ubriachi rumorosi, due piccoli canali per irrigare i campi e gli orti, una viuzza fiancheggiata di gelsi (via della Giardiniera) che attraversava in diagonale l'attuale cortile a fianco della Basilica di Maria Ausiliatrice.

Un bel fuoco in sacrestia

Le forze liberali, in questi mesi del 1847, premono su Carlo Alberto perché dia il via a un programma di riforme. Ma il re tiene d'occhio l'Austria, e non vuole lasciarsi prendere la mano. Fa un passo avanti e uno indietro, più incerto che mai.

Le dimostrazioni popolari al grido di «viva Pio IX», sono disperse dalla polizia. Il re fa sapere che «sta pensando a grandi riforme, ma vuole che il popolo rimanga quieto».

Nel mese di novembre Carlo Alberto, Leopoldo di Toscana e Pio IX firmano i preliminari della «Lega italica», cioè dell'unione doganale fra i tre stati. Sembra un chiaro avvio verso la «federazione degli Stati italiani» profetizzata da Gioberti. Tutta Torino acclama il re con entusiasmo.

In quei mesi, don Bosco continuò a lavorare con umiltà. I ragazzi dell'oratorio erano ormai molte centinaia, don Lemoyne dice

800. Venivano anche da borghi molto lontani. Don Bosco, don Borel, don Carpano si consultarono e si trovarono d'accordo. Occorreva aprire un secondo oratorio nella parte sud della città.

Il viale che oggi si chiama « corso Vittorio » era allora costeggiato da povere casupole abitate da lavandaie. Festoni di biancheria stesa al sole e al vento davano un tono di vivacità paesana a quella periferia di Torino chiamata « Porta Nuova ». I cittadini « bene » vi venivano a passeggiare nel pomeriggio della domenica, e turbe di ragazzi sfaccendati vi giocavano alla guerra.

D'accordo con l'Arcivescovo, don Bosco affittò dalla signora Vaglienti una casetta, una tettoia e un prato « presso il ponte di ferro » per 450 lire l'anno. Poi diede così l'annuncio ai suoi ragazzi:

« Miei cari, quando le api si sono moltiplicate troppo in un alveare, una parte vola ad abitare altrove. E noi le imiteremo. Apriremo un secondo oratorio, faremo una seconda famiglia. Quelli di voi che stanno nelle parti meridionali della città non dovranno più fare troppa strada: dalla festa dell'Immacolata potranno recarsi all'oratorio san Luigi, a Porta Nuova, presso il ponte di ferro ».

Don Borel benedisse il nuovo oratorio l'8 dicembre 1847. In quel freddissimo inverno ne divenne direttore don Carpano. Vi si recava a piedi, con una fascina di legna sotto il mantello, per accendere un bel fuoco in sacrestia e riscaldarsi con i primi ragazzi.

CAPITOLO VENTITREESIMO

La febbre del 1848

Nel 1848 le nazioni europee saltarono come depositi di munizioni.

Le fiamme della rivoluzione si estesero soprattutto alle città: Parigi (23-24 febbraio), Vienna (13 marzo), Berlino (15 marzo), Budapest (15 marzo), Venezia (17 marzo), Milano (18 marzo).

Alle barricate cittadine tennero dietro guerre e battaglie. In un paio di mesi tutta l'Europa fu in fiamme.

Ci fu un'esplosione così generale, che il 3 aprile lo zar Nicola di Russia si chiedeva allibito: « Che cosa rimane ancora in piedi in Europa? ». E qualunque caotico rimescolamento di cose, nel linguaggio comune, verrà da allora chiamato « un quarantotto ».

Come al solito, non intendiamo tracciare un quadro completo della storia italiana ed europea, ma accennare agli avvenimenti essenziali che ebbero profonda influenza sulla vicenda di don Bosco, specialmente agli avvenimenti di Torino e del Piemonte.

Sulle barricate il liberale, il patriota, l'operaio

Non si può comprendere il terremoto del 1848 se non si tengono presenti tre elementi principali che si intrecciarono: le correnti liberali che si battevano per instaurare sistemi costituzionali e rappresentativi al posto dell'assolutismo; l'aspirazione delle singole nazioni all'indipendenza, contro l'impero austriaco; i movimenti operai che si battevano per una maggiore giustizia sociale.

A dirla in maniera semplice: sulle barricate delle varie città europee combattevano fianco a fianco il liberale che voleva la Costituzione, il patriota che esigeva l'indipendenza della sua patria dallo straniero, l'operaio che si batteva contro il padrone che lo faceva lavorare 12-14 ore al giorno.

Il movimento operaio si batté specialmente a Parigi. Con le barricate del 24 febbraio nei quartieri dell'est diede il via al '48. Ottenne una vittoria fulminea. Abbattuta la monarchia di Luigi Filippo, si videro borghesi e operai fraternizzare attorno agli alberi della libertà benedetti dai preti. Fu proclamato il diritto al lavoro, la giornata lavorativa fu ridotta a 10 ore.

Ma quattro mesi dopo (in seguito a gravi errori degli operai e all'intolleranza della borghesia) ci fu una repressione altrettanto fulminea. Parigi, in cui si erano coagulati 140.000 operai, fu presa d'assalto dal generale Cavaignac in quattro giorni di lotta furibonda (23-26 giugno). Repressione terribile, giornata lavorativa riportata a 12 ore.

Sarà questa repressione a indurre gli operai ad abbandonare i « socialismi umanitari » e ad abbracciare il « marxismo », più duro, più spietato (Marx ha scritto il *Manifesto dei comunisti* nel gennaio di quest'anno).

In Italia il movimento operaio ha combattenti solo sulle barricate di Milano. Tutto il '48 italiano è invece dominato dai *liberali* che esigono dai re assoluti la Costituzione, e dai *patrioti* che predicano la guerra d'indipendenza contro l'Austria. L'Austria occupa territorialmente la Lombardia e il Veneto, e tiene sotto pesante tutela tutti gli altri stati.

La Costituzione si chiama « Statuto »

A Torino, il 1848 comincia con il pensiero alla guerra, che si sente vicina. Tutti parlano di politica: critiche, progetti, proclami.

30 gennaio. Sono giunte notizie che a Napoli re Ferdinando ha concesso la Costituzione, e che a Milano i cittadini stanno boicottando gli Austriaci. Il « Corpo Decurionale » di Torino si reca da Carlo Alberto e gli chiede la Costituzione.

7 febbraio. Carlo Alberto riunisce il Consiglio straordinario della Corona, e si dichiara disposto a esaminare uno schema di Costituzione (chiamata « Statuto ») in cui sia rispettata la religione e l'onore della monarchia.

4 marzo. Davanti al Consiglio della Corona, Carlo Alberto firma lo Statuto. Cessa il potere assoluto del re. Comincia il regime parlamentare. Il Paese avrebbe bisogno di un lungo periodo di pace, per organizzare con calma la sua prima vita democratica.

Invece nei giorni seguenti esplodono notizie enormi. Vienna è insorta e l'imperatore ha licenziato Metternich (13 marzo). Pio IX ha concesso la Costituzione (14 marzo). Rivoluzioni a Berlino e Budapest (15 marzo). Poi le due più fragorose: Venezia è insorta contro gli Austriaci (17 marzo), Milano ha iniziato la rivolta contro le truppe austriache di Radetzky (18 marzo).

Il 19 giugno giunge da Milano il conte Arese, che porta notizie e proposte. Nel « comitato centrale » della rivoluzione c'è una forte corrente repubblicana contraria a Carlo Alberto, ma è prevalsa la corrente di Gabrio Casati, amico del Piemonte. Egli manda a sollecitare l'aiuto militare di Carlo Alberto.

Il Consiglio dei ministri, con il re, esamina la situazione. Che fare? Carlo Alberto è intimamente contrario alla guerra. È un'avventura costosissima, in sangue e in denaro, e non si sa dove porterà. Ma confida a un amico: « Se non si proclama la guerra, perdo lo Stato, è la rivoluzione ». Viene deciso innanzitutto di inviare truppe sulla frontiera per proteggerla da eventuali infiltrazioni austriache. Una brigata della Guardia del Re parte per il Ticino.

A Milano, intanto, si continua a combattere. Il giorno 20, il generale Radetzky, comandante in capo delle truppe imperiali, propone un armistizio. Viene rifiutato. Il giorno 22 Porta Tosa è conquistata dagli uomini di Luciano Manara. Gli austriaci abbandonano Milano.

Anche a Venezia gli Austriaci sono stati scacciati. Daniele Manin, liberato dal carcere, è acclamato presidente della Repubblica di San Marco.

La folla per le strade di Torino grida: « Guerra! Guerra! ».

23 marzo. Arrivano in serata i rappresentanti di Milano vittoriosa. Chiedono un intervento immediato dell'esercito, prima che gli Austriaci tornino all'assalto della città. Pongono due condizioni: l'adozione del « tricolore italiano » al posto della bandiera azzurra dei Savoia, e il rinvio dell'entrata dell'esercito piemontese in Milano a vittoria conseguita.

Guerra all'Austria

Il Consiglio dei ministri decide l'intervento. Carlo Alberto accetta. La guerra all'Austria viene dichiarata. Il re appare alla loggia del Palazzo Reale su Piazza Castello, e agitando il tricolore saluta la folla che grida: « Guerra all'Austria! ».

Il generale Passalacqua riceve l'ordine di varcare il Ticino inalberando il tricolore con lo scudo dei Savoia in campo bianco.

Nella notte del 24 marzo Carlo Alberto con il figlio parte per il fronte alla testa di 60.000 uomini. Una folla immensa si accalca in via Po e in piazza Vittorio per salutarlo. Sembra una festa bella, imponente.

Ma la guerra è un'altra cosa. Nei giorni seguenti lasciano Torino tutti i reggimenti. Sono requisiti tutti i cavalli per l'artiglieria e i carriaggi. La città, senza carrozze, è immersa in un silenzio strano, percorso da un filo di paura.

Battaglie vere e battaglie finte a Valdocco

Anche i ragazzi respirano la guerra. Nei prati attorno a Valdocco si accendono vere battaglie tra le « cocche » di Vanchiglia, di Borgo Dora, di Porta Susa. Non sono feste. Ragazzotti armati di bastoni, coltelli, pietre, se le danno di santa ragione. Don Bosco esce sovente di casa per chiamare i carabinieri, e gettarsi con loro tra quegli scalmanati.

Un giorno, a poca distanza da lui, vede un quindicenne affondare il coltello nel ventre di un altro ragazzo. Lo portano d'urgenza all'ospedale. Muore mentre borbotta: « Me la pagherai! ».

Don Bosco ricorda con amarezza: « Quelle sfide non finivano mai ». Qualche volta le due bande si uniscono nello scagliare pietre contro la casa del prete, e i sassi grandinano sulle tegole e nelle finestre, facendo tremare di paura Giuseppe Buzzetti e gli altri giovani ospiti.

Per attirare i ragazzi all'oratorio, don Bosco sfruttò questo clima di guerra inventando un gioco nuovo. Un suo amico, Giuseppe Brosio, era stato bersagliere. Venendo a Valdocco indossava la divisa militare, che in quei mesi suscitava entusiasmo e rispetto. Don Bosco gli suggerì di formare tra i ragazzi un reggimento in miniatura, insegnare manovre e azioni di battaglia.

Brosio accettò. Ottenne dal governo duecento fucili di vecchio tipo, con la canna sostituita da un bastone. Portò la tromba e cominciò le esercitazioni. Marce, contromarce, cariche alla baionetta, ritirate, assalti. Il « reggimento » dava spettacoli applauditissimi, e prestava servizio d'ordine anche in chiesa.

Nel pomeriggio di una domenica, mentre molta gente attirata dagli squilli della tromba assisteva entusiasta alle manovre, in un contrassalto avvenne il disastro. L'esercito « sconfitto », in piena rotta, finì nell'orto di Margherita, e incalzato dai vincitori imbaldanziti pestò lattughe, prezzemoli e pomodori.

La « mamma », che assisteva al disastro, ne fu molto avvilita.

— *Varda, varda Giôanin lo ca l'an fait* — mormorò al figlio lì accanto —, *a l'an guastame tüt* (Guarda, guarda Giovanni cosa mi hanno fatto, mi hanno guastato tutto).

« Lasciami tornare a casa »

Fu probabilmente la sera dopo che Margherita non se la sentì più. I ragazzi erano andati a dormire, e lei come al solito aveva davanti un mucchietto di roba da aggiustare: le lasciavano in fondo al letto la camicia strappata, i calzoni sdrusciti, le calze con i buchi. E lei doveva affrettarsi accanto al lume ad olio, perché al mattino non avevano altro da indossare. Don Bosco, lì vicino, la aiutava mettendo le toppe ai gomiti delle giacchette e aggiustando le scarpe.

— Giovanni — mormorò a un tratto —, sono stanca. Lasciami tornare ai Becchi. Lavoro dal mattino alla sera, sono una povera vecchia, e quei ragazzacci mi rovinano sempre tutto. Non ce la faccio proprio più.

Don Bosco non contò una barzelletta « per tirarla su ». Non disse nemmeno una parola: non ce n'era nessuna capace di consolare quella povera donna. Fece solo un gesto: le indicò il Crocifisso appeso alla parete. E quella vecchia contadina capì. Chinò la testa sulle calze con i buchi, sulle camicie strappate, e continuò a cucire.

Non domandò mai più di tornare a casa. Consumerà i suoi ultimi anni tra quei ragazzi fracassoni, maleducati, ma che avevano bisogno di una mamma. Alzerà soltanto qualche volta di più gli occhi al Crocifisso, per prenderne forza, povera vecchia stanca.

Guerra italiana in Lombardia

26 marzo. Dalle notizie che arrivano sembra che stiano fulmineamente realizzandosi i sogni neoguelfi. Ad appoggiare l'esercito di Carlo Alberto « per la liberazione dell'Italia », dagli Stati Pontifici partono 17.000 soldati con il generale Durando, dalla Toscana 7.000 volontari con il Montanelli, Parma e Modena con plebisciti dichiarano di volersi unire al Piemonte.

6 aprile. Trascinato lui pure dall'entusiasmo collettivo, Ferdinando di Napoli dichiara guerra all'Austria, e affida un corpo di spedizione di 16.000 uomini al generale Guglielmo Pepe. La guerra che si combatte in Lombardia è « guerra italiana ».

Notizie liete arrivano a Torino. L'esercito vince le sue prime battaglie a Mozambano e Goito (8-9 aprile), Garibaldi è partito dall'America con la sua « Legione italiana » (15 aprile).

Ma sugli entusiasmi degli italiani, sta arrivando una doccia gelata.

CAPITOLO VENTIQUATTRESIMO

Il crollo delle speranze

Il 27 aprile è arrivato a Roma il conte Rignon, inviato di Carlo Alberto. Chiede a Pio IX appoggio materiale e morale alla guerra. Il Papa gli risponde che quello materiale l'ha già dato, inviando Durando e 17.000 soldati sul Po. Quanto a quello morale, ci deve pensare: « Se potessi ancora firmare *Mastai,* prenderei la penna e in pochi minuti sarebbe fatta, perché anch'io sono italiano. Ma debbo firmare *Pio IX,* e il capo della Chiesa deve essere ministro di pace, e non di guerra ».

Ci pensa due giorni. Due giorni che sono stati passati al microscopio dagli storici, senza molti risultati. Pare che durante quelle 48 ore rapporti dall'Austria e dalla Germania abbiano segnalato masse cattoliche in rivolta contro la Santa Sede, e il pericolo di uno scisma.

Fulmineo capovolgimento

29 aprile. In un discorso ai Cardinali, Pio IX dichiara che le sue riforme sono state provocate non da intenzioni « liberali », ma da sentimenti umani e cristiani. Il proposito di una « guerra contro i Germani » lo turba profondamente. Egli chiede a Dio non guerra ma concordia e pace. Dichiara pure che non potrà diventare « il presidente di una certa nuova repubblica da costituirsi con tutti i popoli d'Italia ».

Le sue parole sono un colpo mortale al sogno neoguelfo.

Subito dopo, Pio IX invia una lettera all'Imperatore d'Austria. Chiede che alle terre italiane sia permesso di riunirsi pacificamente in un'unica nazione. È una mossa coerente con la sua volontà pacifica, ma pecca di ingenuità. Non serve a niente.

Come fulminea è stata la fiammata, fulmineo è il capovolgimento della situazione. Gravi scompigli si verificano sul teatro della guerra e in varie capitali italiane. Leopoldo di Toscana e Ferdinando di

Napoli richiamano le loro truppe. Il re di Napoli va più in là: con un colpo di stato che provoca gravi scontri tra dimostranti e forza pubblica, scioglie il Parlamento (15 maggio).

Il 30 maggio è l'ultima giornata radiosa per Torino. Arriva la bella notizia della vittoria di Goito e della resa di Peschiera. Le strade si imbandierano, le finestre s'illuminano. Si grida: « Viva Carlo Alberto re d'Italia! ».

Subito dopo cominciano i giorni amari. Radetzky espugna Vicenza, occupa Padova, Treviso e Mestre.

La guerra comincia a pesare sulla vita di Torino. Gli affari ristagnano, non c'è denaro in circolazione, molti negozi sono chiusi, numerosi i disoccupati. Si verificano scioperi di calzolai e sarti, proteste per i salari troppo bassi.

Gavettino e rancio all'oratorio

In questo clima di povertà diffusa, anche all'oratorio di Valdocco si tira cinghia. Quando i piccoli lavoratori che vivono con don Bosco tornano a mezzogiorno, si presentano in cucina con il gavettino a ritirare « il rancio ». La pentola che bolle sul fuoco contiene riso e patate, pasta e fagioli, o un intruglio « nutriente » consigliato per il tempo di guerra: castagne secche fatte bollire con farina di polenta.

La minestra la distribuisce don Bosco, che la condisce con parole scherzose: « Fa' onore al cuoco », « Mangiane molta che devi crescere », « Ti vorrei dare un pezzo di carne, ma non ne ho. Se però un giorno troviamo una mucca senza padrone, facciamo festa grande ».

La frutta è spesso un mela. Non una mela ciascuno, ma « una » di numero. Don Bosco la butta in aria con allegria, e chi la piglia la piglia.

Il bar, per tutti, è la pompa che « butta acqua abbondante, freschissima e salubre ».

Sulla tavola, mentre mangiano, sale schiamazzando qualche gallina di mamma Margherita, a beccare la sua parte di briciole.

Il pane « non lo passa il convento ». Don Bosco dà a ciascuno, ogni sera, 25 centesimi perché se lo comprino. Motivo: i gusti e la salute sono diversi. Chi ha stomaco buono e gusti facili, compra galletta da soldato: glie ne viene una quantità notevole. Altri preferiscono pane normale, pasta dura o pasta molle.

Dopo pranzo (e dopo cena che è una copia-carbone del pranzo), ognuno lava il suo gavettino, e si mette in tasca il cucchiaio.

Chi ha appetito gagliardo, prima di pranzo va a raccogliere nell' orto di mamma Margherita un po' di lattuga, e con l'olio e l'aceto comprato con i suoi risparmi, si fa l'insalata.

Tempi duri. Per risparmiare anche i centesimi del parrucchiere, è mamma Margherita che taglia i capelli ai ragazzi. « Il taglio fatto con le forbici mi lasciò con parecchi scalini — ricordava il dottor Federico Cigna —. Me ne lamentai, e la santa donna rispose: " Questi scalini ti faranno andare in Paradiso " ».

Notizie drammatiche

La seconda metà del 1848 fu un susseguirsi di notizie drammatiche. In giugno furono stroncate con i cannoni le insurrezioni di Praga e Parigi. Dal 23 al 26 luglio, sulle alture di Custoza, si ebbe l'urto decisivo tra Austriaci e Piemontesi. La sconfitta di Carlo Alberto fu così grave che non si poté nemmeno organizzare la difesa di Milano.

La notizia, giunta a Torino il 29 luglio, provocò gravi tumulti. Venivano prese di mira specialmente le case dei nobili e quelle dei preti.

Il 6 agosto, Gioberti corse al Quartier Generale del re, a scongiurarlo di non firmare l'armistizio. Ma Carlo Alberto, convinto che l'esercito non fosse più in grado di combattere, il 9 agosto diede ordine al generale Salasco di firmarlo. Era il riconoscimento della sconfitta, la fine delle speranze.

A Torino i politici si scatenarono contro l'inettitudine dei capi, i raggiri dei preti. Invitarono seccamente a inchieste parlamentari, alla punizione dei colpevoli. La capitale era piena di agitazione. « Fu necessario — scrive Francesco Cognasso — prendere misure drastiche: cambio di governo, vietare la vendita dei giornali per le vie, l'affissione di manifesti politici, il riunirsi a discutere in piazza ».

Fucilata in cappella Pinardi

Di quei mesi, don Bosco scrive: « Si giudicava ben fatto ogni sfregio contro il prete e contro la religione. Io fui più volte assalito in casa e per strada. Un giorno, mentre facevo catechismo, una palla di archibugio (= *vecchio fucile*) entrò per una finestra, mi forò la veste tra il braccio e le coste, e andò a fare un largo squarcio nel muro ». Si trovava nella cappella Pinardi, e i ragazzi furono terrorizzati dal colpo improvviso. Toccò a don Bosco (piuttosto scosso dalla fucilata che l'aveva mancato per un pelo) rincuorarli con parole scherzose:

— È uno scherzo un po' pesante. Mi dispiace per la veste, che è l'unica che ho. Ma la Madonna ci vuole bene.

Un ragazzo raccolse il proiettile conficcato nel muro: era una rozza pallottola di ferro.

« Un'altra volta, mentre io ero in mezzo a una moltitudine di ragazzi, in pieno giorno un tale mi assalì con un lungo coltello alla mano. E fu un miracolo se, correndo a precipizio, potei ritirarmi e salvarmi in camera. Il teologo Borel scampò pure per miracolo a una pistolettata ».

Giornali irresponsabili alimentavano l'odio contro i preti. Uscirono grossi titoli anche contro don Bosco: « La rivoluzione scoperta a Valdocco », « Il prete di Valdocco e i nemici della patria ».

Notizie tragiche da Roma

15 settembre. Rientra a Torino il re. Accoglienze fredde e tristi. Voci strane circolano per la città: stanno arrivando truppe francesi con cui si riprenderà la guerra, il re sta per abdicare, sta per scoppiare la rivoluzione.

A metà novembre arrivano tragiche notizie da Roma. Pellegrino Rossi, il moderato Primo Ministro di Pio IX, è stato assassinato dalla folla. La « piazza » impone al Papa di convocare una Costituente e di partecipare alla guerra contro l'Austria.

Una folla di scalmanati gira per le strade di Torino gridando: « Abbasso Pio IX! Abbasso i ministri retrogradi! Viva l'uccisore di Pellegrino Rossi! Guerra! Guerra! ».

Comincia a diffondersi la paura. Paura che cominci la rivoluzione, che si ripeta il « terrore » della Rivoluzione francese.

Mentre novembre finisce, da Roma giunge la notizia che Pio IX è fuggito. Ha finto di cedere alla piazza e poi, travestito da semplice prete, si è rifugiato nel regno di Napoli, a Gaeta.

Il 1848, iniziato nell'entusiasmo delle speranze, tramonta in Italia nelle nebbie dell'incertezza. Nelle altre nazioni è finito sotto il fuoco e il ferro della repressione. Dopo Parigi e Praga, anche Vienna è stata espugnata in ottobre dai cannoni di un generale. Il Parlamento di Berlino è stato soppresso in dicembre.

Due segni di speranza a Valdocco

Nella bassa di Valdocco, dove la nebbia s'infittisce con l'arrivo dell'inverno, don Bosco accoglie con umiltà due segni di speranza.

Per la prima volta un suo ragazzo veste l'abito chiericale. Si chiama Ascanio Savio, è un suo compaesano. Ha frequentato l'oratorio da quando la sede era presso il Rifugio. Ora dovrebbe entrare in seminario, ma quello di Torino è chiuso e quello di Chieri sta per chiudere. La Curia arcivescovile gli permette di compiere la cerimonia della vestizione presso il Cottolengo, e poi di restare all'oratorio per aiutare don Bosco.

Non vi rimarrà per sempre. Dopo quattro anni entrerà in seminario e sarà prete diocesano. Ma dirà di don Bosco: « Lo amavo come se fosse mio padre ». E don Bosco scriverà di lui: « Gli affidai subito una parte dell'assistenza, dei catechismi e la direzione di varie altre cose. Cominciai così a essere un poco sollevato ». Il primo agnello divenuto pastore.

Il secondo avvenimento fu di carattere completamente diverso.

Nell'oratorio si celebrava una festa solenne. Parecchie centinaia di giovani erano pronti a fare la Comunione. Don Bosco celebrò la Messa convinto che nel tabernacolo ci fosse la solita pisside piena di ostie consacrate. Invece la pisside era praticamente vuota. Giuseppe Buzzetti, incaricato della sacrestia (di che cosa non era incaricato quel ragazzo?) si era dimenticato di preparare un'altra pisside, e si accorse della dimenticanza solo dopo la consacrazione, cioè troppo tardi.

Don Bosco, quando i ragazzi cominciarono ad assieparsi per ricevere l'Eucaristia, si accorse con pena che avrebbe dovuto rimandarli tutti al loro posto. Non potendo rassegnarsi, cominciò a distribuire quelle pochissime ostie che erano sul fondo della pisside.

Ed ecco che, con grande meraviglia sua e del povero Buzzetti che reggeva il piattello, le ostie non diminuirono. Bastarono per tutti.

Fu Giuseppe Buzzetti, sbalordito, a contare il fatto ai suoi compagni. Ancora nel 1864 lo raccontò ai primi Salesiani. Don Bosco, presente e serio in volto, lo confermò: « Sì, vi erano poche particole nella pisside, e ciò nonostante potei comunicare tutti coloro che si accostarono alla sacra mensa, e non erano pochi. Ero commosso, ma tranquillo. Pensavo: è un miracolo più grande quello della consacrazione che quello della moltiplicazione. Ma di tutto sia benedetto il Signore ».

Mentre l'Italia era scossa da avvenimenti clamorosi, in un angolo sperduto della periferia torinese il Signore moltiplicava silenziosamente la sua presenza tra i ragazzi di un povero prete. Un segno misterioso ma anche luminosissimo.

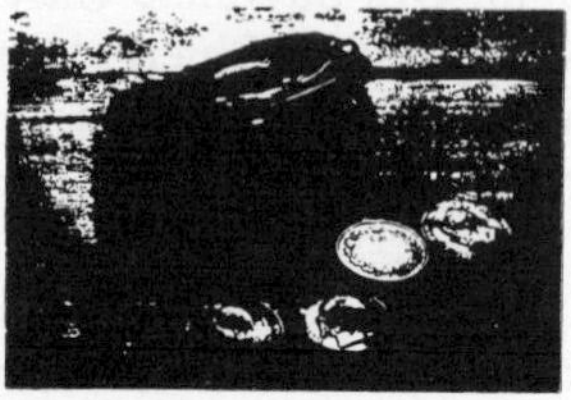

1849, anno spinoso e sterile

« L'anno 1849 fu spinoso, sterile — scrive don Bosco —, sebbene sia costato grandi fatiche ed enormi sacrifici ».

Cominciò per lui con una triste notizia familiare. Il 18 gennaio morì quasi all'improvviso suo fratello Antonio. Aveva solo 41 anni. Negli ultimi tempi veniva sovente all'oratorio, a trovare mamma Margherita e il fratello. Parlavano dei raccolti scarsi, delle tasse pesanti con cui il governo spremeva i contadini per finanziare la guerra. Portava notizie dei sette figli che Dio gli aveva mandato. Il penultimo, Nicolao, era andato in Cielo dopo poche ore di vita, ma gli altri sembravano crescere bene.

Gli anni, la vita, avevano riaccostato i fratelli. Il tempo in cui tra loro c'era stato del ghiaccio sembrava tanto lontano.

« Avrei voluto prenderli a sberle »

Il 1° febbraio, Carlo Alberto inaugurò la Camera uscita dalle elezioni. La forte maggioranza della sinistra lo ascoltò in un silenzio ostile. Per le strade si prese a gridare: « Viva la guerra! Abbasso i preti! Viva la repubblica! ». Sui giornali, caricature oscene di Pio IX « traditore d'Italia ». Sul giornale *Il Fischietto* anche don Bosco fu attaccato con umorismo pesante. Veniva chiamato « il Santo », « il taumaturgo di Valdocco ».

Bande di teppisti ripresero le sassaiole contro la casa Pinardi (che don Bosco aveva affittato completamente).

Per uscire, don Bosco si faceva accompagnare da Brosio « il bersagliere », che ricordava: « Quando passavamo sul corso che ora si chiama *Regina Margherita,* una turba di piccoli barabba insultava sempre don Bosco, gridavano ingiurie poco decenti o cantavano canzonacce schifose. Un giorno avrei voluto prenderli a sberle. Don Bosco invece si fermò, riuscì ad avvicinarne qualcuno, comprò della frutta da una venditrice che aveva il banco lì vicino, e la regalò a quei suoi " amici ", come li chiamava ».

Ancora la guerra

Torino, intanto, respira di nuovo aria di guerra. La sinistra democratica, padrona della situazione, spinge per la ripresa delle armi.

12 marzo. Viene « denunciato » l'armistizio. La guerra scatterà allo scadere degli otto giorni. 75.000 uomini raggiungono la frontiera. Il re parte per Alessandria. Ma fra i soldati, questa volta, non c'è entusiasmo. Il reggimento Savoia si rifiuta di marciare. Ci sono disertori. Alcuni vengono fucilati.

In Lombardia, Radetzky lancia ai suoi soldati la nuova parola d'ordine: « A Torino! ».

23 marzo. Su un fronte di 4 chilometri divampa la « battaglia di Novara ». La Bicocca, centro dei violenti corpo a corpo, è perduta e ripresa più volte. Episodi di autentico eroismo. In un contrassalto alla baionetta muore il generale Passalacqua. Il generale Perrone, ex-primo Ministro, colpito a morte, si fa portare a braccia davanti al re per salutarlo. Alla sera, però, tutto è finito. Le artiglierie di Radetzky, più potenti, hanno liquidato la partita. Il generale Durando racconterà che più volte ha dovuto prendere Carlo Alberto per un braccio e tirarlo via dalla mischia.

La battaglia e la guerra sono perdute. Nella notte è il caos. Da Novara a Oleggio a Momo è tutto un intasamento di carriaggi abbandonati. I soldati sbandati camminano per le strade senza comandi, senza armi. Gridano: « A casa! Paghi Pio IX, paghino i ricchi, paghi chi vuole la guerra, noi andiamo a casa! ».

All'una di notte Carlo Alberto abdica. Con un pastrano da viaggio gettato sulle spalle, esce da Novara in un calesse, e tra quel caos parte per l'esilio.

Per quattro ore si cerca tra i bivacchi delle truppe il nuovo re. Radetzky, all'annuncio dell'abdicazione, ha concesso sei ore di tregua.

Il giovane e frastornato Vittorio Emanuele, barba arruffata, occhi pesti dalla stanchezza, incontra il maresciallo austriaco nel cortile di un cascinale. Chiede che non gli mettano sulle spalle condizioni impossibili, altrimenti dovrà andarsene anche lui, e lasciare il Piemonte in mano ai rivoluzionari. Quando se ne va, il vecchio soldato austriaco (82 anni) mormora al generale Hess: « Povero ragazzo! ».

Ultimo frammento di libertà

Ma il più povero di tutti, in quel momento, è il Paese. A Torino la situazione è tesa. Quando si viene a sapere che gli Austriaci esigono 200 milioni di risarcimento bellico e occuperanno Alessandria, la sinistra si scatena. Si parla apertamente di repubblica. Si chiede la ripresa della guerra ad oltranza. Genova insorge.

Il giovane re piomba a Torino. Ha voglia di « cacciar via a pedate » tutti i deputati, ma ci ripensa. Genova è ripresa con il cannone. Viene nominato primo Ministro Massimo D'Azeglio. La pace viene firmata soltanto il 6 agosto. Dopo un tira e molla molto drammatico, gli Austriaci accettano di abbandonare tutti i territori occupati, compresa Alessandria, e di ridurre il risarcimento a 75 milioni.

Del grande incendio del 1848 rimangono poche braci. I combattenti che si erano trovati fianco a fianco sulle barricate di primavera, sono stati quasi tutti sconfitti. I patrioti che esigevano l'indipendenza sono stati messi a tacere dalle artiglierie austriache. Gli operai sono tornati alla dura giornata di 12 ore. Le Costituzioni liberali sono state abrogate quasi dovunque. Solo in Piemonte lo Statuto è rimasto.

Eppure questo frammento di libertà si rivelerà estremamente importante: attorno al Piemonte si coagulerà l'Italia. Anche gli altri semi di libertà e di uguaglianza, che sembrano dispersi nell'alluvione della repressione, germoglieranno con il lento passare degli anni.

Decine di migliaia di profughi, in questi mesi, vengono a infittire la popolazione di Torino. La vita è difficile. I prezzi dei fitti sono altissimi, i salari assai bassi.

Due piccoli cuori « per grazia ricevuta »

24 giugno, festa di san Giovanni Battista. È l'onomastico di don Bosco. Carlo Gastini e Felice Reviglio, nonostante i tempi difficili, decidono di fare un regalino a don Bosco. Da mesi si sono messi d'accordo in segreto. Hanno risparmiato sul pane e conservato gelosamente le piccole mance. Ma cosa comprare con i prezzi alti che si leggono nelle vetrine dei negozi? Alla fine decidono: due piccoli cuori d'argento, di quelli che la gente acquista per portarli alla Madonna « per grazia ricevuta ». Una scelta strana, ma geniale, e anche commovente.

Alla vigilia della festa, quando tutti sono andati a dormire, vanno a bussare alla porta di don Bosco e glie li offrono, arrossendo fino alla punta delle orecchie.

Quattro ragazzi e un fazzoletto bianco

Gastini e Reviglio sono due ragazzi che don Bosco tiene d'occhio. Nel 1848 hanno fatto gli Esercizi Spirituali insieme ad altri undici. Quest'anno li rifanno insieme a sessantanove, divisi in due turni.

Un'idea fissa di don Bosco è quella di « studiare, conoscere, scegliere alcuni individui » che diano speranza di vocazione sacerdotale.

Al termine degli Esercizi, chiama Giuseppe Buzzetti, Giacomo Bellia, Carlo Gastini e Felice Reviglio. Dice loro:

— Ho bisogno di qualcuno che mi dia una mano nell'oratorio. Che ne direste voi?

— Aiutarla come?

— Prima di tutto riprendendo a studiare. Una scuola veloce, che comprenda anche il latino. Poi, se Dio vorrà, potrete diventare preti.

I quattro si guardano in faccia. Accettano.

Don Bosco mette una sola condizione. Tira fuori il fazzoletto bianco e lo stropiccia tra le mani:

— Vi chiedo di essere nelle mie mani come questo fazzoletto: obbedienti in tutto.

Tra i quattro, solo Bellia ha frequentato tutte le elementari. Don Bosco, in agosto, li mette nelle mani del teologo Chiaves per una energica cura d'italiano. In settembre li porta con sé ai Becchi, ospiti di Giuseppe, e attacca le lezioni di latino.

Tornano a Torino in ottobre. In tempo per partecipare ai grandiosi funerali che la città intera dedica a Carlo Alberto, morto a Oporto.

Il battaglione di Borgo Vanchiglia

In quello stesso ottobre, d'intesa con don Cocchi, don Bosco riapre l'oratorio dell'Angelo Custode in Borgo Vanchiglia, che era stato chiuso da alcuni mesi. Due tettoie, due camere, un camerone adattato a cappella: 900 lire di affitto all'anno. Va a dirigerlo don Carpano, che lascia l'oratorio san Luigi a don Ponte.

In Borgo Vanchiglia continuano le feroci battaglie delle *cocche*. Don Bosco manda in aiuto a don Carpano il « bersagliere » Brosio, che anche là fonda un bellicoso « battaglione », pronto a giocare ma anche a picchiare sul serio.

« Una festa — racconta Brosio — comparvero quaranta barabba, armati di pietre, bastoni e coltelli, per entrare nell'interno dell' oratorio. Il direttore si prese tanta paura che tremava come una foglia. Io, vedendo che erano risoluti di menare le mani, chiusi la porta, radunai i giovani più grandi e distribuii i fucili di legno. Divisi i giovani in squadriglie, con l'ordine che se attaccavano, a un mio segnale contrattaccassero da tutte le parti contemporaneamente, e giù legnate senza misericordia. Radunati i più piccoli, che piangevano di paura, li nascosi in chiesa, e andai di guardia alla porta d'entrata, che gli assalitori tentavano di gettare in terra con urtoni poderosi. Qualcuno, frattanto, era andato ad avvisare i soldati di cavalleria, che accorsero con le sciabole sguainate ».

Quella volta andò bene.

Sul saccone di foglie

Il 18 novembre, ad abitare con don Bosco viene don Giacomelli, già suo compagno di seminario a Chieri. Rimarrà a Valdocco due anni. Con il suo aiuto e quello del chierico Ascanio Savio, don Bosco può aumentare il numero dei ragazzi ospitati, i « convittori », che salgono così a 30.

Saranno 36 nel 1852, 76 nel 1853, 115 nel 1854. Nel 1860 saranno 470, e 600 nel 1861. La punta massima sarà quella di 800.

La vita di quei ragazzi continua a essere estremamente povera. D'inverno si gela in chiesa e altrove, esclusa la cucina e una stanza dove viene accesa una stufa a legna. Il materasso di lana o di crine è un lusso di pochi. La maggior parte dorme sul saccone di foglie secche o di paglia. I pochi soldi della comunità, don Bosco li ha affidati a Giuseppe Buzzetti, che nel 1849 ha 17 anni, e si stupisce di quella totale fiducia.

La domenica, questi ragazzi « convittori » partecipano integralmente alla vita dei cinquecento ragazzi che invadono l'oratorio, ai giochi, alle passeggiate.

Quattro soldi di polenta

Nell'ultimo scorcio del 1849, mentre — dicono le cronache — molta gente nella cintura di Torino patisce la fame, la storia di don Bosco registra alcuni avvenimenti misteriosi. Potremmo chiamarli (se la parola non fosse troppo grossa) « i miracoli poveri che un prete ottiene per la povera gente ».

Il primo lo racconta Giuseppe Brosio « il bersagliere », in una lettera a don Bonetti.

« Un giorno, mentre ero nella camera di don Bosco, si presenta un uomo a domandare l'elemosina. Raccontò che aveva cinque figli che da un giorno intero non mangiavano. Don Bosco si frugò nelle tasche. Trovò solo quattro soldi (un quinto di lira), e glieli diede con la sua benedizione.

Rimasti soli, don Bosco mi disse che gli rincresceva non aver avuto altro denaro: se avesse avuto cento lire gliele avrebbe date. Gli dissi:

— E come fa a sapere che le ha detto la verità? Se fosse uno scroccone?

— No, è sincero e leale. Ti dico di più: è laborioso e molto affezionato alla sua famiglia.

— Come fa a saperlo?

Allora don Bosco mi prese per mano, mi guardò fisso in faccia, e sottovoce mi disse:

— Gli ho letto nel cuore.

— Oh bella! Ma allora lei vede anche i miei peccati?

— Sì, ne sento l'odore — mi rispose ridendo. E devo dire che mi leggeva proprio nel cuore. Se mi dimenticavo qualcosa in confessione, mi poneva sotto gli occhi la cosa precisa quale era. E io abitavo a un chilometro lontano da lui. Un giorno avevo fatto un'opera di carità che mi era costata un grande sacrificio, e questo era segreto a tutti. Andai all'oratorio, e don Bosco, appena mi vide, mi prese per mano e disse: " Che bella cosa ti sei preparato per il Paradiso! ". " Che cosa ho fatto? ", gli domandai. E lui mi disse punto per punto tutto ciò che avevo fatto.

Qualche tempo dopo, per Torino, incontrai l'uomo a cui don Bosco aveva dato i quattro soldi. Mi riconobbe, mi fermò e mi disse che con quei soldi era andato a comprare della farina per la polenta, e che lui e tutta la famiglia ne avevano mangiato a sazietà. E mi ripeteva:

— In famiglia, noi lo chiamiamo " il prete del miracolo della polenta " perché, con quattro soldi, di farina ce n'era scarsa per due persone, e invece ne mangiammo in sette ».

« Lo chiamai per nome: Carlo! »

Il secondo lo riferisce per scritto, in francese, la marchesa Maria Fassati nata De Maistre. Dichiara: « Ho sentito questo racconto dalla bocca stessa di don Bosco, e ho cercato di scriverlo con la massima fedeltà.

Un giorno qualcuno venne a cercare don Bosco per un giovane che frequentava ordinariamente l'oratorio, e che pareva gravemente ammalato. Don Bosco era assente, e non tornò a Torino che due giorni dopo. Poté recarsi dal malato solo il giorno seguente, verso le quattro del pomeriggio.

Arrivando alla casa dove abitava, vide il drappo nero alla porta, con il nome del giovane che veniva a trovare. Tuttavia salì, per vedere e consolare i poveri genitori. Li trovò in lacrime. Gli raccontarono che il loro figlio era morto nella mattinata. Don Bosco domandò allora se poteva salire alla stanza dov'era il corpo del defunto, per rivederlo ancora una volta. Uno della famiglia lo accompagnò.

— Entrando nella camera — ha affermato don Bosco —, mi venne il pensiero che non fosse morto, mi avvicinai al letto e lo chiamai per nome: " Carlo! ". Allora egli aprì gli occhi e mi salutò con un sorriso stupito. " Oh, don Bosco — disse ad alta voce — mi avete svegliato da un brutto sogno! ".

In quel momento, alcune persone che erano nella stanza fuggirono spaventate, lanciando grida e rovesciando i candelieri. Don Bosco si affrettò a strappare il lenzuolo nel quale era stato avvolto il giovane, che continuò a parlare così:

" Mi pareva di essere spinto in una caverna lunga, oscura, e così stretta che potevo appena respirare. Al fondo vedevo come uno spazio più largo e più chiaro, dove molte anime venivano giudicate. La mia angoscia e il mio terrore crescevano sempre più, perché vedevo un gran numero di condannati. Ed ecco che era arrivato il mio turno, e stavo per essere giudicato come loro, terrorizzato perché avevo fatto male la mia ultima confessione, quando voi mi avete svegliato! ".

Frattanto il padre e la madre di Carlo erano accorsi alla notizia che il loro figlio era vivo. Il giovane li salutò cordialmente, ma disse loro di non sperare nella sua guarigione. Dopo averli abbracciati, domandò di essere lasciato solo con don Bosco.

Gli raccontò che aveva avuto la disgrazia di cadere in un peccato che aveva creduto mortale, e che sentendosi molto male l'aveva mandato a cercare con la ferma intenzione di confessarsi. Ma non l'avevano trovato. Avevano chiamato un altro prete che non conosceva, e a lui non aveva avuto il coraggio di confessare quel peccato. Dio gli aveva appena fatto vedere che aveva meritato l'inferno con quella confessione sacrilega.

Si confessò con molto dolore, e dopo aver ricevuto la grazia dell'assoluzione, chiuse gli occhi e spirò dolcemente ».

Un cesto di castagne che non si svuota mai

Il terzo avvenimento lo riferì Giuseppe Buzzetti, e lo confermò per scritto Carlo Tomatis, che fu tra i primi ragazzi ospiti di don Bosco.

Nel giorno dei morti, don Bosco aveva portato tutti i ragazzi dell'oratorio festivo a visitare il cimitero e a pregare. Per quando fossero tornati, aveva promesso le castagne cotte. Ne aveva fatto comprare tre grossi sacchi.

Mamma Margherita però non aveva capito le sue intenzioni, e ne aveva fatto cuocere soltanto tre o quattro chili.

Giuseppe Buzzetti, il giovanissimo « economo », arrivato a casa prima degli altri, vide la faccenda e disse:

— Don Bosco ci resterà male. Bisogna avvertirlo subito.

Ma nel trambusto del ritorno di tutta la truppa affamata, Buzzetti non riuscì a spiegarsi. Don Bosco prese dalle sue mani la piccola cesta e cominciò a distribuire castagne con il grosso mestolo bucherellato. Nella baraonda Buzzetti gli gridava:

— Non così! Non ne abbiamo per tutti!

— Ma ce ne sono tre sacchi in cucina.

— No, queste sole, queste sole! —, cercava di dirgli Buzzetti mentre i ragazzi urlavano e premevano a ondate. Don Bosco rimase interdetto.

— Io però le ho promesse a tutti. Continuiamo così fin quando ce ne sarà.

Continuò a distribuirne un mestolo colmo a ciascuno. Buzzetti guardava nervoso le poche manciate rimaste in fondo al cesto, e la fila che sembrava sempre più lunga. Qualcun altro cominciò a guardare insieme a lui. A un tratto si fece quasi silenzio. Centinaia di occhi fissavano sgranati quel cesto che non si svuotava mai...

Bastarono per tutti. E forse per la prima volta, quella sera, i ragazzi con le mani piene di povere castagne gridarono: « Don Bosco è un santo! ».

CAPITOLO VENTISEIESIMO

Una casa e una chiesa

Negli ultimi mesi del 1849 don Bosco inoltrò una petizione al Ministero dell'Interno per avere un sussidio per il suo oratorio.

In un pomeriggio domenicale del gennaio 1850 una commissione di tre senatori, Sclopis, Pallavicini e Collegno, scese a Valdocco per visitare l'opera e farne relazione al Senato e al Ministro.

L'impressione fu molto positiva. Videro cinquecento ragazzi giocare nei cortili e nei prati, li videro pregare ammassati nella cappella e dintorni, s'informarono minutamente dell'Ospizio dove erano ricoverati trenta convittori.

Il conte Sclopis interrogò a caso un ragazzo, Giuseppe Vanzino. Seppe che era di Varese, faceva lo scalpellino, era orfano di padre. Riuscì anche a sapere, tra uno scoppio di lacrime del ragazzo, che sua madre era in prigione.

— Alla sera dove vai a dormire? — chiese il conte un po' impacciato.

— Fino a qualche giorno fa dormivo in casa del padrone, ma adesso don Bosco mi ha preso in casa sua.

La relazione al Senato la fece Pallavicini. È registrata negli *Atti Ufficiali* del 1° marzo. Dice: « L'istituzione del distinto e zelante sacerdote Giovanni Bosco manifestasi eminentemente religiosa, morale, proficua. Danno gravissimo sarebbe per la città se dovesse interrompersi o perdersi per mancanza di soccorsi. La nostra Commissione invia istanza al Ministero dell'Interno perché voglia venire efficacemente in soccorso di un'Opera sì utile e vantaggiosa ».

In lire, quelle parole fruttarono a don Bosco tre biglietti da cento dal Senato e due biglietti da mille dal Ministro, Urbano Rattazzi.

Ma non furono le lire (ben accette e benedette) il frutto maggiore. In Piemonte stava per scoppiare il lungo e tormentato bisticcio tra Stato e Chiesa. La visita e la relazione dei tre senatori, che don Bosco aveva sollecitato, avrebbero permesso all'oratorio di superare senza eccessivi danni il grosso temporale.

L'arcivescovo arrestato

Erano giorni « roventi ». Alla Camera si discutevano i progetti-legge presentati dal ministro della Giustizia Siccardi. Si intendeva abolire alcuni antichi privilegi ecclesiastici: il *foro ecclesiastico* (fino allora i vescovi e i preti accusati di delitti comuni, non venivano giudicati dai tribunali pubblici, ma dai tribunali ecclesiastici, per rispetto alla loro persona sacra), il *diritto d'asilo* (fino allora la polizia non poteva arrestare persone accusate di delitti se esse si rifugiavano in una chiesa o in un convento), la possibilità di accrescere i *beni della Chiesa.*

L'8 aprile le leggi Siccardi furono approvate dalla Camera e dal Senato (per i quali aveva diritto di votare solo il 2% della popolazione. I cattolici, numerosissimi, avevano una rappresentanza minima in Parlamento). Il 9 furono sanzionate dal re. In città si scatenarono le bande anticlericali. Si improvvisarono cortei con gente che urlava: « Abbasso i preti! Viva Siccardi! ». Il punto di convegno fu il palazzo arcivescovile. Dapprima furono solo grida e insulti: « A morte Fransoni! Via il delegato pontificio! ». Poi si aggiunsero i sassi: i vetri delle finestre furono fracassati, si tentò di sfondare il portone d'ingresso. Dovettero accorrere gli squadroni della cavalleria con le sciabole sguainate.

Alla fine di luglio Pietro Derossi di Santarosa, ministro dell' Agricoltura, si ammala gravemente. Chiede i sacramenti. Il parroco, della congregazione dei Serviti, riceve dall'arcivescovo l'ordine di esigere dal malato pubblica ritrattazione dell'approvazione data alle leggi Siccardi. Santarosa rifiuta, e muore il 5 agosto senza Viatico.

Nelle vie di Torino si rinnovano i tumulti. I Serviti sono espulsi. Il ministro della Guerra, Alfonso La Marmora, chiede a mons. Fransoni di rinunciare all'arcivescovado. Davanti al suo rifiuto, lo fa arrestare dai carabinieri il 7 agosto e internare nella fortezza di Fenestrelle, presso il confine francese. Di qui l'arcivescovo il 28 settembre sarà bandito dallo Stato.

Squadracce prendono d'assalto i conventi della città. Oblati, Barnabiti, Domenicani devono barricarsi nelle loro case. Il 14 agosto un certo Volpato si presenta a Valdocco e avverte don Bosco che in serata verrà preso d'assalto anche l'oratorio. Meglio che se ne vada subito con i ragazzi.

Don Bosco ci pensa, poi decide di restare. Alle 16 la colonna dei dimostranti sta scendendo verso la periferia. Ma tra quella gente (attesta don Lemoyne) c'è uno a cui don Bosco ha fatto del bene. Ferma i primi gruppi e dice:

— Facciamo male ad assalire l'oratorio. Troveremo soltanto dei ragazzi poveri e un prete che dà loro da vivere. Don Bosco è uno del popolo come noi. Lasciamolo in pace.

Si discute, poi la colonna prende un'altra strada.

La seconda quadretta

Sotto il grande temporale, don Bosco continua a lavorare in silenzio. Michelino Rua, nell'estate 1850, ha finito le elementari dai Fratelli delle Scuole Cristiane, e don Bosco non lo perde d'occhio. Un giorno lo chiama in disparte:

— Che cosa hai intenzione di fare il prossimo anno?

— Mia mamma ha parlato con il direttore della *Fabbrica d'Armi*. Mi accettano a lavorare negli uffici, e così potrò aiutare la famiglia.

— Anch'io ho parlato con qualcuno. I tuoi insegnanti mi hanno detto che il Signore ti ha dato una bella intelligenza, e che sarebbe un peccato se non continuassi a studiare. Te la sentiresti?

— Certo. Ma mia madre è povera, il papà non ce l'ho più. Dove vuole che vada a prendere i soldi per la scuola?

— A questo ci penso io. Tu chiedi soltanto a tua madre se ti lascia cominciare la scuola di latino.

La signora Giovanna Maria fissò a lungo il suo ragazzo alto e pallido. Lo sentì parlare con entusiasmo di don Bosco, e rispose:

— Io sono contenta, Michelino. Ma la tua salute reggerà? Il Signore s'è già preso con sé quattro dei tuoi fratelli, e tu sei ancora più gracile di loro. Di' a don Bosco che non ti tenga troppo sui libri.

Siccome Michelino abitava a pochi passi dall'oratorio e aveva veramente poca salute, don Bosco lo lasciò ancora a casa sua per due anni. Ma nel novembre cominciò a mandarlo alla scuola privata del professore Giuseppe Bonzanino. Alla sera, gli faceva lui stesso ripetizione di aritmetica e sistema metrico decimale. Accanto a Rua c'erano i giovani Angelo Savio, Francesia e Anfossi, la seconda quadretta che don Bosco sperava di portare fino al sacerdozio.

Alla domenica, mentre Buzzetti e gli altri davano una mano a don Bosco, Michele Rua e Angelo Savio partivano per gli oratori di Vanchiglia e Porta Nuova, dove aiutavano nell'assistenza e nel fare catechismo.

2 febbraio 1851. Dopo quattordici mesi di « scuola di fuoco », i suoi primi quattro ragazzi hanno superato brillantemente l'esame presso la Curia torinese. Buzzetti, Gastini, Bellia, Reviglio ricevono l'abito chiericale all'oratorio. Don Bosco è raggiante. Gli pare che i primi agnelli, finalmente, stiano diventando pastori. Si inganna:

di quei quattro ragazzi (che il giorno dopo cominciano la scuola di filosofia) solo Bellia e Reviglio diventeranno preti, ma non si fermeranno all'oratorio. Gastini presto si scoraggerà e lascerà gli studi. Buzzetti rimarrà con don Bosco, ma senza diventare prete. La prima speranza che si realizzerà in pieno è quel ragazzo alto e pallido che continua a vivere con sua madre, Michelino Rua.

30.000 lire e un po' di capogiro

Dopo la vestizione dei primi quattro « chierichetti », don Bosco pensò alla casa. Non poteva vivere in un luogo non suo, che dall' oggi al domani poteva essere venduto a estranei. Una domenica pomeriggio, mentre don Borel predicava, affrontò Francesco Pinardi:

— Se mi fa un prezzo onesto, compro tutta la sua casa.

— E io il prezzo onesto ce lo faccio. Mi dica la sua offerta.

— L'ho fatta stimare da un galantuomo, l'ingegnere Spezia. Nello stato attuale mi dice che vale dalle 26 alle 28.000 lire. Io gliene offro 30.000.

— Pagamento in contanti e tutto in una volta?

— Va bene.

— Mi stringa la mano, fra quindici giorni firmiamo lo stumento.

Don Bosco strinse la mano, e sentì un po' di capogiro: 30.000 lire di allora corrispondevano a più di 60 milioni di oggi. Dove trovare tutti quei soldi in quindici giorni? Ecco cosa scrive con semplicità don Bosco:

« Cominciò allora un bel tratto della divina Provvidenza. Quella sera stessa don Cafasso, cosa insolita nei giorni festivi, mi viene a far visita, e mi dice che una pia persona, contessa Casazza-Riccardi, l'aveva incaricato di darmi diecimila lire da spendersi in quello che avrei giudicato della maggior gloria di Dio. Il giorno dopo giunge un religioso rosminiano, che mi porta a prestito lire 20 mila ». Il prestito era al 4%, e l'abate Rosmini non insistette mai per avere né l'interesse né il capitale. « Le tre mila lire di spese accessorie furono aggiunte dal cav. Cotta, nella cui banca venne stipulato lo strumento ».

Era il 19 febbraio 1851. Difficile non vederci la mano della Provvidenza, e più difficile ancora, per don Bosco, non andare avanti per la stessa strada.

« E adesso una bella chiesa »

Una sera di quello stesso mese, mentre con mamma Margherita aggiustava gli abiti dei ragazzi che dormivano, mormorò quasi tra sé:

— E adesso voglio innalzare una bella chiesa in onore di san Francesco di Sales.

A Margherita caddero di mano ago e filo:

— Una chiesa! Ma dove prenderai il denaro? Non riusciamo quasi a dare pane e vestiti a questi poveretti, e tu parli di una nuova chiesa. Io spero che ci penserai due volte, e che te l'intenderai bene con il Signore, prima di imbarcarti in una faccenda del genere.

— Mamma, se voi aveste del denaro, me lo dareste?

— Sicuro, ma non ho più niente.

— E Dio che è più buono e più generoso di voi volete che non me lo dia?

Come si faceva a « ragionare » con un figlio così?

D'altra parte, don Bosco aveva tutte le giustificazioni: la cappella Pinardi era stata ingrandita, ma i ragazzi non ci stavano nemmeno fosse stata a tre piani. Inoltre « siccome per entrarvi bisognava discendere due gradini — scrive don Bosco —, d'inverno e in tempo piovoso eravamo allagati, mentre d'estate eravamo soffocati dal caldo e dal tanfo eccessivo ».

Il disegno lo fece eseguire dal cavalier Blanchier, impresario fu Federico Bocca.

— L'avverto — gli disse ridendo don Bosco — che qualche volta non avrò il denaro per pagarla.

— E allora andremo più adagio nei lavori.

— No no. Voglio invece che andiamo in fretta, e che tra un anno la chiesa sia finita.

Federico Bocca si strinse nelle spalle:

— E allora andremo in fretta. Ma lei vada in fretta anche con le lire.

Per 16 anni vi batté il cuore dell'opera di don Bosco

« Scavate le fondamenta — ricorda don Bosco —, fu fatta la benedizione della pietra fondamentale il 20 luglio 1851 ». La collocò il cav. Giuseppe Cotta, uno dei più grandi benefattori di don Bosco. Il componimentino di ringraziamento lo lesse Michele Rua,

14 anni. Il discorso fu tenuto da un celebre oratore, padre Barrera, In genere si esagera sempre in queste circostanze: si cercano immagini ad effetto. Barrera piazzò anche lui la sua bella immagine, ma non riuscì ad esagerare. Disse: « Questa pietra è il granello di senapa. Crescerà come un albero, presso il quale molti ragazzi verranno a rifugiarsi ».

I soldi furono il grande rompicapo. Don Bosco bussò a tutte le porte conosciute e a molte altre, ma riuscì a mettere insieme un massimo di 35.000 lire. Ne mancavano altre 30.000.

Anche i ragazzi gli davano una mano come potevano. Don Giovanni Turchi ricordava: « Le mura della nuova chiesa erano all'altezza dei finestroni, e io pure coi compagni attesi a sporgere mattoni sino sopra i ponti ».

Per radunare quelle benedette 30.000 lire mancanti, don Bosco si gettò per la prima volta nell'avventura di una lotteria pubblica. Ricordava: « Si raccolsero tremila trecento doni. Il Papa, il Re, la Regina Madre e la Regina Consorte si segnalarono con le loro offerte ». I premi furono esposti pubblicamente in una vasta sala dietro la chiesa di S. Domenico. L'elenco dei premi fu illustrato da un voluminoso *dépliant*.

Lo spaccio dei biglietti costò molte umiliazioni a don Bosco. Ma la somma ricavata fu veramente notevole: 26.000 lire nette. D'ora innanzi, quando si troverà al verde, don Bosco penserà a una lotteria. Nelle ultime lettere della sua vita, scritte con mano ormai tremante, raccomanderà ancora di « accettare un blocchetto di biglietti per la mia lotteria ».

La chiesa fu consacrata il 20 giugno 1852. Essa sorge ancora all'estremità della casa Pinardi, un po' umiliata dalla grandezza della Basilica di Maria Ausiliatrice che arriva fino a tre metri dalla sua porta. È la « Porziuncola » salesiana. Tra queste mura per 16 anni (dal giugno 1852 al giugno 1868) batté il cuore dell'opera di don Bosco.

Il giovanissimo san Domenico Savio veniva qui a pregare. Davanti all'altarino della Madonna, sulla destra, si consacrò a lei. In questa chiesa approdarono Michele Magone, il monello di Carmagnola, e Francesco Besucco, il ragazzino dell'Argentera che nel 1863 rinnovò la bontà eroica di Domenico Savio.

Qui disse la sua prima Messa don Michele Rua. Per quattro anni frequentò questa chiesa, e più volte al giorno, mamma Margherita, sempre più vecchia e stanca. Trovava qui la forza di ricominciare ogni giorno a lavorare per i ragazzi poveri.

Il diavolo, forse

« Con la nuova chiesa — annota don Bosco — si dava provvedimento a quei giovanetti che desideravano intervenire alle sacre funzioni, e anche alle scuole serali e diurne *(la cappella Pinardi, la chiesa e la sacrestia nuova venivano usate lungo il giorno come aule scolastiche)*. Ma come provvedere alla moltitudine di poveri fanciulli che ogni momento chiedevano di essere ricoverati? ». Conclude tranquillo: « In quel momento di supremo bisogno fu presa la deliberazione di fabbricare un nuovo braccio di casa ».

Si era in autunno inoltrato, ma si procedette a tutta forza e presto si giunse al tetto. Ma allora cominciò il brutto tempo. « L'acqua diluviò più giorni e più notti, e scorrendo e colando rose la calcina fresca, restando così le mura di soli mattoni e ciottoli lavati. Era circa la mezzanotte del 2 dicembre — scrive sempre don Bosco — quando si ode un rumore violento, che si fa più intenso e spaventoso. Erano le mura che cadevano rovinosamente ».

Ai ragazzi esterrefatti, don Bosco disse:

— È uno scherzo del diavolo. Ma con l'aiuto di Dio e della Madonna ricostruiremo tutto.

Il diavolo avrà fatto la parte sua, ma l'economo don Giraudi che poté esaminare i resti di quei muri afferma che erano imbottiti di pietra e di sabbia di fiume. La calce era magrissima. Don Bosco tirava da sparagnino sui prezzi, e l'impresario qualcosa voleva pure guadagnarci...

Il danno di don Bosco fu di 10.000 lire. I lavori poterono essere ripresi solo a primavera, e l'edificio compiuto nell'ottobre 1853. « Essendo nel massimo bisogno di locali — scrisse don Bosco — siamo tosto volati a occuparlo. Scuole, refettorio, dormitorio poterono regolarsi e stabilizzarsi, e il numero degli allievi fu portato a 65 ».

CAPITOLO VENTISETTESIMO

E Dio mandò un cane

Il 17 febbraio e il 29 marzo 1848, Carlo Alberto aveva concesso « parità di diritti civili » ai protestanti e agli ebrei, che fino allora erano stati soltanto « tollerati ».

I cattolici pensavano che, ottenuta la parità di diritti, i protestanti se ne sarebbero stati tranquilli e quieti. Si accorsero invece, con apprensione, che la setta dei Valdesi era pronta a scatenare una vera campagna di proselitismo.

Fece uscire tre giornali: *La buona Novella, La Luce Evangelica, Il rogantino piemontese.* Editò e diffuse a prezzi popolari libri di propaganda. Organizzò cicli di conferenze.

Era il primo impatto secco con il « pluralismo ». I cattolici piemontesi s'indignarono, ma non seppero fare molto di più.

I vescovi piemontesi si riunirono nel 1849 a Villanovetta (Cuneo). « Indignarsi non serve a nulla — conclusero —. Bisogna reagire, impegnarsi nella stampa e nella predicazione ».

Frutti concreti delle riunioni furono la pubblicazione della *Collezione dei buoni libri* (settembre 1849), del giornale *La Campana* (marzo 1850) e delle *Letture Cattoliche* (marzo 1853).

Queste ultime (una serie di libretti agili) furono ideate da don Bosco, e furono appoggiate specialmente dal vescovo di Ivrea.

Non dialogo ma muro contro muro

I primi sei libretti furono scritti da don Bosco. Uscirono dal marzo all'agosto del 1853, ed ebbero come titolo generale: *Il Cattolico Istruito nella sua Religione.*

Don Bosco ricordava sorridendo che il Vicario generale di Torino gli aveva detto: « Io non mi sento di mettere la mia firma lì sotto. Lei sfida e prende di fronte i nemici ». Don Bosco li aveva scritti con la stessa decisione con cui si va alla battaglia. Non sapeva nemmeno cosa fosse il « dialogo ». Il suo stile era « muro contro muro ». Bisognava salvare i giovani e la gente per la Chiesa, per Dio, per la vita eterna, e quindi bisognava lottare, battersi. Le *Letture Cattoliche* furono accolte con consensi vastissimi, il numero di lettori fu straordinario. « Ma di qui appunto cominciarono le ire dei protestanti », scrive.

A Valdocco scesero i pastori valdesi Bert e Meille, l'evangelico Pugno. Cercavano di persuadere don Bosco a interrompere le *Letture,* o almeno a moderare i toni. Ma non ottennero nulla.

« Una domenica sera del mese di gennaio mi furono annunciati due signori. Entrarono e si complimentarono:

— Voi, signor Teologo, avete un gran dono: quello di farvi capire e leggere dal popolo. Dovreste dedicarvi a esporre la storia, la geografia, la fisica. Dovreste invece mettere da parte le *Letture Cattoliche:* sono argomenti fritti e rifritti. Noi siamo pronti a finanziarvi se iniziate un'opera di storia (mi porsero quattro biglietti da mille) e interrompete questo lavoro inutile.

— Se è un lavoro inutile, perché spendere denaro per farmi smettere? Vedete, facendomi prete mi sono consacrato al bene della Chiesa e della povera gente, e intendo continuare, anche scrivendo e stampando le *Letture Cattoliche.*

Il tono cambiò. Le voci si fecero minacciose:

— Voi fate male. Se uscite di casa, sarete sicuro di rientrare?

Mi alzai. Aprii l'uscio della camera:

— Buzzetti, dissi, conduci questi signori fino al cancello ».

Vino e castagne

Uscendo, quei « signori » avevano borbottato: « Ci rivedremo ». Don Bosco, nell'ultimo capitolo delle sue *Memorie,* racconta come « si fecero rivedere », e annota: « Sembrava ci fosse una trama personale contro di me ». Riportiamo il suo racconto, condensandolo dove ci sembra necessario.

« Una sera, mentre facevo scuola, due uomini vennero a chiamarmi in fretta: all'osteria del *Cuor d'Oro (via Cottolengo 34)* c'era un moribondo. Ci andai, ma volli essere accompagnato da alcuni dei giovani più grandi, nonostante cercassero di dissuadermi.

Giunti al *Cuor d'Oro* mi condussero in una stanza a pian terreno, dove parecchi buontemponi stavano mangiando castagne. Vollero che mi servissi e mangiassi con loro. Rifiutai.

— Almeno berrà un bicchiere del nostro vino. Un sorso non le farà certamente male.

Versarono vino per tutti, ma giunti a me, uno si recò maldestramente a prendere una bottiglia diversa. Presi il bicchiere, dissi " Salute ", e lo riposi sulla tavola.

— Non faccia questo, è un dispiacere.

— È un insulto.

— Ma io non ho voglia di bere —. Allora si fecero minacciosi:

— Bisogna che beva a qualunque costo! —. Uno mi bloccò la spalla sinistra, un altro, la spalla destra —. Deve bere per amore o per forza.

— Se volete assolutamente che beva, lasciatemi almeno libere le braccia — dissi scrollandomeli di dosso —. E siccome io non posso bere, lo darò a uno dei miei ragazzi, che berrà al mio posto —. Pronunciando queste parole, feci un lungo passo verso l'uscio, lo spalancai e invitai i giovani a entrare ».

Davanti a quei giovanottoni cambiarono tono. Si scusarono, dissero che il malato si sarebbe confessato il giorno dopo. « Una persona amica fece indagini, e mi riferì che un tale aveva pagato loro una cena a patto che mi avessero costretto a bere del vino che aveva preparato per me ».

« Dovevano farmi la festa »

« Sembrano favole gli attentati che racconto, ma purtroppo sono veri, ed ebbero moltissimi testimoni.

Una domenica sera di settembre fui chiamato in fretta in casa Sardi, vicino al Rifugio, per confessare una malata in fin di vita. Invitai parecchi dei più grandi ad accompagnarmi: ormai sospettavo di tutto. Lasciai alcuni giovani ai piedi della scala; Giuseppe Buzzetti e Giacinto Arnaud mi accompagnarono fino al pianerottolo, a poca distanza dall'uscio dell'ammalata.

Entrai, e vidi una donna ansante, come se stesse per mandare l'ultimo respiro. Invitai quattro persone lì presenti ad allontanarsi per confessarla.

— Prima di confessarmi — strillò la vecchia — voglio che quel briccone mi domandi scusa.

— Io non ti ho fatto niente!

— Silenzio! — gridò un altro alzandosi in piedi. Successe una litigata furibonda, e prima che riuscissi a capire di che cosa si trattava, qualcuno spense i lumi, e una pioggia di bastonate si abbatté nella mia direzione. Feci appena in tempo ad afferrare una sedia, ad alzarla a protezione della testa e a precipitarmi verso la porta. Le bastonate, che dovevano farmi la festa, fracassarono la sedia. Solo una mi colpì il pollice della mano sinistra, portandomi via l'unghia con mezza falange. In mezzo ai miei giovani tornai a casa ».

« Sembra — annota don Bosco — che ogni cosa fosse ordita per farmi desistere dal calunniare i protestanti ».

Il « Grigio »

« I frequenti brutti scherzi a cui ero fatto segno mi consigliarono a non camminare da solo nell'andare e venire dalla città di Torino (allora tra l'oratorio e la città c'era un lungo tratto di campagna ingombro di cespugli e acacie).

Una sera oscura venivo a casa soletto, non senza un po' di panico, quando mi vedo accanto un grosso cane che a primo aspetto mi spaventò; ma facendo moine come se fossi il suo padrone, ci siamo tosto messi in buona relazione, e mi accompagnò fino all'oratorio. Ciò succedette molte altre volte. Posso dire che il " Grigio " *('l Gris, lo chiamò don Bosco in piemontese)* mi ha reso importanti servigi. Verrò esponendo quanto è pura verità.

Sul finire del novembre 1854, una sera nebbiosa e piovosa, venivo solo dalla città. Ad un tratto mi accorgo che due uomini camminavano a poca distanza davanti a me. Acceleravano o rallentavano a seconda che io acceleravo o rallentavo. Tentai di tornare indietro, ma era troppo tardi: con due balzi, in silenzio, mi gettarono un mantello sulla testa. Tentai di non lasciarmi avviluppare, volevo gridare, ma non ci riuscii. In quel momento apparve il Grigio. Urlando si lanciò con le zampe contro la faccia di uno, poi azzannò l'altro.

— Chiami questo cane! — si misero a gridare.

— Lo chiamo se mi lasciate in pace.

— Lo chiami subito! — implorarono.

Il Grigio continuava a urlare come un lupo arrabbiato. Andarono via lesti, e il Grigio, standomi al fianco, mi accompagnò fino a casa.

Tutte le sere che non ero accompagnato, entrato tra gli alberi, vedevo spuntare il Grigio. I giovani dell'oratorio lo videro molte volte entrare in cortile. Una volta, spaventati, due ragazzi lo vollero prendere a sassate, ma Giuseppe Buzzetti intervenne:

— Lasciatelo stare, è il cane di don Bosco.

Allora si misero ad accarezzarlo, e lo accompagnarono in refettorio, dove stavo facendo cena con alcuni chierici e mia madre. Lo guardarono sbigottiti:

— Non temete, io dissi, è il mio Grigio, lasciatelo venire.

Difatti, compiendo un largo giro intorno alla tavola, mi venne vicino tutto festoso. Gli offrii minestra, pane e pietanza, ma rifiutò tutto. Appoggiò la testa sulla mia tovaglia, come volesse darmi la buona sera, quindi si lasciò accompagnare dai giovani sulla porta. Mi ricordo che quella sera ero venuto a casa tardi, e un amico mi aveva portato nella sua carrozza ».

Carlo Tomatis, che in quegli anni frequentava da studente l'oratorio, testimoniò: « Era un cane di aspetto veramente formidabile. Molte volte mamma Margherita vedendolo esclamava: " Oh la brutta bestiaccia ". Aveva una figura quasi di lupo, muso allungato, orecchie dritte, pelo grigio, altezza un metro ».

Una sera — testimoniò Michele Rua che vide il Grigio due volte — don Bosco doveva uscire per degli affari urgenti, ma trovò il Grigio sdraiato sulla soglia. Cercò di allontanarlo, di scavalcarlo. Ma sempre il cane ringhiava e lo respingeva indietro. Mamma Margherita, che ormai lo conosceva, disse a suo figlio:

— *Se t' veuli nen scouteme mi, scouta almen 'l can; seurt nen* (Se non vuoi ascoltare me, ascolta almeno il cane; non uscire).

Il giorno dopo, don Bosco seppe che un mal intenzionato armato di pistola lo stava attendendo a una svolta.

Il pensiero di scoprire la provenienza di quel cane venne più volte a don Bosco. Ma non riuscì a trovare niente. Ancora nel 1872 la baronessa Azelia Fassati gli domandò cosa pensasse di quel cane, e don Bosco sorridendo rispose:

— Dire che sia un angelo farebbe ridere. Ma neppure si può dire che sia un cane ordinario.

Dormire dal calzolaio

Di giorno, don Bosco lavorava per i suoi ragazzi, girava a cercare offerte, confessava e predicava in molti istituti della città. Alla notte strappava molte ore per aggiustare abiti e scarpe, per scrivere i suoi libri. Il sonno si ammucchiava, a volte lo assaliva a tradimento.

Dopo pranzo, ricordava Giovanni Cagliero, qualche volta si addormentava di colpo, seduto sulla sedia, la testa reclinata sul petto. Allora i presenti, zitti zitti, se ne andavano in punta di piedi per non destarlo.

Per lui, quella era l'ora più pesante della giornata, e allora usciva, andava a fare le commissioni in città, visitava i benefattori per chiedere aiuti. « Camminando mi tengo sveglio », diceva sorridendo. Ma non sempre ci riusciva.

Un pomeriggio si trovò sulla piazzetta davanti alla Consolata, con un sonno tale che non ricordava più dov'era né dove andava. C'era una bottega da calzolaio, lì vicino. Don Bosco entrò, e chiese al proprietario di lasciarlo dormire su una sedia per qualche minuto.

— Venga, venga, reverendo. Mi dispiace che la disturberò con il martello.

— No, non mi disturberà.

Si sedette accanto a un deschetto, e dormì dalle quattordici e trenta alle diciassette. Quando si destò, si guardò in giro, vide l'ora:

— Oh povero me! Perché non mi ha svegliato?

— Caro lei — rispose il brav'uomo —, dormiva così bene che svegliarlo sarebbe stata una brutta azione. Vorrei dormire io così!

CAPITOLO VENTOTTESIMO

Mezza dozzina di laboratori

All'inizio la « casa dell'oratorio » (che don Bosco chiama *ospizio,* e che noi adeguandoci ai termini di oggi chiameremo *convitto*) accoglie specialmente giovani lavoratori. Dopo il primo ragazzo della Val Sesia, approdato nella cucina di mamma Margherita sotto la pioggia, dopo Buzzetti e Gastini, ogni anno ne arrivano decine. Chi si ferma tre anni, chi due mesi, chi tutta la vita. Solo a partire dal 1856 gli studenti formeranno la maggioranza dei convittori.

La preferenza data ai giovani lavoratori è motivata dalla loro condizione misera. L'operaio, specialmente il *giovane* operaio, è isolato e indifeso nelle mani del padrone. Non esistono sindacati. Carlo Alberto ha concesso a stento la formazione di « società di assistenza », e i liberali sono contrari anche a queste.

Don Bosco colloca i suoi ragazzi a padrone, li difende con buoni contratti, li va a visitare in bottega ogni settimana come « garante davanti alla famiglia ». Se il padrone non rispetta i patti, ritira l'apprendista.

Nel 1853, terminata la costruzione del nuovo edificio, decide di iniziare nella sua stessa casa i primi laboratori.

Due deschetti per cominciare

Nell'autunno del 1853 don Bosco iniziò i laboratori dei calzolai e dei sarti. Quello dei calzolai fu piazzato nel locale strettissimo che ora funziona come mini-sacrestia della cappella Pinardi, accanto al campanile: due deschetti e quattro seggioline. Fu don Bosco il primo maestro: si sedette al deschetto e martellò una suola davanti a quattro ragazzini. Poi insegnò a maneggiare la lesina e lo spago impeciato. Pochi giorni dopo cedette il posto di « maestro » a Domenico Goffi, il portinaio dell'oratorio.

I sarti furono collocati nella stanza della cucina, mentre pentole e fornelli venivano trasferiti nell'edificio nuovo. I primi maestri dei sarti furono mamma Margherita e ancora don Bosco, che insegnò a cucire e a tagliare come aveva imparato a Castelnuovo da Giovanni Roberto.

Nei primi mesi del 1854, quasi scherzando, aprì il terzo laboratorio: la legatoria dei libri. Nessuno dei suoi ragazzi conosceva questo mestiere. Un giorno, attorniato dai ragazzi, distese sopra un tavolo i fogli stampati di un suo ultimo libretto, *Gli Angeli Custodi*. Poi puntò il dito su un ragazzo:

— Tu farai il legatore!

— Io? Ma non so nemmeno cosa sia.

— Facile. Vieni qua. Vedi? Questi fogli grandi si chiamano « segnature ». Bisogna piegarli in metà, poi ancora in metà, poi ancora in metà, e ancora una volta in metà. Dai, proviamo.

Coi l'aiuto degli altri ragazzi che stavano attorno al tavolo, tutti i fogli furono piegati. Don Bosco mise le segnature piegate una sopra l'altra:

— Ecco, il libro è fatto. Adesso bisogna cucirlo —. Fu chiamata in aiuto mamma Margherita, e con un ago robusto e qualche bucatura di dita si riuscì nell'impresa. Un pizzico di farina bianca mescolata con acqua fu la colla per attaccare la copertina.

Mancava solo l'ultima operazione: la rifilatura dei bordi del libro. Come fare? Attorno al tavolo, i ragazzi davano consigli vari: usare le forbici, il coltello, la raspa. Don Bosco andò in cucina, prese la mezzaluna d'acciaio che serve a tritare cipolle e prezzemolo, e con alcuni colpi netti rifilò i bordi. I ragazzi ridevano, rideva anche don Bosco. Ma il laboratorio era « inaugurato », e fu sistemato in una stanza dell'edificio nuovo.

Nel 1854 i giovani apprendisti erano ormai tanti, che don Bosco scrisse per loro un piccolo Regolamento. In esso si dice che il ragazzo-lavoratore, per venire accettato, deve avere dai 12 ai 18 anni, essere « orfano di padre e di madre, e totalmente povero e abbandonato. Se ha fratelli o zii che possano assumerne l'educazione, è fuori posto in questa Casa ».

Un anno per avere la tipografia

Verso la fine del 1856 si iniziò il quarto laboratorio, la falegnameria. Fu subito una cosa seria: un bel gruppo di ragazzi fu ritirato dalle officine della città e piazzato in una vasta sala provvista di banchi, ferri del mestiere, magazzino di legnami. Il primo maestro fu il signor Corio.

Il quinto laboratorio, il più desiderato, fu la tipografia. Don Bosco dovette armeggiare quasi un anno per ottenere l'autorizzazione prefettizia. Venne accordata il 31 dicembre 1861.

Gli inizi furono modesti: due « ruote » fatte girare dai ragazzi con la forza delle braccia. Ma, ancora vivente don Bosco, quella tipografia divenne grandiosa e moderna, tanto da competere con le migliori della città: quattro torchi, dodici macchine mosse a energia, stereotipia, fonderia di caratteri, calcografia.

Nel 1862 don Bosco aprì il suo sesto e ultimo laboratorio, l'officina dei fabbri ferrai, antenata degli attuali laboratori di meccanica.

Quattro strade per trovare quella giusta

Per far funzionare i laboratori, don Bosco trovò molte difficoltà, e sperimentò in tempi successivi formule diverse.

All'inizio assunse maestri d'arte con salario normale. Conseguenza: essi si preoccupavano del lavoro ma non del progresso degli allievi e del buon andamento del laboratorio.

Seconda formula. Ai maestri d'arte è affidata l'intera responsabilità, con la briga di trovarsi il lavoro come se fossero i padroni. Conseguenza: i ragazzi vengono trattati da manovali e sottratti all'autorità del direttore.

Terzo tentativo. Don Bosco assume la completa responsabilità morale e amministrativa dei laboratori, lasciando ai capi d'arte solo la formazione professionale degli apprendisti. Ancora una conseguenza negativa: temendo di essere soppiantati dagli allievi migliori, i capi insegnano poco, li lasciano poltrire.

La formula esatta don Bosco la trovò quando riuscì a formare dei capi laboratorio legati totalmente a lui: i *coadiutori salesiani,* religiosi come i chierici e i preti, ma dedicati alle scuole professionali.

CAPITOLO VENTINOVESIMO

Studenti in cappotto militare

1° novembre 1851. Don Bosco arriva al suo paese, Castelnuovo d'Asti. Deve fare in chiesa, sul tardi, la predica per la commemorazione dei defunti.

Tra i chierichetti c'è un ragazzino che lo accompagna sul pulpito, e che rimane a guardarlo fisso per tutto il tempo della predica. Tornati in sacrestia, don Bosco vede che continua a guardarlo in silenzio. Lo chiama:

— Sembra che tu abbia qualcosa da dirmi, non è così?

— Sissignore. Io voglio venire a Torino con lei per studiare e farmi prete.

— Bene. Allora di' a tua mamma di venire dopo cena nella casa del parroco.

Quel ragazzo si chiama Giovanni Cagliero, ed è orfano di padre. La mamma arriva con Giovanni dopo cena:

— Dunque — scherza don Bosco — è vero Teresa che volete vendermi vostro figlio?

— Ah no! — risponde ridendo la donna —. Qui da noi si vendono i vitellini. I ragazzi si regalano.

— Meglio ancora. Preparategli un po' di biancheria, e domani me lo porto con me.

Il giorno dopo, all'alba, Giovanni Cagliero era in chiesa. Servì Messa a don Bosco, fece colazione con lui, baciò la mamma, e con il suo fagottino sotto il braccio disse impaziente:

— Allora, don Bosco, andiamo?

« A dormire nel canestro dei grissini »

Fecero il lungo cammino a piedi. Il ragazzo lo fece in pratica due volte, perché mentre parlava con don Bosco correva avanti, inseguiva i passeri nei prati, saltava i fossi. Ricordava:

« Don Bosco durante quel viaggio mi fece mille domande, e io gli diedi mille risposte. Da quel momento non ebbi mai più nessun segreto con lui. Sentendo le mie marachelle, scherzando mi diceva che adesso avrei dovuto diventare più buono. Finalmente giungemmo a Torino.

Era la sera del 2 novembre, ed eravamo stanchi. Don Bosco mi presentò a mamma Margherita dicendo:

— Mamma, ti ho portato un ragazzetto di Castelnuovo.

Margherita rispose:

— Oh sì, tu non fai altro che cercare ragazzi, e io non so più dove metterli.

— Questo qui è così piccolo — scherzò don Bosco — che lo metteremo a dormire nel canestro dei grissini. Con una corda lo tireremo su, sotto la trave, come una gabbia di canarini.

Mamma Margherita si mise a ridere e mi cercò un posto. Non c'era davvero un angolo libero, e per quella sera dovetti dormire ai piedi del letto di un mio compagno.

Il giorno dopo vidi quanta povertà c'era in quella casa. I nostri dormitori, a pian terreno, erano stretti, e avevano per pavimento un selciato di pietre da strada. In cucina c'erano poche scodelle di stagno con i rispettivi cucchiai. Forchette, coltelli, tovaglioli li vedemmo molti anni dopo. Il refettorio era una tettoia. Don Bosco ci serviva a pranzo, ci aiutava a tenere in ordine il dormitorio, puliva e rappezzava i nostri abiti, e faceva tutti i più umili servizi. Facevamo vita comune in tutto. Più che in un collegio, ci sentivamo in una famiglia, sotto la direzione di un padre che ci voleva bene, e che si preoccupava solo del nostro bene spirituale e materiale ».

Giovanni Cagliero dimostrò fin dai primi giorni ingegno vivace e umore allegro. Aveva una voglia di giocare che straripava.

Michele Rua continuava a vivere con sua mamma, ma al mattino si metteva a capo del piccolo gruppo di studenti, e insieme andavano dal professor Bonzanino. Per incarico di don Bosco, Rua doveva funzionare da « assistente », badare che nessuno marinasse la scuola. Raramente Michele riuscì a « mettere le briglie » a Cagliero. Appena fuori dell'oratorio, Giovanni cambiava strada, di corsa raggiungeva Porta Palazzo e si fermava incantato davanti ai ciarlatani, ai baracconi. Poi via, sempre di corsa, alla scuola. Quando gli altri arrivavano era già alla porta, sudato ma felice. Michele lo guardava storto:

— Perché non vieni con noi?

— Perché a me piace fare un'altra strada. Che male c'è?

— Devi essere obbediente.

— E non lo sono? Devo venire a scuola, e vengo. Devo essere puntuale, e lo sono. Cosa interessa a te se mi piace vedere i ciarlatani?

Sarebbe diventato il primo vescovo e cardinale salesiano. Accanto a don Rua sarebbe stato una delle colonne più solide della Congregazione Salesiana. Ma come temperamento, Rua e Cagliero sarebbero sempre rimasti diversissimi: diligente, costante, riflessivo Michele; estroverso, entusiasta, esuberante Giovanni. Entrambi pronti a gettarsi nel fuoco per don Bosco.

« Attraverserai il Mar Rosso e il deserto »

22 settembre 1852. Michele Rua entra definitivamente come alunno interno nell'oratorio. Il giorno dopo, con don Bosco, mamma Margherita e ventisei compagni, parte a piedi per i Becchi. Don Bosco predicherà la novena del Rosario a Castelnuovo, e i ragazzi saranno ospiti di suo fratello Giuseppe.

Prima di partire, don Bosco ha chiamato Michele e gli ha detto:

— Per il prossimo anno ho bisogno che mi dia una mano sul serio a tirare avanti la baracca. Il 3 ottobre sarà la festa della Madonna del Rosario. Ai Becchi verrà il parroco di Castelnuovo, e nella cappellina ti farà indossare l'abito nero dei chierici. Tornando all'oratorio sarai assistente e insegnante dei tuoi compagni. Sei d'accordo?

— D'accordo.

La sera della festa — ricordava don Rua — sulla carrozza che li riportava a Torino, don Bosco ruppe il silenzio dicendogli:

— Mio caro Rua, adesso tu cominci una vita nuova. Ma sappi che prima di entrare nella Terra Promessa avrai da attraversare il Mar Rosso e il deserto. Se mi aiuterai, passeremo tranquillamente l'uno e l'altro, e arriveremo alla Terra Promessa.

Michele ci pensa un po' su. Non ci capisce molto. Allora rompe a sua volta il silenzio e domanda:

— Si ricorda il nostro primo incontro? Lei aveva distribuito delle medaglie, ma per me non era rimasto niente. Allora mi fece un gesto strano, come se volesse darmi metà della sua mano. Che cosa voleva dire?

— Non l'hai ancora capito? Volevo dire che noi due faremo tutto a metà. Tutto quello che sarà mio sarà anche tuo: compresi i debiti, le responsabilità, i grattacapi —. E don Bosco sorride.

— Ma ci saranno anche tante cose belle, vedrai. E al termine la cosa più bella di tutte: il paradiso.

Garanzia per cinquant'anni

Martedì di Pasqua 1853. Il cielo di Torino è un groviglio di nubi nere. Giovanni Francesia e Michele Rua, compagni di scuola e amici per la pelle, stanno ripassando insieme la lezione d'italiano. Michele però è distratto, assente. Sembra che una grande tristezza gli pesi addosso. Francesia, dopo avergli domandato per due volte la stessa cosa chiude seccamente il libro e sbotta:

— Ma che cos'hai quest'oggi?

Mordendosi le labbra per non piangere, Michele mormora:

— È morto mio fratello Giovanni... La prossima volta toccherà a me...

Era l'ultimo fratello che viveva in casa. Ora la mamma, nell'alloggetto alla *Fabbrica d'Armi,* sarebbe rimasta sola. Don Bosco viene a sapere la notizia, e per distrarre Michele lo conduce con sé per Torino. Deve sbrigare una faccenda vicino alla chiesa della *Gran Madre,* in riva al Po. Camminano svelti, parlano dell'oratorio. In quei giorni Torino ha celebrato l'ottavo cinquantenario del famoso « miracolo del SS. Sacramento », e don Bosco ha pubblicato un volumetto che è andato a ruba. A un tratto don Bosco si ferma e dice lentamente:

— Fra cinquant'anni si celebrerà il nono cinquantenario del miracolo e io non ci sarò più. Ma tu ci sarai. Ricordati allora di far ristampare il mio libretto.

Michele pensa a quella data favolosamente lontana: 1903! Scuote la testa:

— Lei fa presto, don Bosco, a dire che ci sarò ancora. Io invece ho proprio paura che la morte mi farà presto un brutto scherzo.

— Nessuno scherzo, né brutto né bello — tronca don Bosco —. Ti garantisco che fra cinquant'anni ci sarai ancora. Fai ristampare quel libretto, intesi?

(Nel 1903 don Rua c'era ancora davvero, successore di don Bosco alla testa della Congregazione Salesiana. Aveva 66 anni, e fece ristampare il libretto).

Signorini e pezzenti

Mentre si dedicava ai giovani operai, don Bosco non trascurava gli studenti. Il suo scopo era di prepararsi collaboratori, chierici e sacerdoti, che l'avrebbero aiutato nelle sue opere; e preparare anche vocazioni sacerdotali per le diocesi, per supplire al rarefarsi dei sacerdoti.

La prima « quadretta » che aveva preparato l'avrebbe un poco deluso, come abbiamo detto. Ma Rua, Cagliero e Francesia avrebbero risposto in pieno alle sue speranze. E accanto a loro crescevano bene Angelo Savio, Rocchietti, Turchi, Durando, Cerruti...

Il convitto per studenti nacque così alla chetichella, ma si sviluppò vigoroso: 12 convittori nel 1850, 35 nel 1854, 63 nel 1855, 121 nel 1857...

Gli alunni dei primi tre anni di latino si recavano a lezione da Bonzanino, poi passavano alle classi di umanità e di retorica da don Matteo Picco, che dava lezione nelle vicinanze della Consolata.

Quelle due scuole private erano frequentate dai figli delle « famiglie bene » di Torino, che pagavano profumatamente. I ragazzi di don Bosco, invece, vi erano accettati gratuitamente.

I « signorini », all'inizio, prendevano in giro i « pezzenti » che arrivavano a scuola indossando vecchi cappotti militari che « davano a chi li indossava un'aria di contrabbando o di caricatura ». (Quei cappotti, insieme a berretti da soldato, don Bosco li aveva avuti in regalo dal Ministero. Avevano più forma di coperta che di vestito, ricorda don Lemoyne, ma riparavano dalla pioggia e dalla neve). Bonzanino però non tollerava scherzi: « Il valore di un ragazzo — dichiarò severo — si misura dalle pagine dei compiti, e non dal colore del cappotto ». E dai voti, « pezzenti » risultarono spesso i figli di papà. I ragazzi di don Bosco studiavano. L'amore di don Bosco sapeva essere esigente, non tollerava i poltroni. Nel 1863 il professore Prieri, dell'Università di Torino, avrebbe dichiarato: « Da don Bosco si studia e si studia davvero ».

Un professore di 17 anni

L'andare e venire dalla città non era l'ideale per don Bosco. Presto, poi, le aule di Bonzanino e di Picco non furono più sufficienti a contenere tutti gli studenti dell'oratorio.

Appena Giovanni Battista Francesia, 17 anni, ebbe terminato brillantemente gli studi di latino, gli fu affidata la terza ginnasiale (oggi diremmo « terza media »). Era il novembre 1855.

L'anno seguente entrarono in funzione anche la prima e la seconda, dirette da un laico amico di don Bosco, il professor Bianchi.

L'atmosfera religiosa che circondava i ragazzi studenti era molto intensa. Essi erano i delicati germogli delle future vocazioni sacerdotali, e don Bosco voleva che fossero immersi in un clima di religiosità sacramentale, mariana, ecclesiale.

La confessione era un'abitudine settimanale o quindicinale per tutti. Ogni giorno, don Bosco confessava per due o tre ore. Alla vigilia delle feste anche per tutto il pomeriggio. La fama diffusissima della sua capacità di « leggere i peccati » incoraggiava una totale confidenza. La Comunione, a pochi anni dall'inizio del convitto, era ormai un sacramento quotidiano per molti ragazzi. Pochissimi non ricevevano l'Eucaristia almeno una volta alla settimana.

La devozione alla Madonna si respirava. Raggiungerà intensità splendide negli anni di Domenico Savio, e poi nel tempo della costruzione del grande santuario di Maria Ausiliatrice.

L'amore al Papa rimase sempre un punto fisso nella mentalità cristiana di don Bosco. Non era solo questione di parole: per obbedire all'invito di un Papa, don Bosco brucerà gli ultimi anni della sua vita. E i ragazzi assorbivano la sua mentalità.

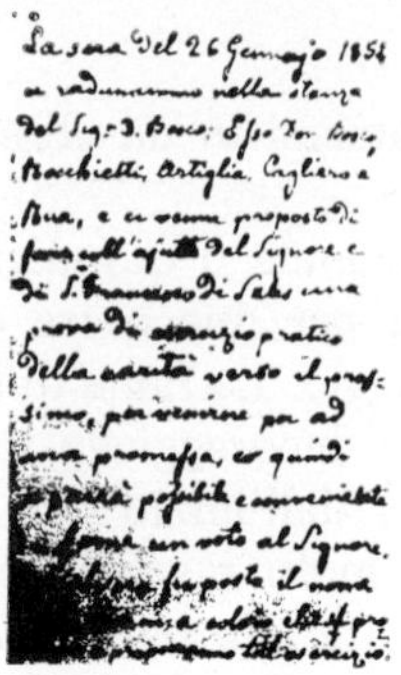

CAPITOLO TRENTESIMO

1854: «Ci chiameremo Salesiani»

26 gennaio 1854. A Torino fa un freddo polare. Ma nella cameretta di don Bosco c'è un tepore proprio come va. Don Bosco parla, e quattro giovanotti viaggiano con la fantasia fiduciosa dietro le sue parole:

— Voi vedete che don Bosco fa quello che può, ma è da solo. Se voi mi darete una mano, invece, insieme faremo miracoli di bene. Migliaia di fanciulli poveri ci aspettano. Vi prometto che la Madonna ci manderà oratori vasti e spaziosi, chiese, case, scuole, laboratori, e tanti preti pronti a darci una mano. E questo in Italia, in Europa e anche in America. Io tra voi già vedo una mitria vescovile...

I quattro giovanotti si guardano in faccia sbalorditi. Sembra di sognare. Eppure don Bosco non scherza, è serio e sembra leggere nel futuro:

— La Madonna vuole che noi iniziamo una società. Ho pensato a lungo che nome darle. Ho deciso che ci chiameremo *Salesiani*.

Tra quei quattro giovanotti ci sono le pietre fondamentali della Congregazione Salesiana. Sul suo taccuino, quella sera, Michele Rua annota diligentemente: « Ci siamo radunati nella stanza di don Bosco, Rocchietti, Artiglia, Cagliero e Rua. Ci è stato proposto di fare, con l'aiuto del Signore e di san Francesco di Sales, una prova di esercizio pratico di carità verso il prossimo. In seguito faremo una promessa, e poi, se sarà possibile, faremo un voto al Signore. A coloro che fanno questa prova e che la faranno in seguito è stato dato il nome di Salesiani ».

Il pergolato e le rose

Le « previsioni future » che don Bosco comunica ai suoi giovanotti quella sera, sono le stesse che alcuni anni prima lo hanno fatto credere pazzo e rischiare il manicomio.

Ma don Bosco le ripete con sicurezza testarda, perché (come ha detto a don Borel) « le vede in sogno ». Nel 1847 ha fatto un « sogno fondamentale », che gli serve da programma — sono parole sue — nell'ordinare le cose da fare. Lo racconterà soltanto nel 1864, nella sua anticamera, ai primi Salesiani tra cui don Rua, don Cagliero, don Durando, don Barberis:

« Un giorno dell'anno 1847, avendo io molto meditato sul modo di far del bene alla gioventù, mi comparve la Regina del cielo *(espressione molto rara in don Bosco. In genere dice: ho sognato una signora bellissima...)* e mi condusse in un giardino incantevole. Vi era un bellissimo porticato, con piante rampicanti cariche di foglie e di fiori. Questo portico metteva in un pergolato incantevole, fiancheggiato e coperto da meravigliosi rosai in piena fioritura. Anche il terreno era tutto coperto di rose. La Beata Vergine mi disse:

— Va avanti sotto quel pergolato: è quella la strada che devi percorrere.

Cominciai a camminare. Molti rami scendevano dall'alto come festoni. Io non vedevo che rose ai lati, rose di sopra, rose innanzi ai miei passi. Ma le mie gambe si impigliavano nei rami stesi per terra e ne rimanevano ferite; rimuovevo un ramo trasversale e mi pungevo, sanguinavo nelle mani e in tutta la persona. Le rose nascondevano tutte una grandissima quantità di spine.

Tutti coloro che mi vedevano camminare dicevano: " Don Bosco cammina sempre sulle rose! Tutto gli va bene! ". Non vedevano che le spine laceravano le mie povere membra.

Molti chierici, preti e laici da me invitati si erano messi a seguirmi festanti, attirati dalla bellezza di quei fiori; ma si accorsero che si doveva camminare sulle spine, e incominciarono a gridare: " Siamo stati ingannati! ". Non pochi tornarono indietro. Rimasi praticamente solo. Allora cominciai a piangere: " Possibile, dicevo, che debba percorrere tutta questa strada da solo? ".

Ma presto fui consolato. Vidi avanzarsi verso di me uno stuolo di preti, chierici, secolari, i quali mi dissero: " Siamo tutti suoi. Siamo pronti a seguirla ". Precedendoli mi rimisi in via. Solo alcuni si perdettero di coraggio e si arrestarono. Una gran parte di essi giunse con me alla meta.

Percorso tutto il pergolato, mi trovai in un bellissimo giardino. I miei pochi seguaci erano dimagriti, scarmigliati, sanguinanti. Allora si levò una brezza leggera, e a quel soffio tutti guarirono. Soffiò un altro vento, e come per incanto mi trovai circondato da un numero immenso di giovani e di chierici, di laici coadiutori e anche di preti, che si misero a lavorare con me guidando quella gioventù. Parecchi li conobbi di fisionomia, molti non li conoscevo ancora.

Allora la santa Vergine, che era stata la mia guida, mi interrogò:

— Sai cosa significa ciò che tu vedi ora, e ciò che hai visto prima?

— No.

— Sappi che la via da te percorsa tra le rose e le spine significa la cura che tu dovrai prenderti della gioventù. Le spine significano gli ostacoli, i patimenti, i dispiaceri che vi toccheranno. Ma non vi perdete di coraggio. Con la carità e con la mortificazione, tutto supererete, e giungerete alle rose senza spine.

Appena la Madre di Dio ebbe finito di parlare, rinvenni e mi trovai nella mia stanza.

Vi ho raccontato questo — concluse — perché ognuno di noi abbia la sicurezza che è la Madonna che vuole la nostra Congregazione, e perché ci animiamo sempre più a lavorare per la maggior gloria di Dio ».

Guidato da questa sicurezza tranquilla, don Bosco ogni giorno « gettava le reti » tra i suoi ragazzi per allargare il numero dei suoi futuri Salesiani. Diceva come per caso: « Vuoi bene a don Bosco? Ti piacerebbe restare con me? ». Oppure: « Non mi daresti una mano a lavorare per i giovani? Vedi, se avessi cento preti e cento chierici, avrei del lavoro da dare a tutti. Potremmo andare in tutto il mondo ».

« Che stipendio mi darai? »

Ad Avigliana c'era un sacerdote di tre anni più anziano di don Bosco. Si chiamava don Vittorio Alasonatti. Don Bosco l'aveva incontrato molte volte agli Esercizi Spirituali di S. Ignazio. Erano diventati amici. Don Alasonatti faceva ad Avigliana il maestro elementare, e se la cavava bene con i ragazzini. Aveva un pizzico di severità, esigeva un certo contegno grave, ma gli volevano bene.

Don Bosco più volte l'aveva stuzzicato scherzando:

— Quanti ragazzi hai? Trenta? E non ti vergogni? Io ne ho seicento. Come fai a lavorare solo per trenta ragazzetti? Dai, vieni a Torino a darmi una mano.

— E che stipendio mi daresti?

— Pane, lavoro e Paradiso. Di lire non ne ammucchierai molte, ma di sonno ne potrai mettere da parte quanto ne vorrai.

Scherza e scherza, don Alasonatti cominciò a pensarci sul serio. Don Bosco lo capì, e nei primi mesi del 1854 gli scrisse una lettera in cui gli diceva soltanto: « Vieni ad aiutarmi a dire il breviario ».

Il 14 di agosto, sbrigate tutte le sue faccende, don Alasonatti arrivò all'oratorio con una valigetta in mano e il breviario sotto il braccio. Abbracciò don Bosco e gli disse:

— Eccomi qui. Dove devo mettermi a recitare il breviario?

Don Bosco lo condusse nella stanza destinata a custodire i registri della contabilità.

— Ecco. Questo sarà il tuo regno. Hai insegnato tanta aritmetica, che con le somme e le sottrazioni te la caverai certamente.

Don Alasonatti si fece serio:

— D'ora in poi, tu comanda e io ti ubbidirò. E non risparmiarmi, perché il Paradiso voglio guadagnarmelo.

Da quel giorno don Alasonatti divenne l'ombra mite e un po' severa di don Bosco. Lo sollevò da tutti i lavori che poté: l'amministrazione generale della casa, l'assistenza, la tenuta dei libri di entrata e uscita, i registri, la corrispondenza più arida e spinosa.

Quand'era stanco, quando la salute cominciò a declinare, leggeva nel breviario un cartoncino che aveva messo a modo di segnacolo: « Vittorio, per che cosa sei venuto? ». Accanto aveva scritto una frase che don Bosco ripeteva spesso ai suoi quando li vedeva affaticati: « Ci riposeremo in Paradiso ».

Il giorno dopo il suo arrivo, don Alasonatti dovette cominciare la sua missione a Valdocco in una maniera piuttosto insolita: fu chiamato ad assistere un coleroso. A Torino era scoppiato violentissimo il colèra.

La morte per le strade di Borgo Dora

La notizia paurosa giunse a Torino nel luglio. Il colèra aveva investito la Liguria, facendo tremila vittime a Genova. I primi casi in Torino si verificarono il 30 e il 31 luglio. Il re, la regina e la casa reale partirono in carrozze chiuse. Si rifugiarono nel castello di Caselette, all'imboccatura delle valli di Lanzo e di Susa.

L'epicentro della pestilenza fu Borgo Dora, a pochi passi da Valdocco. Lì, in case povere e in baracche, si ammassavano gli immigrati, la gente malnutrita e senza possibilità di igiene. In un mese i colpiti furono 800, i morti 500.

Il Sindaco Notta rivolse un appello alla città: occorreva gente coraggiosa che si recasse ad assistere i malati, a trasportarli nei lazzaretti, perché il contagio non si diffondesse a macchia d'olio.

Il 5 agosto, festa della Madonna della Neve, don Bosco parlò ai ragazzi. Cominciò con una promessa:

— Se voi vi mettete tutti in grazia di Dio e non commetterete alcun peccato mortale, io vi assicuro che nessuno sarà colpito dal colèra.

Poi rivolse un invito:

— Sapete che il sindaco ha lanciato un appello. Occorrono infermieri e assistenti per curare i colerosi. Molti di voi sono troppo piccoli. Ma se qualcuno dei più grandi si sente di venire con me negli ospedali e nelle case private, faremo insieme un'opera buona e gradita al Signore.

Quella sera stessa, quattordici si misero in lista. Pochi giorni dopo, altri trenta riuscirono a strappare il permesso di unirsi ai primi, anche se erano molto giovani.

Furono giorni di lavoro duro e per niente piacevole. I medici consigliavano di curare i colpiti con massaggi e frizioni alle gambe, per provocare un'abbondante sudorazione. I ragazzi erano divisi in tre gruppi: i più alti in servizio a tempo pieno nei lazzaretti e nelle case dei colpiti, un secondo gruppo girava per le strade a esplorare se vi fossero nuovi malati, un terzo (i più piccoli) rimanevano all'oratorio, pronti ad intervenire a ogni chiamata.

Don Bosco esigeva ogni precauzione. Ciascuno portava con sé una bottiglietta di aceto, e dopo aver toccato i malati doveva lavarsi le mani.

« Avveniva sovente — racconta don Lemoyne — che gli infermi mancavano di lenzuola, coperte, biancheria. I ragazzi venivano a dirlo a mamma Margherita. Essa andava alla guardaroba e dava quel poco che avevano. In pochi giorni non ci fu più niente. Un giovane infermiere le venne un giorno a raccontare che un malato si dimenava in un giaciglio misero senza lenzuolo. " Non avete niente da coprirlo? ". La donna ci pensò su, poi andò a togliere la tovaglia bianca dall'altare e la diede al ragazzo: " Portala al tuo malato. Non credo che il Signore si lamenterà " ».

I giganti dal volto triste

Giovanni Cagliero, 16 anni, una sera sul finire di agosto, tornando a casa dal lazzaretto si sentì male. Probabilmente, nel caldo asfissiante di quei giorni, aveva mangiato della frutta guasta. Il medico, chiamato subito da don Bosco, fece una diagnosi molto brutta: « È tifo ».

La febbre lo tormentò per tutto il mese di settembre. Negli ultimi giorni, ridotto a pelle e ossa, Cagliero si sentiva mancare. Due medici, chiamati per un consulto, dichiararono che il caso era disperato. Consigliarono di amministrargli gli ultimi Sacramenti.

Don Bosco rimase profondamente turbato. Voleva un bene dell'anima a quel ragazzo. Non ebbe la forza di dargli la tristissima notizia. Pregò Giuseppe Buzzetti di farlo lui, con estrema delicatezza. Intanto scese in chiesa a prendere il Viatico.

Giuseppe Buzzetti aveva appena parlato con Giovanni, quand' ecco rientrare don Bosco con la teca del Santissimo. Ma non venne avanti: si fermò per alcuni secondi fissando nel vuoto, come se vedesse qualcosa che gli altri non potevano vedere. Poi avanzò verso il letto del malato, ma qualcosa era profondamente cambiato in lui. La tristezza, il turbamento di poco prima erano scomparsi. Era allegro, sorrideva. Giovanni mormorò:

— È la mia ultima confessione? Devo proprio morire?

Don Bosco rispose con voce sicura:

— Non è ancor tempo di andare in Paradiso. Vi sono ancora molte cose da fare: guarirai, vestirai l'abito chiericale... diventerai sacerdote... e poi... e poi con il tuo breviario sotto il braccio ne avrai a fare dei giri... e il breviario hai da farlo portare a tanti altri... e andrai lontano, lontano.

Dette queste parole, don Bosco riportò il Viatico in chiesa.

Pochi giorni dopo, la febbre calò di colpo, e Giovanni poté recarsi a Castelnuovo per una lunga convalescenza.

Per qualche tempo, Buzzetti e Cagliero si domandarono che cosa avesse « visto » don Bosco entrando nella stanza. La risposta la diede don Bosco stesso, più tardi:

« Mettevo il piede sulla soglia, quando all'improvviso vidi una gran luce. Una colomba bianchissima, che portava un ramo d'ulivo, scendeva sul letto dell'ammalato. Si arrestò a pochi centimetri dalla faccia pallida di Cagliero, e gli lasciò cadere sulla fronte il ramo. Subito dopo mi parve che le pareti della stanza si aprissero e sconfinassero in orizzonti lontani e misteriosi. Intorno al letto apparve una moltitudine di strane figure primitive. Sembravano selvaggi di statura gigantesca. Alcuni avevano la pelle scura, tatuata da misteriosi fregi rossastri. Due di quei giganti dal volto fiero e triste si curvarono sopra l'infermo, e trepidanti si misero a bisbigliare:

— Se lui muore, chi verrà in nostro soccorso?

La visione durò pochi istanti, ma io provai la certezza assoluta che Cagliero sarebbe guarito ».

Otto minuti per una pagina

Con le prime piogge d'autunno, i colpiti dal colèra diminuirono sensibilmente. Anche se qualche caso si verificò ancora alle soglie dell'inverno, il 21 novembre si dichiarò finita l'« emergenza ». Dal 1° agosto al 21 novembre i casi registrati in città furono 2.500, con 1.400 morti.

I ragazzi di don Bosco, di cui nessuno era stato colpito, poterono tornare tranquilli allo studio. Parecchi si recarono in famiglia per una breve vacanza.

Don Bosco, come tutti gli anni, salì ai Becchi per la festa della Madonna del Rosario. Mentre si trovava lassù, ricevette la visita di un suo antico compagno di seminario, don Cugliero, insegnante elementare a Mondonio:

— Senti — gli disse dopo i convenevoli —, mi hanno detto che insieme ai piccoli barabba, nel tuo oratorio accetti anche ragazzi in gamba che diano speranza di diventare sacerdoti. A Mondonio ho un ragazzo che fa per te. Si chiama Domenico Savio. Non ha molta salute, ma quanto a bontà sono pronto a scommettere che non hai mai conosciuto un ragazzo così. Un vero san Luigi.

— Esagerato! — sorrise don Bosco —. Ad ogni modo per me va bene. Io rimango qui alcuni giorni. Fammelo incontrare insieme con suo padre. Parleremo e vedremo un po' di che stoffa è.

2 ottobre 1854. Nel cortiletto davanti alla casa di Giuseppe avvenne l'incontro. Don Bosco ne fu così impressionato che lo narrò nei minimi particolari, come se l'avesse registrato. La lingua è quella del 1800, ma la scena è vivace, sembra di vederla:

« Era il primo lunedì d'ottobre di buon mattino, allorché vedo un fanciullo accompagnato da suo padre che si avvicina per parlarmi. Il volto suo ilare, l'aria ridente ma rispettosa, trassero verso di lui i miei sguardi.

— Chi sei — gli dissi —, donde vieni?

— Io sono — rispose — Savio Domenico, di cui le ha parlato don Cugliero, e veniamo da Mondonio.

Allora lo chiamai da parte, e messici a ragionare dello studio fatto, del tenor di vita fino allora praticato, siamo tosto entrati in piena confidenza, egli con me, io con lui.

Conobbi in quel giovane un animo tutto secondo lo spirito del Signore, e rimasi non poco stupito considerando i lavori che la grazia divina aveva operato in così tenera età.

Dopo un ragionamento alquanto prolungato, prima che io chiamassi il padre, mi disse queste precise parole:

— Ebbene, che glie ne pare? Mi condurrà a Torino per studiare?

— Eh, mi pare che ci sia buona stoffa.

— E a che può servire questa stoffa?

— A fare un bell'abito da regalare al Signore.

— Dunque io sono la stoffa, ella ne sia il sarto; dunque mi prenda con lei e farà un bell'abito per il Signore.

— Ma quando tu abbia terminato lo studio del latino, che cosa vuoi fare?

— Se il Signore mi concederà tanta grazia, desidero ardentemente di diventare sacerdote.

— Bene: ora voglio provare se hai bastante capacità per lo studio. Prendi questo libretto (era un fascicolo delle *Letture Cattoliche*), quest'oggi studia questa pagina, domani tornerai a recitarmela.

Ciò detto lo lasciai in libertà di andarsi a trastullare, indi mi posi a parlare con il padre. Passarono non più di otto minuti, quando ridendo si avanza Domenico e mi dice:

— Se vuole recito adesso la pagina.

Presi il libro, e con mia sorpresa conobbi che non solo aveva letteralmente studiato la pagina assegnata, ma che comprendeva benissimo il senso delle cose in essa contenute.

— Bravo, gli dissi, tu hai anticipato lo studio della lezione e io anticipo la risposta. Sì, ti condurrò a Torino, e fin d'ora sei annoverato tra i miei cari figlioli; comincia anche tu fin d'ora a pregare Iddio, affinché aiuti me e te a fare la sua santa volontà.

Non sapendo egli come esprimere meglio la sua contentezza e la sua gratitudine, mi prese la mano, la strinse, la baciò più volte, e infine mi disse:

— Spero di regolarmi in modo che non abbia mai a lamentarsi della mia condotta ».

Ripensando alle parole di don Cugliero, don Bosco dovette concludere che non aveva esagerato. Se san Luigi fosse nato tra le colline del Monferrato e fosse stato figlio di contadini, non avrebbe potuto essere diverso da quel ragazzo sorridente, che voleva diventare « un bell'abito da regalare al Signore ».

Un cartello misterioso

Durante quei giorni, mentre era in convalescenza a Castelnuovo, Giovanni Cagliero commise un'imprudenza: mangiò abbondantemente dell'uva (era il tempo della vendemmia), e la febbre gli tornò violenta. Don Bosco lo seppe e andò a trovarlo.

Incontrò la madre disperata:

— Il mio Giovanni è bell'andato! Vaneggia, parla di vestire l'abito da prete mentre la febbre sta portandoselo via...

— No, mia buona Teresa, vostro figlio non vaneggia. Preparategli pure la veste da chierico, che in novembre all'oratorio gliela farò indossare. La febbre non ve lo porterà via: ha da fare ancora tante cose in questo mondo.

Fu realmente così. Il 22 novembre, festa di santa Cecilia, Giovanni Cagliero perfettamente ristabilito indossava l'abito dei chierici. Il Rettore del seminario metropolitano, canonico Vogliotti, concedeva al chierico Cagliero di frequentare le scuole del seminario continuando ad abitare presso don Bosco.

Il 29 ottobre, intanto, all'oratorio era entrato Domenico Savio. Era salito con il papà nell'ufficio di don Bosco, e aveva subito notato un grosso cartello alla parete con delle parole misteriose: *Da mihi animas, coetera tolle.*

Quando suo padre ripartì, superata la prima esitazione, domandò a don Bosco che cosa significassero quelle parole appese al muro. Don Bosco l'aiutò a tradurre: « O Signore, dammi le anime e prenditi tutto il resto ». Era il motto che don Bosco si era scelto per il suo apostolato. Quand'ebbe compreso, Domenico — è don Bosco che lo racconta — si fece per un istante pensieroso, poi disse: « Ho capito: qui non c'è commercio di denaro, ma di anime. Spero che l'anima mia farà parte di questo commercio ».

Cominciò così per Domenico la vita di tutti i giorni. Indossò forse anche lui un cappotto militare, e ogni mattina si recò con la squadretta guidata da Rua alla scuola del Bonzanino. La sua giornata era quella un po' grigia di un piccolo studente: compiti, lezioni, scuola, libri, compagni. Don Bosco, che lo seguiva giorno per giorno, scrisse di lui: « Dal giorno della sua entrata egli ebbe nell'adempimento dei suoi doveri un'esattezza che difficilmente si può superare ».

Palloncini colorati sulle rive del Po

Alla fine di novembre, l'oratorio entrò in un « clima » speciale. Iniziava la novena dell'Immacolata, ed era l'anno 1854. Pio IX, da Roma, aveva annunciato che il giorno 8 dicembre avrebbe solennemente definito il dogma della Immacolata Concezione di Maria.

In tutto il mondo cattolico l'amore alla Madonna si ridestava, si preparavano grandiosi festeggiamenti.

Don Bosco, che si sentiva « guidato per mano » da Maria SS. ne parlava tutte le sere ai suoi giovani, e la novena era vissuta con grande fervore. Conversando in cortile o nel suo ufficio, domandava ai ragazzi che cosa volevano « regalare alla Madonna » per la sua festa. Domenico Savio gli aveva risposto: « Voglio fare una guerra spietata al peccato mortale, e voglio pregare tanto il Signore e la Madonna di farmi piuttosto morire che lasciarmi cadere in peccato ».

Era la ripetizione di un proposito fatto alla prima Comunione: « La morte ma non peccati ». Non era una frase originale inventata da lui, ma le ultime parole dell'*Atto di contrizione* che a quei tempi si recitava dopo la confessione. Molti ragazzini le fissavano come impegno del loro primo incontro con Gesù-Eucaristia. Fa una certa curiosità trovarle persino tra i « propositi » suggeriti dalla regina al principe ereditario Umberto di Savoia (poi re Umberto I), quasi coetaneo di Domenico Savio (nato nel 1842, Umberto nel 1844). Ciò che provoca un'intensa commozione è che migliaia di altri dimenticarono quell'impegno tra i giocattoli dell'infanzia, Domenico invece vi fu eroicamente fedele fino alla morte.

8 dicembre. Pio IX, davanti a una folla imponente di Cardinali e Vescovi, proclama come dogma di fede che Maria, fin dal primo istante della sua esistenza, non è mai stata macchiata dal « peccato originale ».

Domenico Savio, in una pausa della giornata festosa dell'oratorio, entra nella chiesa di S. Francesco, s'inginocchia davanti all'altare della Madonna, tira fuori di tasca un foglietto su cui ha scritto alcune righe. È la sua consacrazione alla Madre di Dio, una breve preghiera che diventerà famosa in tutto il mondo salesiano:

« Maria, vi dono il mio cuore. Fate che sia sempre vostro. Gesù e Maria, siate voi sempre gli amici miei. Ma per pietà, fatemi morire piuttosto che mi accada la disgrazia di commettere anche un solo peccato ».

Quella sera, tutta Torino risplendette in una fantastica illuminazione. Migliaia di palloncini colorati brillavano alle finestre, sui terrazzi, sulle rive del Po. La gente scese per le strade, e una grandiosa processione s'incamminò verso il santuario della Madonna « Consolata ». Anche i giovani di Valdocco, attorno a don Bosco, passarono cantando per le strade della città.

Il piccolo orfano di S. Domenico

Quel 1854, un anno intenso per la vita di don Bosco, si chiuse con un particolare mesto. Presso la chiesa di S. Domenico il municipio aveva dovuto aprire d'urgenza un orfanotrofio provvisorio, per ospitarvi un centinaio di ragazzetti a cui il colèra aveva portato via papà e mamma. All'arrivo dei primi freddi, il sindaco Notta si rivolse agli istituti cattolici perché ne prelevassero alcuni. Don Bosco ne accettò venti. Uno di quei piccoli si chiamava Pietro Enria, e ricordava così quei momenti:

« Un giorno arrivò don Bosco. Io non l'avevo mai visto. Mi domandò nome e cognome e poi mi disse:

— Vuoi venire con me? Saremo sempre buoni amici —. Risposi:

— Sì, signore.

— E questo che hai vicino è tuo fratello?

— Sì, signore.

— Digli che venga anche lui.

Pochi giorni dopo fummo condotti all'oratorio con parecchi altri. Mia madre era morta di colèra, mio padre era in quel momento ammalato della stessa malattia. Ricordo che la madre di don Bosco lo sgridò:

— Tu accetti sempre nuovi fanciulli, ma come si fa a mantenerli e vestirli?

Infatti a me, appena entrato, toccò dormire per parecchie notti sopra un mucchio di foglie, con addosso null'altro che una piccola coperta. Don Bosco e sua madre ci aggiustavano alla sera i pantaloni e la giubba lacera, perché ne avevamo una sola ».

Per quegli orfanelli, don Bosco allestì un reparto distinto nel nuovo edificio. Per più di un anno fece loro scuola, prima da solo poi con l'aiuto dei chierici e di amici. Gli altri dell'oratorio li chiamavano « la classe bassignana », perché erano piccoletti.

Pietro Enria rimase con don Bosco tutta la vita. Fu lui ad assisterlo come un figlio nell'ultima malattia, e a chiudergli gli occhi.

Il colèra, tra i tanti mali seminati in città, aveva portato all'oratorio un bene, almeno di riflesso: l'assistenza prestata generosamente dai giovani ai colerosi lo fece conoscere e stimare dai cittadini. Una pubblica lode del sindaco lo accreditò presso le autorità. Il fatto quasi incredibile poi che nessuno di quei ragazzi (quasi immersi nel contagio) era stato colpito dalla pestilenza, persuase molti a considerare con più serietà le parole « pazze » di don Bosco.

CAPITOLO TRENTUNESIMO

1855: i piccoli «delinquenti» della Generala

Il 1855 vide un nuovo scontro durissimo tra Stato e Chiesa.

Primo Ministro, al posto di Massimo D'Azeglio, nell'ottobre 1852 era diventato Camillo Cavour. Questo inquieto e ricchissimo discendente di famiglia aristocratica stava dando una sferzata al sonnacchioso Piemonte. Le ferrovie raggiunsero la lunghezza di 850 chilometri, pari alla somma delle ferrovie di tutto il resto d'Italia. Nacquero in Liguria il complesso industriale Ansaldo (il maggiore d'Italia), i cantieri Odero e Orlando. Si diede impulso alla canalizzazione nel Vercellese. L'agricoltura fu sollecitata dall'abolizione del dazio sul grano.

Verso la fine del 1854, camuffato come manovra economica, fu presentato alla Camera un progetto-legge dal ministro Urbano Rattazzi, « un preciso disegno — scrive lo storico Francesco Traniello — tendente a ridurre l'influenza della Chiesa ». Esso proponeva lo scioglimento degli ordini religiosi *contemplativi,* che cioè non si dedicavano all'istruzione, alla predicazione o all'assistenza degli infermi, e l'incameramento di tutti i loro beni da parte dello Stato « che avrebbe così potuto provvedere alle parrocchie più povere ».

Era un'intromissione dello Stato nella vita della Chiesa — scrive Traniello —, specialmente grave perché violava proprio quei princìpi di separazione tra Chiesa e Stato che Cavour aveva detto più volte essere alla base della sua politica.

Si prevedeva che, nonostante la forte opposizione cattolica, la legge sarebbe passata alla Camera, e di stretta misura anche al Senato. Solo il re l'avrebbe potuta bloccare.

« Grandi funerali a Corte! »

In un pomeriggio gelido del dicembre 1854 (i testimoni ricordavano che don Bosco aveva alle mani dei guanti vecchi e sdrusciti, e stringeva in mano un mazzetto di lettere) don Bosco raccontò a don Alasonatti, Rua, Cagliero, Francesia, Buzzetti e Anfossi di aver fatto un sogno strano: era in mezzo al cortile, e a un tratto aveva visto venire avanti un valletto di Corte, vestito di rosso, che gridò: « Gran funerale a Corte! Gran funerale a Corte! ». Disse ai suoi chierici che, appena sveglio, aveva preso la penna e aveva scritto al re raccontandogli il sogno.

Cinque giorni dopo, il sogno si ripeté. Il valletto rosso entrò a cavallo nel cortile, e gridò: « Annuncia: non gran funerale a Corte, ma *grandi funerali* a Corte! ». All'alba, don Bosco scrisse una seconda lettera al re, suggerendogli « che pensasse a regolarsi in modo da schivare i minacciati castighi, mentre lo pregava di impedire a qualunque costo quella legge ».

5 gennaio 1855. La regina madre Maria Teresa si ammala gravemente. Dopo un rapido declino muore il 12 gennaio. Ha 54 anni. I suoi resti vengono portati nella cripta dei Savoia a Superga il giorno 16, in una giornata rigidissima.

20 gennaio. Vengono dati gli ultimi Sacramenti alla regina Maria Adelaide, moglie del re. Essa ha dato alla luce un bambino dodici giorni prima, e non si è più ripresa. Muore nello stesso giorno. Ha soltanto 33 anni.

11 febbraio. Dopo venti giorni di grave malattia, muore il principe Ferdinando di Savoia, duca di Genova, fratello del re. Ha 33 anni.

I chierici dell'Oratorio (che soli conoscevano i sogni e le lettere di don Bosco al re) « erano esterrefatti nel vedere avverate in modo così fulmineo le profezie di don Bosco — scrive don Lemoyne —. Nemmeno in tempo di pestilenza si erano aperte tre tombe reali nel giro di un mese ».

Don Francesia affermava che re Vittorio Emanuele II scese due volte a Valdocco per incontrare don Bosco, e che era furioso contro di lui.

Ad ogni modo la legge di soppressione passò alla Camera (94 voti contro 23) e al Senato (53 voti contro 42). Il re la firmò il 29 maggio. Vennero così soppresse — stando alle cifre riportate dal Lemoyne — 334 case religiose che ospitavano 5.456 membri. Da Roma fu annunciata la « scomunica maggiore » (il cui scioglimento è riservato al Papa) contro « autori, fautori, esecutori della legge ».

Il 17 maggio, intanto, era morto l'ultimo figlio del re, Vittorio Emanuele Leopoldo, di appena quattro mesi.

Santo o menagramo (a seconda da che parte si guardava), don Bosco aveva purtroppo previsto esattamente.

Testa a testa con il ministro

I caricaturisti politici di quegli anni, quando raffiguravano il governo, disegnavano Camillo Cavour con il corpo di gatto e i baffi lunghi, e Urbano Rattazzi (ministro dell'Interno) come un grosso topo. « Gatàss e Ratàss » erano i soprannomi correnti a Torino.

Da Rattazzi (nonostante la posizione nettamente contraria su quasi tutte le idee politiche) don Bosco aveva libera entrata. Il ministro dell'Interno lo stimava perché « lavorava per il bene della gente », e raccogliendo i ragazzi poveri toglieva un sacco di fastidi al governo.

Nel 1845, sulla strada per Stupinigi, era stata aperta una nuova prigione in Torino: la Generala. Era il « riformatorio dei ragazzi », ne poteva contenere trecento. Don Bosco lo frequentava regolarmente, e cercava di farsi amici quei ragazzi condannati (al solito) per furto o per vagabondaggio.

I giovani erano divisi in tre categorie: i « sorvegliati speciali » che di notte venivano chiusi in cella, i « sorvegliati semplici » che venivano fatti rigare solo con i mezzi normali di un carcere, e i « pericolanti » che si trovavano lì solo perché qualcuno, stufo di loro, se n'era disfatto consegnandoli alla polizia. Occupavano il tempo in lavori agricoli e in laboratori interni.

Nella quaresima del 1855 don Bosco fece per tutti un accurato corso di catechismo, poi addirittura tre giorni di Esercizi Spirituali, che si conclusero con una confessione veramente generale.

Don Bosco fu così colpito della loro buona volontà che promise « qualcosa di eccezionale ». Andò dal direttore, e gli propose di organizzare per i ragazzi (intristiti dalla chiusura) una bella passeggiata fino a Stupinigi.

— Ma lei parla sul serio, reverendo? — fece quell'omino stupito.

— Con la più grande serietà del mondo.

— E lo sa che io sarò responsabile di tutti quelli che fuggiranno?

— Non fuggirà nessuno. Do la mia parola.

— Senta, è inutile che sprechiamo il fiato. Se vuole un permesso simile si rivolga al Ministro.

Don Bosco andò da Rattazzi, e gli espose con tranquillità il suo progetto.

— Va bene — disse il Ministro —. Una passeggiata farà certamente del bene ai giovani prigionieri. Darò gli ordini necessari perché lungo la strada si trovino carabinieri in borghese in numero sufficiente.

— Ah no — intervenne deciso don Bosco —. La sola condizione che metto è che nessuna guardia ci « protegga ». E lei deve darmene la parola d'onore. Il rischio me lo prendo io: se qualcuno scappa, metterà in prigione me.

Risero insieme. Poi Rattazzi si fece serio:

— Don Bosco, ragioni. Senza carabinieri lei non ne riporterà a casa nemmeno uno.

— E io invece dico che glieli riporterò tutti. Scommettiamo.

Rattazzi ci pensò qualche secondo. Poi:

— Va bene, accetto. Mi fido di lei, e mi fido anche dei gendarmi che in caso di fuga non ci metteranno molto a riacciuffare quattro ragazzotti.

Una giornata di libertà

Don Bosco tornò alla Generala e annunciò la passeggiata. Urlarono di gioia i piccoli prigionieri. Riavuto un attimo di silenzio, don Bosco continuò:

— Ho dato la mia parola che dal primo all'ultimo vi comporterete bene, e che non cercherete di scappare. Il Ministro mi ha dato la sua parola che non manderà nessuna guardia, né in divisa né in borghese. Ma adesso la parola dovete darmela anche voi: se uno solo fugge, io sarò disonorato. Non mi permetteranno certo di rimettere piede qui. Posso fidarmi di voi?

Confabularono un po' tra loro. Poi i più grandi gli dissero:

— Le diamo la nostra parola. Torneremo tutti, e ci comporteremo bene.

Il giorno dopo fu una giornata di sole tiepido, primaverile. Partirono per Stupinigi lungo i sentieri della campagna. Saltavano, correvano, gridavano. Don Bosco era in mezzo alla piccola truppa, scherzava, raccontava. Davanti a tutti andava l'asino carico delle provviste.

A Stupinigi don Bosco disse la Messa, poi fecero pranzo sull'erba, e si scatenarono in gare e giochi lungo il fiume Sangone. Visitarono il parco e il castello reale. Merenda, e al tramonto ritorno. Il somaro era scarico, e don Bosco un po' affaticato. I ragazzi lo fecero salire in groppa, e tirando le briglie e cantando arrivarono. Il direttore si affrettò a contarli: c'erano tutti.

Fu un addio triste davanti al cancello della prigione. Don Bosco li salutò a uno a uno. Tornò a casa con il cuore stretto, per averli potuti liberare per un giorno solo.

Il Ministro, quando gli fu fatto rapporto, era invece gongolante come di un trionfo.

— Perché lei riesce a fare queste cose e noi no? — domandò un giorno a don Bosco.

— Perché lo Stato comanda e punisce. Non può fare di più. Io invece voglio bene a quei ragazzi. E come prete ho una forza morale che lei non può capire.

Nove pagine per spiegare il suo « sistema »

Molte volte qualcuno domandò a don Bosco di spiegare in un libro il suo « sistema di educazione ». La mancanza di tempo, l'impossibilità di fermarsi per riflettere organicamente sulle linee portanti del suo atteggiamento educativo, impedirono a don Bosco di darci un'opera « scientifica ».

Nel 1876 prese il coraggio a due mani, e tirò giù uno « schizzo » del sistema educativo « in uso nelle case salesiane ». Sono nove pagine. Ne riportiamo soltanto un brano:

« Questo sistema si appoggia tutto sopra la *ragione,* la *religione,* e sopra l'*amorevolezza.* Esclude ogni castigo violento e cerca di tenere lontani gli stessi castighi leggeri.

Il direttore e gli assistenti sono come padri amorosi: parlano, servono di guida, danno consigli e amorevolmente correggono.

L'allievo non resta avvilito, diventa amico, nell'assistente vede un benefattore che vuol farlo buono, liberarlo dai dispiaceri, dai castighi, dal disonore.

L'educatore, guadagnato il cuore del suo protetto, potrà seguirlo anche da adulto, consigliarlo e anche correggerlo.

La pratica di questo sistema è tutta appoggiata sopra le parole di san Paolo che dice: " La carità è benigna e paziente; soffre tutto, ma spera tutto e sostiene qualunque disturbo ". Perciò soltanto il cristiano può con successo applicare il sistema preventivo. Ragione e religione sono gli strumenti di cui deve costantemente far uso l'educatore.

Il Direttore quindi deve essere tutto consacrato ai suoi educandi, trovarsi sempre con i suoi allievi quando essi sono in tempo libero ».

CAPITOLO TRENTADUESIMO

Addio a una madre e a un ragazzo

Nella prima domenica dell'aprile 1855 don Bosco fece una predica ai suoi ragazzi parlando della santità. Qualcuno arricciò il naso. Domenico Savio invece ascoltò con attenzione. Man mano che don Bosco procedeva con la sua bella voce calda e persuasiva, gli sembrava che la predica fosse fatta solo per lui. Raggiungere la santità come il principino san Luigi, come il grande missionario Francesco Saverio, come i martiri della Chiesa.

Da quel momento Domenico cominciò a sognare, e il suo sogno fu la *santità*.

Il 24 giugno era il giorno onomastico di don Bosco. Si fece festa grande all'oratorio, come tutti gli anni. Don Bosco, per ricambiare l'affetto e la buona volontà, disse:

— Ognuno scriva su un biglietto il regalo che desidera da me. Vi assicuro che farò tutto il possibile per accontentarvi.

Un biglietto con cinque parole

Quando lesse i biglietti, don Bosco trovò domande serie e sensate, ma trovò anche richieste stravaganti che lo fecero sorridere: qualcuno gli chiese cento chili di torrone « per averne per tutto l'anno ». Sul biglietto di Domenico Savio trovò cinque parole: « Mi aiuti a farmi santo ».

Don Bosco prese sul serio quelle parole. Chiamò Domenico e gli disse: « Ti voglio regalare la formula della santità. Eccola: *Primo: allegria.* Ciò che ti turba e ti toglie la pace non viene da Dio. *Secondo: i tuoi doveri di studio e di pietà.* Attenzione a scuola, impegno nello studio, impegno nella preghiera. Tutto questo non farlo per ambizione, ma per amore del Signore. *Terzo: far del bene agli altri.* Aiuta i tuoi compagni sempre, anche se ti costa sacrificio. La santità è tutta qui ».

La borgata dei Becchi, dieci case sparse su un'altura.

Un'antica fotografia della casa di Don Bosco, la più povera tra le case dei Becchi.

È la più antica foto di don Bosco. La scattò Francesco Serra, ex allievo dell'Oratorio, il 19 maggio 1861. Don Bosco ha 36 anni, ed è circondato dai suoi ragazzi. Il chierichetto con la berretta in mano è Giovanni Garino, che diventerà sacerdote e illustre latinista e grecista.

Il Serra scattò questa foto due giorni dopo, cioè il 21 maggio 1861. Nell'atteggiamento di confessare, don Bosco ha voluto accanto a sé Paolino Albera, suo futuro successore.

Don Bosco a Sampierdarena il 16 marzo 1886. Mancano meno di due anni alla sua morte. È una foto molto spontanea e naturale. Gli antichi salesiani la dicevano «una delle più rassomiglianti».

Domenico si impegnò seriamente. Nella *Vita di Domenico Savio* che don Bosco scrisse subito dopo la morte del ragazzo, sono raccontati molti episodi, semplici e commoventi. Ne ricordiamo solo uno.

Un giorno un ragazzo aveva portato nell'oratorio un giornale illustrato con figure poco decenti. Subito gli si radunarono intorno cinque o sei compagni. Guardavano, ridacchiavano. Anche Domenico si avvicinò. Prese dalle mani del proprietario il giornale e lo fece in pezzi. Il ragazzo si mise a protestare, ma Domenico protestò anche lui, a voce ancora più alta:

— Belle cose porti dentro l'oratorio! Don Bosco si affatica tutto il giorno per allevarci buoni cittadini e buoni cristiani, e tu gli porti in casa questa roba! Queste figure offendono il Signore, e qui dentro non devono entrare!

Arrivarono e passarono veloci le vacanze scolastiche del 1855. Quando in ottobre i ragazzi tornarono all'oratorio, don Bosco rivide Domenico Savio e ne fu preoccupato:

— Non ti sei riposato durante le vacanze?

— Sì, don Bosco, perché?

— Sei più pallido del solito. Come mai?

— Forse la stanchezza del viaggio... — e sorrise tranquillo.

Ma non era stanchezza passeggera. Gli occhi infossati e brillanti, il volto pallido e smunto dicevano chiaramente che la salute di Domenico non era buona. Don Bosco decise di prendere qualche precauzione.

— Quest'anno non andrai a scuola in città. Uscire con la pioggia e la neve potrebbe farti male. Andrai alla scuola di don Francesia qui in casa. Così al mattino potrai riposare di più. E abbi moderazione nello studio: la salute è un dono di Dio, e non dobbiamo sciuparla.

Domenico obbedì. Ma qualche giorno dopo, come se prevedesse qualcosa di grave che stava per succedergli, disse a don Bosco:

— Mi aiuti a farmi santo *in fretta*.

La « Compagnia dell'Immacolata »

Domenico era diventato molto amico di Michele Rua e Giovanni Cagliero, anche se avevano rispettivamente cinque e quattro anni più di lui. Altri suoi amici erano degli ottimi ragazzi, approdati all'oratorio in quegli anni: Bongiovanni, Durando, Cerruti, Gavio, Massaglia.

All'inizio del 1856 i convittori dell'oratorio erano 153: 63 studenti e 90 artigiani.

Nella primavera, Domenico ebbe un'idea. Perché non unirsi, tutti i giovani più volenterosi, in una « società segreta », per diventare un gruppo compatto di piccoli apostoli nella massa degli altri? Ne parlò con alcuni. L'idea piacque. Si decise di chiamare la società « Compagnia dell'Immacolata ».

Don Bosco suggerì di non precipitare le cose. Provassero, stendessero un piccolo regolamento. Poi se ne sarebbe riparlato.

Provarono. Nella prima « adunanza » si decise chi invitare a iscriversi. Pochi, fidati, capaci di tenere il segreto. Si discusse sul nome di Francesia, il giovanissimo professore di lettere, un ragazzone candido, amico di tutti. Fu scartato perché era un gran chiacchierone, e il segreto con lui avrebbe avuto vita breve.

L'assemblea incaricò tre iscritti perché abbozzassero il regolamento: Michele Rua, 19 anni, Giuseppe Bongiovanni, 18 anni, Domenico Savio, 14 anni. Don Bosco afferma però che chi scrisse il testo fu Domenico. Gli altri lo ritoccarono.

Il piccolo regolamento era formato di 21 articoli. I soci si impegnavano a diventare migliori sotto la protezione della Madonna e con l'aiuto di Gesù Eucaristia; ad aiutare don Bosco divenendo, con prudenza e delicatezza, dei piccoli apostoli tra i compagni; a diffondere gioia e serenità attorno a sé.

L'articolo 21, il conclusivo, condensava lo spirito della Compagnia: « Una sincera, filiale, illimitata fiducia in Maria, una tenerezza singolare verso di Lei, una devozione costante ci renderanno *superiori ad ogni ostacolo, tenaci nelle risoluzioni, rigidi verso noi stessi, amorevoli col prossimo ed esatti in tutto* ».

La Compagnia fu inaugurata l'8 giugno 1856, davanti all'altare della Madonna nella chiesa di S. Francesco. Ognuno promise di essere fedele all'impegno.

Quel giorno Domenico aveva realizzato il suo capolavoro. Gli rimanevano da vivere soltanto 9 mesi, ma la sua « Compagnia dell' Immacolata » sarebbe durata più di cento anni (per l'esattezza fino al 1967). In tutte le Case e gli oratori salesiani sarebbe diventata un manipolo di ragazzi impegnati e di future vocazioni sacerdotali.

I soci della Compagnia scelsero di « curare » una categoria di ragazzi che nel loro linguaggio segreto chiamarono « clienti »: gli indisciplinati, quelli che avevano la parolaccia facile e menavano le mani. Ogni socio ne prendeva in consegna uno, e gli faceva da « angelo custode » per tutto il tempo necessario a metterlo sulla buona strada. Una seconda categoria di « clienti » erano i nuovi arrivati. Li aiutavano a trascorrere in allegria i primi giorni, quando non conoscevano nessuno, non sapevano giocare, parlavano solo il dialetto del loro paese, avevano nostalgia.

Mamma Margherita se ne va

15 novembre 1856. Cade ammalata mamma Margherita. Una polmonite violenta che si manifesta subito micidiale per i suoi 68 anni logorati dal gran lavorare. Per un attimo, la vita dell'oratorio pare arrestarsi. Come si fa ad andare avanti senza di lei? Attorno al letto si alternano i chierici di don Bosco, i ragazzi più grandi. Quante volte sono entrati nella sua cucina dicendo:

— Mamma, me la date una mela?

— Mamma, è pronta la minestra?

— Mamma, non ho più il fazzoletto.

— Mamma, ho strappato i pantaloni.

L'eroismo di questa grande donna che si sta spegnendo è stato tutto a base di stracci da rammendare, di fieno e grano da falciare, di bucato e pentole. Eppure in quelle umili faccende c'era la fortezza del non stancarsi mai, la fiducia nella Provvidenza. Tra le patate da sbucciare e la polenta da rimestare venivano fuori gli insegnamenti della fede, il buon senso pratico, la bontà dolce della mamma.

Don Bosco ha imparato da lei il suo sistema educativo. È stato lui per primo ad essere educato con *ragione, religione* e *amorevolezza.* La Congregazione Salesiana è stata cullata sulle ginocchia di mamma Margherita, che ora si va spegnendo come una candela.

Viene dai Becchi Giuseppe con i nipoti più grandi. Il teologo Borel, suo confessore da quando è arrivata a Torino, viene a portarle il Viatico.

Raduna le ultime forze per parlare al suo Giovanni:

— Stai attento, perché molti invece della gloria di Dio, cercano l'utilità propria... Vicino a te ci sono di quelli che amano la povertà negli altri, ma non in se stessi. Quello che si chiede agli altri bisogna cominciare a farlo noi.

Non vuole che Giovanni la veda soffrire, pensa agli altri fino all'ultimo momento.

— Va', Giovanni... Tu soffri troppo nel vedermi così. *Ricordati che questa vita consiste nel patire. I veri godimenti saranno nella vita eterna...* Adesso va' via, te lo chiedo per piacere... Prega per me, addio.

Accanto alla vecchia mamma che muore rimangono Giuseppe e don Alasonatti. Si spegne alle 3 del mattino del 25 novembre.

Giuseppe va nella stanza di don Bosco, e si gettano le braccia al collo piangendo.

Due ore dopo, don Bosco chiama Giuseppe Buzzetti. È l'amico dei momenti più amari, l'unico da cui non ha vergogna di farsi vedere piangere. Va a celebrare la Messa per sua madre nella cappella sotterranea del Santuario della Consolata. Dopo, si inginocchiano davanti all'immagine della Madonna, e don Bosco mormora: « Ora io e i miei figli siamo senza madre sulla terra. Stateci vicina, fateci da madre voi ».

Alcuni giorni dopo, Michele Rua va a trovare sua mamma, la signora Giovanna Maria:

— Da quando è morta mamma Margherita — dice — non sappiamo più come fare. Non c'è nessuno che faccia la minestra, che rammendi le calze. Mamma, vuoi venirci tu?

A 56 anni la signora Giovanna Maria segue il figlio e diventa la seconda mamma dell'oratorio. Lo sarà per 20 anni.

Un ragazzo che parla con Dio

Dicembre. Le strade di Torino sono già spruzzate dalla prima neve. È notte, e per le vie sono accesi i fanali. Don Bosco, come ogni sera, è curvo al tavolo di lavoro davanti a un mucchietto di lettere che attendono risposta. Lo impegneranno fin oltre mezzanotte. Ed ecco un leggero bussare alla porta:

— Avanti. Chi è?

— Sono io — dice Domenico Savio entrando rapido —. Presto, venga con me, c'è un'opera di carità da fare.

— Adesso, di notte? Dove vuoi portarmi?

— Faccia presto, don Bosco, faccia presto.

Don Bosco esita. Ma guardando Domenico vede che il suo volto, di solito sereno, è molto serio. Anche le sue parole sono decise come un comando. Don Bosco si alza, prende il cappello e lo segue.

Domenico scende velocemente le scale, esce dal cortile, infila deciso la strada per la città, svolta in una via, in una seconda. Non parla né si ferma. Nel dedalo di vie e viuzze procede sicuro. Sale una scala. Don Bosco lo segue: primo piano, secondo, terzo. Domenico si ferma, bussa. Prima che qualcuno venga ad aprire dice a don Bosco:

— È qui che deve entrare —. E se ne torna a casa.

La porta si apre. Si affaccia una donna scarmigliata. Vede don Bosco ed esclama:

— È il Signore che lo manda. Presto, presto, altrimenti non fa più in tempo. Mio marito ha avuto la disgrazia di abbandonare la fede tanti anni fa. Adesso sta morendo, e chiede per pietà di potersi confessare.

Don Bosco si avvicina al letto dell'ammalato, e trova un pover' uomo spaventato e sull'orlo della disperazione. Lo confessa, gli dà l'assoluzione. Pochi minuti dopo quell'uomo muore.

Passa qualche giorno. Don Bosco è ancora impressionato da ciò che è accaduto. Come ha potuto Domenico sapere di quel malato? Lo avvicina in un momento in cui nessuno li ascolta:

— Domenico, l'altra sera quando sei venuto nel mio ufficio a chiamarmi, chi ti aveva parlato di quel malato? Come hai fatto a saperlo?

Allora succede una cosa che don Bosco non si aspettava: il ragazzo lo guarda con aria mesta e si mette a piangere. Don Bosco non osa fargli altre domande, ma capisce che nel suo oratorio c'è un ragazzo che parla con Dio.

« Dal Paradiso potrò vedere i miei compagni? »

Nel febbraio del 1857 l'inverno di Torino divenne rigidissimo. Domenico Savio si fece più pallido. Era scosso da una tosse profonda, e le sue forze diminuivano rapidamente. Don Bosco, preoccupato, chiamò dei buoni medici perché lo visitassero. Il professor Vallauri, dopo una visita accurata, disse:

— La gracile complessione e la continua tensione di spirito sono come lime che gli rodono la vita.

— Che cosa posso fare per lui? — insistette don Bosco.

Vallauri si strinse desolato nelle spalle. La medicina, in quegli anni, praticamente non esisteva.

— Lo rimandi all'aria nativa, e gli faccia sospendere per un po' di tempo gli studi.

Quando Domenico conobbe la decisione, si rassegnò. Ma gli rincresceva moltissimo lasciare gli studi, gli amici, e specialmente don Bosco.

— Ma perché non vuoi andare a godere la compagnia dei tuoi genitori?

— Perché vorrei finire la mia vita qui, nell'oratorio.

— Non dire così. Tu adesso vai a casa, ti rimetti in salute e poi torni.

— Questo no — sorrise Domenico, scuotendo la testa —. Io me ne vado e non tornerò più. Don Bosco, è l'ultima volta che possiamo parlarci. Mi dica: cosa posso ancora fare per il Signore?

— Offrigli spesso le tue sofferenze.

— E che cos'altro ancora?

— Offrigli anche la tua vita.

— Dal Paradiso potrò vedere i miei compagni dell'oratorio, i miei genitori?

— Sì — mormorò don Bosco cercando di vincere la commozione.

— E... potrò venire a trovarli?

— Se il Signore vorrà, potrai venire.

Era il 1° marzo, domenica. Il saluto più commovente lo diede agli amici della « Compagnia ». Poi arrivò il calesse del babbo che doveva condurlo a Mondonio. All'angolo della via agitò ancora la mano a salutare l'oratorio, gli amici, il « suo » don Bosco, che rimase con un dolore profondo a guardare la carrozza che si allontanava. Era partito il suo alunno migliore, il santino che la Madonna aveva regalato per tre anni al suo oratorio.

Si spense quasi all'improvviso il 9 marzo 1857. Gli era accanto il papà. Ebbe appena la forza di mormorare:

— Addio papà... il parroco mi diceva... ma io non ricordo... che bella cosa io vedo...

Pio XII lo dichiarerà santo il 12 giugno 1954. Il primo santo di quindici anni.

CAPITOLO TRENTATREESIMO

Trent'anni per costruire

La « vita » di don Bosco potrebbe continuare per altre centinaia di pagine. Ma noi ne abbiamo a disposizione soltanto più alcune. Faremo quindi una grande volata sugli ultimi trent'anni.

Il marzo del 1857, con la morte di Domenico Savio, portò un dolore profondo a don Bosco. Ma il marzo del 1855 gli aveva portato una gioia grande.

Domandavano di « diventare come lui »

Il giorno 25, festa dell'Annunciazione, nella sua povera camera si era svolta una cerimonia senza solennità. Lui, in piedi, ascoltava, Michele Rua, in ginocchio davanti al Crocifisso, mormorava una formula: « Faccio voto a Dio di essere povero, casto, obbediente, e mi metto nelle sue mani, don Bosco... ». Non c'era nessun testimonio. Eppure in quel momento nasceva la Congregazione Salesiana. Don Bosco era il fondatore, Michele Rua il primo salesiano.

Alcuni mesi dopo, pronunciava i voti e diventava salesiano don Alasonatti. Nel 1856 fu la volta di Giovanni B. Francesia.

Li seguirono Cagliero, Provera, Ghivarello, Lazzero, Bonetti... Tutti ragazzi poveri che don Bosco aveva raccolto nella sua casa e cresciuti con amore. Gli domandavano di anno in anno di « diventare come lui », di lavorare per il Signore e per altri ragazzi poveri.

Quei ragazzi vestiti da chierici continuavano i loro studi, davano tutti gli esami che a quel tempo erano frequenti e durissimi. Contemporaneamente don Bosco affidava loro la scuola di religione, l'assistenza nel refettorio e nei laboratori, la scuola agli orfani.

La neve dell'abbaino

Alla domenica li mandava negli oratori.

Quello dell'Angelo Custode, nel 1855, si trovò improvvisamente senza direttore. Don Bosco nominò Michele Rua, 17 anni. Era frequentato specialmente dai piccoli spazzacamini. Ragazzi che scendevano in autunno dalla Valle d'Aosta, con in spalla la corda e la raspa. Giravano per le strade lanciando un grido caratteristico, e aspettavano che qualche famiglia li invitasse a spazzare l'interno dei camini prima che cominciasse la stagione invernale, quando i focolari avrebbero dovuto « tirare bene » per scaldare gli appartamenti.

Erano ragazzi molto piccoli, perché le canne fumarie lungo le quali dovevano arrampicarsi erano strette. Avevano faccia e mani nere di fuliggine.

Michele la domenica mattina, molto per tempo, arrivava nell'oratorio, spazzava le stanzette, metteva in ordine la chiesa. Quando arrivavano i primi ragazzi li aiutava a fare la confessione dal sacerdote che veniva per dir Messa. Alle 9 c'era già un centinaio di giovani, e Michele « faceva da don Bosco » per tutta la giornata. Iniziava i giochi, parlava con i ragazzi, s'informava delle loro pene, faceva lezione di catechismo.

La sera, mentre per le vie si accendevano i fanali a gas, i ragazzi se ne andavano. Alcuni lo accompagnavano verso Valdocco. « Ci rivediamo domenica, Michele! ».

Rua rientrava sfinito. Un boccone di cena lasciata al caldo per lui, per Cagliero, Francesia e gli altri che tornavano da altri oratori, sfiniti come lui. Poi si arrampicavano fino agli abbaini del sottotetto, dov'erano i loro letti. Michele, ricordava, si addormentava di colpo, come folgorato. Cagliero si svegliò un lunedì mattino sulla sedia, con le calze in mano. Non ce l'aveva fatta a raggiungere il letto, s'era addormentato lì.

La sveglia, al mattino, suonava presto, spaventosamente presto: alle quattro. Giovanni Cagliero ricordava: « L'inverno a Torino non è uno scherzo. Nel nostro abbaino, che s'affacciava sul tetto, non c'era né riscaldamento né acqua corrente. Per lavarci, alla sera riempivamo le bacinelle d'acqua. Ma al mattino il gelo aveva trasformato l'acqua in ghiaccio. Per lavarci dovevamo aprire l'abbaino, raccogliere la neve sul tetto, e farci energiche frizioni sulle mani, la faccia, il collo. Dopo pochi minuti, la pelle fumava! Allora ci ravvoltolavamo in una coperta e cominciava il tempo di studio: Rua studiava ebraico, Francesia cesellava versi latini, io componevo esercizi di musica ».

Nel novembre 1855 ebbe inizio il ginnasio interno. Francesia, a tutte le altre occupazioni, aggiunse quella di professore di lettere, Rua di matematica, Cagliero di musica.

A volte viene da pensare: ma era matto don Bosco a lasciare che i suoi giovani aiutanti si ammazzassero così tra studio e lavoro? Poi si pensa a come sono finiti: Giovanni Cagliero, cardinale, morì a 88 anni; Michele Rua, capo della Congregazione Salesiana, visse fino a 73; Giovanni Francesia, latinista di fama europea, campò fino a 92 anni. Don Bosco « sapeva » che il lavoro, anche durissimo, non li avrebbe ammazzati tanto presto.

Le grandi realizzazioni

Ora che il manipolo dei primi salesiani si ingrossava sempre più, don Bosco sentì che era giunto per lui il periodo delle « grandi realizzazioni ». Gli anni seguenti sarebbero stati di lavoro intenso, di problemi sempre più difficili, di opere che avrebbero sfidato il tempo.

30 luglio 1860. Sale l'altare per dire la sua prima Messa don Michele Rua, il ragazzino pallido che don Bosco aveva incontrato ai Molini, presso la Dora, a cui aveva offerto metà della sua mano. Egli sarà d'ora innanzi il vice-don Bosco, la sua ombra fedele.

1863. Nasce la prima opera salesiana fuori Torino: il « piccolo seminario » di Mirabello Monferrato. Lo seguono il collegio di Lanzo, quelli di Alassio, di Sampierdarena, di Varazze, di Valsalice. Alla morte di don Bosco, le case della Congregazione, sparse in sei nazioni, saranno 64. I salesiani 768.

Aprile 1864. Nel prato di Valdocco, don Bosco pone la prima pietra del Santuario di Maria Ausiliatrice. Nelle mani del costruttore versa la prima somma di denaro: otto soldini (nemmeno mezza lira).

1872. Don Bosco fonda la Congregazione delle Figlie di Maria Ausiliatrice. Alle prime suore dice: « Voi siete povere e poco numerose, ma avrete allieve da non sapere più dove metterle ».

11 novembre 1875. Nel Santuario di Maria Ausiliatrice stipata di folla commossa, don Bosco consegna il crocifisso ai primi dieci missionari salesiani in partenza per l'America del Sud. Li guida don Giovanni Cagliero, il ragazzo vivacissimo che correva ogni mattina a vedere i baracconi e i ciarlatani. Nascono così le Missioni Salesiane, che si estenderanno in tutto il mondo.

Nello stesso anno, don Bosco organizza i « cooperatori », che lui chiama « salesiani esterni ». Sono gli amici delle sue opere, che lo aiutano con mezzi finanziari, e che lavorano per la salvezza della gioventù. Prima di morire, don Bosco dirà loro: « Senza la vostra carità io avrei potuto fare poco o nulla; con la vostra carità abbiamo invece asciugato molte lacrime e salvato molte anime ».

1877. Per tenere i collegamenti con i suoi cooperatori (divenuti centinaia di migliaia) don Bosco fonda il *Bollettino Salesiano.* È un mensile illustrato che porta a tutti le notizie della Congregazione, le lettere dei missionari che lavorano ai confini del mondo, la parola di don Bosco. Avrà uno sviluppo enorme.

7 dicembre 1884. Nella Basilica di Maria Ausiliatrice, Giovanni Cagliero è consacrato vescovo. Don Bosco vive una giornata veramente felice. L'antico sogno della colomba e del ramo d'ulivo si avvera. Le parole dette a un ragazzo moribondo: « E il breviario hai da farlo portare a tanti altri... E andrai lontano lontano... », non erano state l'illusione di un momento: si facevano realtà.

Ma più le opere salesiane si estendevano nel mondo, più ingoiavano enormi somme di danaro. Per reggere le missioni d'America, per mantenere migliaia di giovani abbandonati, negli ultimi anni della sua vita don Bosco fu costretto a pellegrinare per l'Italia, la Francia e la Spagna, in cerca di elemosina. Una fatica estenuante. La Madonna benedisse visibilmente quei viaggi: le mani di don Bosco ridonavano la vista ai ciechi, l'udito ai sordi, la salute agli infermi. In tutta l'Europa era ormai conosciuto come « il prete che fa i miracoli ».

Il pianto grande

Maggio 1887. Don Bosco ha compiuto un ultimo viaggio attraverso la Spagna chiedendo l'elemosina. È stato per incarico del Papa, che gli ha affidato la costruzione di un tempio al Sacro Cuore, in Roma. Ora don Bosco, curvo per gli anni e la fatica, sale all'altare del grandioso tempio per dirvi la Messa. Giunto alla consacrazione, i sacerdoti che gli stanno attorno lo vedono scoppiare a piangere. Un pianto lungo, irrefrenabile, che accompagna quasi tutta la Messa. Alla fine devono quasi portarlo in sacrestia. Don Viglietti gli sussurra preoccupato:

— Don Bosco, che ha? Si sente male?

Don Bosco scuote la testa:

— Avevo davanti agli occhi, viva, la scena del mio primo sogno, a nove anni. Vedevo proprio e udivo mia mamma e i miei fratelli discutere su ciò che avevo sognato...

In quel lontano sogno la Madonna gli aveva detto: « A suo tempo tutto comprenderai ». Ora, guardando indietro nella vita, gli pareva di comprendere proprio tutto. Valeva la pena fare tanti sacrifici, tanto lavoro, per la salvezza di tanti ragazzi.

Morì all'alba del 31 gennaio 1888. Ai salesiani che vegliavano attorno al suo letto mormorò negli ultimi istanti: « Facciamo del bene a tutti, del male a nessuno!... Dite ai miei ragazzi che li aspetto tutti in Paradiso ».

Indice